BAEDEKER SMART

TÜRKISCHE KÜSTEN

Perfekte Tage in antiken Stätten und an Traumstränden

Verlag Karl Baedeker – www.baedeker.com

Inhalt

Kapiteleinteilung: siehe vordere Umschlaginnenseite

TOP 10

Nicht verpassen! Unsere Hitliste hilft Ihnen, von der absoluten Nummer eins bis zur Nummer zehn, die wichtigsten Reiseziele einzuplanen.

1 AYASOFYA (HAGIA SOPHIA) ► 46

Einst als Zentrum der östlichen Christenheit erbaut, nach Eroberungen durch die Osmanen zur Moschee umgewandelt – das bedeutendste Baudenkmal Istanbuls (Abb. links) vereint wie kein zweites die bewegte Geschichte des Landes und ist unsere absolute Nr. 1!

2 EPHESOS ► 90

Beim Rundgang durch eine der größten antiken Stätten des östlichen Mittelmeerraums gewinnen Sie einen nachhaltigen Eindruck vom Leben vor 2000 Jahren.

3 BODRUM ► 96

Ein mondäner Jachthafen, eine schmucke Altstadt und ein flirrendes Nachtleben laden ins »türkische St. Tropez« ein.

4 PAMUKKALE & HIERAPOLIS ► 101

Die schneeweißen Kalksinterterrassen sind ein wahres Naturwunder. In der Umgebung locken die Thermen von Hierapolis.

5 ANTALYA ► 144

Wie die Abendsonne Hafen und Altstadt in ein warmes Licht taucht, ist eines der Türkei-Bilder, die man nicht mehr vergisst.

6 ÖLÜDENIZ ► 122

Traumstrände gibt es an der türkischen Mittelmeerküste reichlich, doch Ölüdeniz ragt mit seiner azurblauen Lagune heraus.

7 KAPALIÇARŞI (GROSSER BASAR IN ISTANBUL) ► 50

Riechen, Fühlen, Feilschen – tauchen Sie ein in die Warenwelt des Orients! Das Treiben unter den Gewölben des Großen Basars ist ein echtes Erlebnis.

8 DALYAN ÇAYI ► 124

Eine Bootstour auf dem Fluss Dalyan führt Sie an imposanten Felsengräbern vorbei zur antiken Stadt Kaunos. Anschließend sorgt ein Schlammbad für wohlige Entspannung.

9 ASPENDOS ► 146

Das römische Theater ist das beeindruckendste antike Einzelbauwerk an der türkischen Küste und hervorragend erhalten.

10 KÖPRÜLÜ KANYON ► 150

Duftende Pinienwälder, spektakuläre Schluchten und ein smaragdgrüner Fluss, der zum Wildwasser-Rafting einlädt – die Schlucht ist ein Paradies für Natur- und Outdoor-Fans!

DAS TÜRKEI

Erleben, was die Türkei ausmacht, ihr einzigartiges Flair spüren. So, wie die Türken selbst.

HOŞGELDINIZ – HERZLICH WILLKOMMEN!

Sie ist häufig und reichlich beschworen, die türkische Gastfreundschaft. Aber die Herzlichkeit in diesem Land ist eben auch wirklich einzigartig! Ganz gleich, welchen Wunsch Sie haben oder in welche Notlage Sie geraten sollten – die Menschen stehen Ihnen mit Rat und Tat zur Seite. Und teilen wie selbstverständlich auch noch das letzte Stück Brot. Davon kann man sich gut eine Scheibe abschneiden!

DER DUFT DES SÜDENS

Das mediterrane Klima ist das Erste, was Sie in Empfang nimmt, wenn Sie dem Flieger entsteigen.

GEFÜHL

Dass Sie wirklich in der Türkei angekommen sind, wissen Sie spätestens, wenn Sie vom Flughafen – etwa von Alanya, Antalya oder Dalaman aus – durch endlose Orangenhaine fahren und Ihnen der betörende Duft des Südens in die Nase steigt. Ein äquivalentes Aha-Erlebnis haben Sie im urbanen Istanbul, wenn Sie zwischen Häuserschluchten und Minaretten zum ersten Mal den Bosporus erspähen.

YAVAŞ, YAVAŞ

Was dem Spanier sein »mañana« ist dem Türken sein »yavaş«. Immer mit der Ruhe, nichts überstürzen, und Zeit für ein Gläschen Çay ist sowieso immer. Tun Sie es den Türken gleich, entschleunigen Sie – es ist schließlich Urlaub! Eine Oase der Ruhe mitten im hektischen Istanbul ist etwa das von Zitronenbäumen beschattete Limonlu Bahçe (Yeni Çarşı Cd. 98, Tomtom, tägl. 9–2 Uhr, www.limonlubahce.com). Und von einem anstrengenden Bummel durch Antalyas Gassen erholt man sich am besten im Karaalioğlu-Park oberhalb der Altstadt.

BOOMTOWN AM BOSPORUS

Die Türkei steht für Tradition, Istanbul für Aufbruch! Nicht nur wirtschaftlich, auch kulturell: In der 16-Millionen-Metropole an der Grenze zwischen Europa und Asien hat sich eine extravagante Kreativ- und Gastroszene etabliert. Die Istanbul Modern (➤ 57) gibt Aufschluss über aktuelle Kunst, im In-Viertel Beyoğlu reihen sich Boutiquen, Galerien, Restaurants und Bars aneinander.

Istanbul – Boomtown am Bosporus

ZURÜCK IN DIE VERGANGENHEIT

Pergamon, Ephesos, Aspendos – wie Perlen an einer Kette reihen sich an der türkischen Mittelmeerküste antike Stätten und Sehenswürdigkeiten auf. Über 3000 Jahre Geschichte warten darauf, von Ihnen entdeckt zu werden. Einer Reise in die Vergangenheit gleicht auch der Besuch solch ursprünglicher Bergdörfer wie Üzümlü, Bezirgân und Gökbük (197 E1–2/F1).

AFIYET OLSUN – GUTEN APPETIT!

Mehr als 16 000 Dönerbuden gibt es in Deutschland – da sollte einem die türkische Küche doch vertraut sein, denkt man. Und ist dann umso überraschter ob ihrer Vielfalt! Suchen Sie einmal eine typische Lokanta (etwa in Izmir, ➤ 82) oder ein Köftehaus (in Bodrum: ➤ 100) auf und probieren Sie sich durchs Sortiment: Yaprak Dolması (gefüllte Weinblätter), Piyaz (Bohnensalat), Caçik (mit Joghurt, Olivenöl und Knoblauch zubereiteter Gurkensalat) und köstliche Köfte (Hackfleischbällchen).

NATUR PUR

Einsame Buchten und traumhafte Strände, atemberaubende Klippen und spektakuläre Schluchten, archaische Olivenhaine und duftende Pinienwälder – die Landschaft an den türkischen Küsten ist so abwechslungsreich wie einmalig. Den besten Eindruck von der »Heimat der Götter« erhalten Naturfreunde bei einer Wanderung auf dem Lykischen Weg (➤ 138; Infos und Touren u.a. unter: www.seb-tours.de).

MEER GENIESSEN!

Perspektivwechsel gefällig? Eine ganz andere Sicht auf die großartige Küstenregion wird Ihnen auf einer »blauen Reise« gewährt. Buchen Sie eine Fahrt mit einem *gület*, einer traditionellen türkischen Segeljacht (etwa in Bodrum, ➤ 97), und erkunden Sie verwunschene Inseln und malerische Buchten – und das alles vor der imposanten Kulisse des Taurusgebirges.

Wandern auf dem Lykischen Weg

Das Magazin

ZWISCHEN ORIENT & OKZIDENT

Es mag offensichtlich sein und ist doch etwas ganz Besonderes: Die Türkei liegt an der Schwelle vom Okzident zum Orient. Kulturell wie geografisch verläuft hier die Nahtstelle zwischen Osten und Westen. In einzigartiger Weise von beiden Kulturkreisen geprägt, geht die 90-jährige Republik heute ihren eigenen Weg auf der Suche nach Sicherheit und Wohlstand.

Im Zentrum der Alten Welt

Die kleinasiatische Landbrücke, die den größten Teil des türkischen Staatsgebiets ausmacht, bildet die Verbindung zwischen Europa und Asien. Im Westen und Nordwesten grenzt das Land an Griechenland und Bulgarien, im Nordosten an Georgien, Armenien und Aserbaidschan, im Osten an den Iran und im Süden an Syrien und den Irak. Ägäis, Mittelmeer und Schwarzes Meer umgeben die Halbinsel.

Die Wiege der Zivilisation

Schon im Altertum war der kleinasiatische Siedlungs- und Kulturraum immer wieder heiß umkämpft. Die erste Hochkultur auf türkischem Boden begründeten um 2000 v. Chr. die Hethiter. Seit dem 9. Jahrhundert v. Chr. entstanden an den Küsten griechische Kolonien, die sich im 6. Jahrhundert v. Chr. den Persern unterwerfen mussten. Mit den Eroberungen Alexanders des Großen obsiegte die griechische Kultur. Über die Seidenstraße entwickelte sich der Austausch kostbarer Handelsgüter mit China und Indien.

Verzierungen an einem Fenster der Ilyas-Bey-Moschee in Balat

Christentum und Islam

Wer in Antike und Mittelalter die Metropole an den Ufern des Bosporus kontrollierte, beherrschte einen Großteil der damals bekannten Welt. Das glanzvolle Konstantinopel blieb bis ins 15. Jahrhundert die bedeutendste Stadt des Christentums. Doch als die Osmanen in Kleinasien eindrangen (➤ 21), war der Untergang des Oströmischen Reiches besiegelt und aus Kirchen wurden Moscheen. Konstantinopel erhielt den Namen Istanbul und wurde zur Hauptstadt des Osmanischen Reiches, das weite Teile des Nahen Ostens und des östlichen Mittelmeerraums beherrschte.

Auf dem Weg nach Westen

Mit der Gründung der Republik im Jahre 1923 begann eine Entwicklung, die die Türkei von einer orientalischen in eine westliche Gesellschaft verwandeln sollte. Als erstes islamisches Land erhielt sie eine laizistische Verfassung (➤ 14). 1952 wurde sie Mitglied der NATO, und die USA richteten in Eçevit an der östlichen Mittelmeerküste eine große Luftwaffenbasis ein. In den 1990er-Jahren gehörte die Türkei zu den Gründungsmitgliedern und war eine treibende Kraft der Organi-

Im antiken Hierapolis

sation für wirtschaftliche Kooperation im Schwarzmeerraum, in der sie mit Armenien, Aserbaidschan, Georgien, Moldawien, der Ukraine, Albanien, Bulgarien, Griechenland und der Russischen Föderation zusammenarbeitet. Zusammen haben diese Staaten über 350 Millionen Einwohner.

Vor den Türen Europas

Auch wenn die Türkei sich als Teil Europas versteht, ist sie nur bedingt in die westliche Staatengemeinschaft integriert. Seit Langem strebt sie die Mitgliedschaft in der Europäischen Union an und hat diese auf mittlerweile 28 Mitglieder anwachsen sehen. 2005 wurden die Beitrittsverhandlungen mit Ankara aufgenommen – sehr weit ist man seither nicht gekommen. Agrar-, wirtschafts- und währungspolitische Erwägungen ließen Staaten wie Frankreich zögern, außerdem wurden immer wieder Menschenrechtsverletzungen angemahnt, zuletzt das gewaltsame Vorgehen der türkischen Polizei im Rahmen der »Gezi-Proteste« im Mai 2013.

Im Istanbuler Viertel Beyoğlu um den Galata-Turm

RELIGIÖSE MENSCHEN und ein WELTLICHER STAAT

Wer die Kadenzen des frühmorgendlichen Gebetsrufs des Muezzins *(ezan)* nicht mehr als Störung der Nachtruhe, sondern als natürlichen Bestandteil der nächtlichen Geräuschkulisse empfindet, hat die ersten Eingewöhnungsschwierigkeiten in der Türkei überwunden.

Die Bevölkerung des Landes bekennt sich zu über 90 Prozent zum Islam, wobei rund zwei Drittel der sunnitischen Richtung angehören.

Im Gegensatz zu ihren östlichen Nachbarn, deren Gesellschaften dem strengen Regelwerk der *sharia* (der auf den Propheten Mohammed zurückgehenden islamischen Rechtsordnung) unterworfen sind, ist die Türkei ein weltlicher Staat, in dem Religion und staatliche Politik voneinander getrennt sind. Der Glaube eines Menschen gilt als Privatangelegenheit, und in der Bevölkerung gibt es starke liberale Strömungen, die die strenge Einhaltung islamischer Lebensregeln ablehnen.

Die schlanken Minarette der Sultan-Ahmed-Moschee in Istanbul

Der Einfluss des Islam

Die jüngste der großen Weltreligionen beruht auf der Verehrung Allahs und seines Propheten Mohammed. Das Wort Islam bedeutet »Hingebung«; ein Muslim ist somit ein Mensch, der sich dem Willen Allahs unterwirft und ihn als den einzigen Gott anerkennt.

Die Glaubenslehren des Propheten Mohammed (ca. 570–632) sind im Koran niedergelegt, dem heiligen Buch des Islam, das den Muslimen als Wort Gottes gilt. Die in den *hadith* (Überlieferungen) zusammengefassten Worte und Taten Mohammeds und seiner direkten Nachfolger bilden die Grundlage für die *sunna* (Glaubenstradition) und geben Hinweise zur praktischen Umsetzung schwieriger Passagen des Koran. Auf diese Texte stützt sich die Rechtsordnung der *sharia*, die in vielen islamischen Ländern als Richtschnur für alle Aspekte des öffentlichen und privaten Lebens dient.

DIE FÜNF SÄULEN DES ISLAM

Im Koran sind die fünf wichtigsten Glaubenspflichten der Muslime festgelegt:

- das Glaubensbekenntnis
- das fünfmal täglich zu verrichtende Gebet
- das Fasten im heiligen Monat Ramadan (türkisch *ramazan*; ausgenommen Schwangere, Alte, Kranke, Reisende und Kleinkinder)
- Mildtätigkeit gegenüber den Armen
- mindestens einmal im Leben eine Wallfahrt zur Kaaba nach Mekka

Radikale Reformen

Bis zur Ausrufung der Republik 1923 basierte auch die türkische Gesetzgebung auf der *sharia*. Der erste Präsident des Landes, Mustafa Kemal (Atatürk, ➤ 18f), sah hierin eine der Ursachen für die Rückständigkeit der Türkei und schlug daher den Weg umfassender Reformen ein, deren Ergebnis ein laizistisches Rechts- und Bildungssystem war. In den 1930er-Jahren waren sogar arabische Gebetsrufe untersagt. Vielen Türken gingen solche Eingriffe in rein religiöse Bestimmungen zu weit. Auch wenn sie den Aufbau eines modernen Staates nach westlichem Vorbild befürworteten, hielten sie an ihren Glaubenstraditionen fest. Der ausgeprägte Personenkult um den Präsidenten, der auch nach seinem Tode fortgeführt wurde, hemmte jedoch jede offene Opposition gegen seine Politik.

Die heutige Situation

Heute ist der Islam in der Türkei wieder Teil des täglichen Lebens. In der modernen türkischen Gesellschaft trifft man auf eine Vielfalt unterschied-

FÜNF REGELN FÜR DEN MOSCHEEBESUCH

- Frauen sollten Kopf und Schultern bedecken, Männer lange Hosen tragen.
- Schuhe werden vor dem Betreten der Moschee ausgezogen.
- Nichtmuslime sollten eine Moschee nicht während der Gebetszeiten besuchen.
- Betende sollten nicht fotografiert werden.
- Denken Sie daran, dass Sie einen geheiligten Ort betreten.

lichster Einstellungen zur Religion und eine für islamische Länder ungewöhnliche Freizügigkeit: Männer trinken Alkohol, in den Städten kleiden sich viele Frauen nach der neuesten Mode, und die allgegenwärtigen Lottoscheinverkäufer belegen die Liebe der Türken zum Glücksspiel. Andererseits gehören aber auch schlicht gekleidete Frauen, die ihr Haar unter einem Kopftuch verstecken, zum Straßenbild, ebenso wie junge Männer, die zum Freitagsgebet in die Moschee gehen. In einer Welt, die von religiösem Fanatismus geplagt ist, versuchen die Türken das Gleichgewicht zwischen persönlichem Glauben und säkularem Staat zu finden.

Stilles Gebet in der Istanbuler Sultan-Ahmed-Moschee

ORHAN PAMUK:
Mittler zwischen den Welten

Ein bisschen blumig ist sie, bilderreich, manchmal ornamental und märchenhaft, dann wieder skurril und hochkomisch. Vor allem aber ist die türkische Literatur poetisch, romantisch, leidenschaftlich – und wer ihre Schöpfer einmal lieben gelernt hat, wird sie nie mehr verlassen.

So wie die Türkei ein Bindeglied zwischen West und Ost, Europa und Asien, bildet und die Einflüsse unzähliger Kulturen miteinander vereint, so fließen auch in der türkischen Dichtung die Moderne Europas und das Vermächtnis des Orients ineinander. Der Spannungsbogen, der dabei entsteht, reicht von der arabischen Erzählkunst und der Bildersprache des Korans über realistische Romanepen der Jahrhundertwende bis hin zu drehbuchreifen Kriminalstoffen der Neuzeit.

Besonders ein türkischer Autor gilt als Brückenbauer: **Orhan Pamuk**. Spätestens seit er 2006 mit dem **Literaturnobelpreis** ausgezeichnet wurde, gilt der 1952 in Istanbul geborene Schriftsteller als bekanntester Künstler seines Landes. Pamuks Werk ist mittlerweile in 35 Sprachen übersetzt und in über 100 Ländern veröffentlicht worden. Pamuk hat sich besonders der brodelnden Konflikte und Probleme seiner Heimat, der 16-Millionen-Metropole am Bosporus, verschrieben, u.a. in dem autobiografischen Roman *Istanbul – Erinnerungen an eine Stadt*. So heißt es in der Begründung der Schwedischen Nobelpreis-Akademie, Pamuk habe »auf der Suche nach der melancholischen Seele

seiner Heimatstadt neue Sinnbilder für Streit und Verflechtung der Kulturen gefunden«.

Mitten in Istanbul, der Stadt der zwei Kontinente, die wie zwei Welten aufeinanderprallen, manifestiert sich Pamuks Werk im **Museum der Unschuld** (Çukurcuma Caddesi Dalgic Cikmazi 2, Çukurcuma, Tel. 0212 2 52 97 38, www.masumiyetmuzesi.org, Di–So 10–18 Uhr, Fr 10.30–21 Uhr, 25 YTL) im Stadtteil Beyoğlu. Hier hat der Autor den Istanbuler Alltag (und sein eigenes Schaffen) dokumentiert.

Seine Rolle als Mittler ist aber auch eine politische. So hält er die türkische Regierung immer wieder zu historischer Aufklärung an, etwa hinsichtlich des von staatlicher Seite bis heute verleugneten Völkermords an den Armeniern. Dadurch handelte Pamuk sich nicht nur ein Gerichtsverfahren, sondern auch Morddrohungen ein.

Aufsehen erregte Pamuk auch mit seinem Roman *Schnee* (2002). Kritiker des angestrebten türkischen EU-Beitritts deuteten ihn dahingehend, dass die von Pamuk als in sich zerrissen dargestellte türkische Gesellschaft kaum in Europa integrierbar sei. Pamuk trat diesem Missverständnis später entschieden entgegen, indem er klarstellte, dass sich in der Türkei sehr wohl ein erheblicher gesellschaftlicher Wandel vollzogen habe: »In jedem Lager – bei den Linken, den Rechten, den Islamisten, den Kemalisten – hat sich das Schubladendenken erledigt.«

Nach all den Kontroversen und Anfeindungen zog sich Pamuk zurück. »Meine Aufgabe besteht nicht darin, den Europäern die Türken und den Türken die Europäer zu erklären, sondern gute Bücher zu schreiben«, erklärte er in einem Interview. Doch als es im Rahmen der Istanbuler Gezi-Proteste im Frühsommer 2013 wieder um seine Heimat und die gerechte Sache ging, erhob er erneut seine Stimme.

DIE NÄCHSTE GENERATION

Die türkische Literatur kann auf eine lange Tradition und wahre Dichterfürsten wie **Sabahattin Ali**, **Fakir Baykurt** und **Yaşar Kemal** verweisen. Nun schickt sich eine ganze Reihe junger Autoren an, dieses Erbe fortzuführen: Im 2012 in Berlin gegründeten Binooki-Verlag publizieren die beiden deutschtürkischen Schwestern Selma Wels und Inci Bürhaniye neben modernen Klassikern von **Oğuz Atay** und **Metin Eloğlu** vornehmlich junge türkische Literatur in deutscher Übersetzung. Unbedingt zu empfehlen sind **Emrah Serbes**' spannende Krimireihe um Mordkommissar Behzat Ç wie auch **Alper Canıgüz**' fantastischer Roman *Die Verwandlung des Hector Berlioz*.

ATATÜRK

Vater der modernen Türkei

Der »Vater der Türken« ist allgegenwärtig. Sein stählern dreinblickendes Antlitz ziert türkische Banknoten, und auf jedem Marktplatz steht seine Statue oder Büste. Doch wer war Mustafa Kemal, der als Atatürk (»Türkenvater«) in die Geschichte einging?

Der Gründer und erste Präsident der Türkischen Republik wird in der Türkei bis heute hoch verehrt. 1881 im griechischen Thessaloniki geboren, erhielt der junge Mustafa an der Militärakademie wegen hervorragender Leistungen den Beinamen Kemal (»Bestleistung«). In allem, was er unternahm, bewies er Ehrgeiz. Im Ersten Weltkrieg und im Krieg gegen Griechenland bewährte er sich als General, und als Staatsmann verfolgte er mit der gleichen Radikalität seine Vision einer modernen Türkei (➤ 14).

Bereits in jungen Jahren begeisterte sich Kemal für europäische Philosophie, vor allem die neue Wissenschaft der Soziologie. Großen Einfluss auf sein Denken hatte der Positivismus Auguste Comtes (1798–1857), demzufolge der Mensch die Welt steuern kann, indem er die wissenschaftliche Gesetzmäßigkeit ihrer Erscheinungen verstehen und diese vorauszusehen bzw. ihnen vorzubeugen lernt. Kemal scheute vor

Links: Atatürk um 1925; Mitte: Das Grabmal Atatürks in der Hauptstadt Ankara; rechts: Präsident Atatürk in seinen letzten Lebensjahren

STATIONEN IN ATATÜRKS LEBEN

Karriere im Militär: 1905–23

- steigt in der osmanischen Armee zum General auf
- wird im Ersten Weltkrieg zum Helden der Schlacht von Gallipoli (1915)
- leitet die Nationalbewegung gegen die Herrschaft des Sultans (1919–22)

Politik im Präsidentenamt: 1923–38

- gibt der Türkei eine republikanische Verfassung
- verlegt die Hauptstadt nach Ankara
- ersetzt die arabische Schrift, in der das osmanische Türkisch geschrieben wurde, durch das lateinische Alphabet
- baut ein säkulares Rechts- und Parlamentssystem auf
- führt das metrische System und den gregorianischen Kalender ein
- schafft religiöse Schulen ab und führt die allgemeine Schulpflicht ein
- lässt die Rechte der Frauen gesetzlich festschreiben
- führt die Zivilehe ein

radikalen politischen Entscheidungen nicht zurück. So veranlasste er als Präsident der nach dem Ende des Sultanats und des Krieges gegen Griechenland (1922) gegründeten Türkischen Republik die Umsiedlung von etwa 1,35 Millionen in der Türkei beheimateten Griechen nach Griechenland und von ca. 430 000 in Griechenland lebenden Türken in die Türkei. Auf diese Art sollten ethnische Spannungen verhindert werden.

> »Es gibt zwei Mustafa Kemals. Einer ist der Mustafa Kemal aus Fleisch und Blut ... der andere bist du ... Ich stehe für die Träume der Nation, und mein Lebenswerk ist ihre Verwirklichung.«

Auf sein Privatleben aber schien Mustafa Kemal die Prinzipien, die sein politisches Handeln bestimmten – Mut, Beharrlichkeit und Strenge –, nicht anwenden zu können. Nur wenige Freunde umgaben den zu Depressionen neigenden Präsidenten, der mit einer kurzlebigen Ehe in den 1920er-Jahren seinem Privatleben Beständigkeit zu verleihen suchte. Sein einziger ständiger Begleiter blieb der Anisschnaps, dem er schon als junger Offizier verfallen war und der ihn schließlich zerstörte. 1938 starb Mustafa Kemal Atatürk im Alter von 57 Jahren an Leberzirrhose.

GESCHICHTE im ÜBERBLICK

3000 v. Chr.–330 n. Chr.
Kleinasien in der Antike

Um 3000 v. Chr.: Troia (➤ 80) wird gegründet, die älteste Stadt an der Küste.

Um 1200 v. Chr.: An der Westküste entstehen Siedlungen der über Thrakien und die Ägäis eingewanderten Phryger und Achäer, aus denen die Städte Ephesos (➤ 90ff), Priene (➤ 108f) und Milet (➤ 109f) hervorgehen.

Um 1200–1000 v. Chr.: Die griechischen Dorer und Ionier nehmen die Westküste ein, die bis 1924 griechisches Siedlungsgebiet bleibt.

Um 900–700 v. Chr.: An den Küsten Kleinasiens entstehen griechische Kolonien, im westlichen Anatolien zuerst das Reich der Phryger, dann Lydien mit der Hauptstadt Sardes (➤ 72f). An der Südküste gründen die Lykier Myra (➤ 128f), Termessos (heute Fethiye, ➤ 158) und Kaunos (➤ 124f), die Pamphylier Perge (➤ 152f), Side (➤ 154f) und Aspendos (➤ 146ff). Zentrum der Karer im Südwesten ist Halikarnassos (➤ 98f).

546 v. Chr.: Die Perser dringen von Osten vor.

133 v. Chr.: Der letzte König von Pergamon, Attalos III., vermacht sein Reich im westlichen Kleinasien den Römern. Dessen Hauptstadt, das heutige Bergama (➤ 74f), wird zum Zentrum der römischen Provinz Asia. In der Folge kann Rom seine Herrschaft über ganz Kleinasien ausdehnen und beherrscht das Land bis ins 4. Jahrhundert n. Chr.

330–1453
Das Zeitalter von Byzanz

330: Kaiser Konstantin I. verlegt die Hauptstadt des Römischen Reiches nach Byzanz, das den Namen Konstantinopel erhält.

Um 1050: Seldschukische Türken aus Zentralasien dringen von Per-

Detail des Relieffrieses eines lykischen Felsengrabes in Myra

Ein Mosaik in der Hagia Sophia, Istanbul, das Kaiser Konstantin zeigt

sien aus in Kleinasien ein. 1071 besiegen sie die byzantinischen Truppen und gründen in Inneranatolien das Sultanat von Konya. Zu den bedeutenden Zeugnissen seldschukischer Baukunst gehört die Zitadelle von Alanya (➤ 156f).

1453–1923
Das Osmanische Reich

1453: Die Osmanen erobern Konstantinopel, das unter dem Namen Istanbul Hauptstadt des Osmanischen Reiches wird.
1520–66: Unter Süleyman II. (dem Prächtigen) erreicht das Osmanische Reich den Höhepunkt seiner Macht. In Istanbul entfaltet sich die islamische Architektur zu höchster Blüte.
1571: Mit der Seeschlacht von Lepanto beginnt der Niedergang des Reiches.
1918–23: Mit der Besetzung großer Teile seines Territoriums nach dem Ersten Weltkrieg zerbricht das Osmanische Reich. Mustafa Kemal leitet den Widerstand gegen die Besatzungsmächte.

1923 bis heute
Die Türkische Republik

1923: Die Türkische Republik wird ausgerufen. Der erste Präsident ist Mustafa Kemal (Atatürk, ➤ 18f), der einen modernen Staat nach westlichem Vorbild schaffen will und einen Bevölkerungsaustausch zwischen der Türkei und Griechenland erzwingt.
1938: Atatürk stirbt.
1974: Zyperns Präsident Makarios wird von griechisch-zypriotischen Nationalisten gestürzt. Die Türkei besetzt daraufhin den nördlichen Teil der Insel.
Späte 1990er: Politische Instabilität stürzt die Wirtschaft des Landes in eine tiefe Krise.
2005: Die Türkei wird von Brüssel eingeladen, einen Antrag auf Mitgliedschaft in der EU einzureichen.
2007: Mit Abdullah Gül wird erstmals seit Einführung der Republik 1923 ein Türke mit islamischem Hintergrund Präsident.
2013: Das gewaltsame Vorgehen der Regierung Erdoğan gegen die Bürgerproteste am Taksim-Platz löst heftige Kritik aus. Ein Korruptionsskandal erschüttert das Vertrauen in die Politik zusätzlich.
2014: In Soma kommt es zum schwersten Grubenunglück in der Geschichte des türkischen Bergbaus. Proteste gegen die Regierung sind die Folge – gleichwohl wird Erdoğan zum Präsidenten gewählt.

In der Seeschlacht von Lepanto erfuhren die Osmanen eine bittere Niederlage

Der Taksim-Platz nach von der Polizei niedergeschlagenen Protesten 2013

TEE UND *TAVLA*

Ein achtjähriger Junge sitzt auf einem Stuhl und hält mit beiden Armen ein rundes Blechtablett auf seinem Schoß umklammert. Seine Aufmerksamkeit ist auf die Gruppe von Männern gerichtet, die in der Nähe an einem Tisch sitzen. Gespannt lauscht er dem Klappern von Würfeln und dem geräuschvollen Wortgeplänkel. Auf das Kopfnicken eines der Männer hin stürzt er in die Küche, um sein Tablett mit kleinen tulpenförmigen Gläsern zu bestücken, in denen klarer heißer Tee dampft. Bei seiner Rückkehr stellt er vor jeden der Spieler ein Glas hin und nimmt erneut seinen Beobachtungsposten ein.

Dies ist ein tägliches Ritual im Café seines Vaters, und nicht nur dort. In einem Land, in dem die Muße ernst genommen wird, hat das Café eine besondere Bedeutung als Ort, wo vor allem Männer sich treffen oder auch einige Stunden allein verbringen. Bei ihren Würfel- und Brettspielen sind Zuschauer, die taktische Ratschläge erteilen, durchaus willkommen.

Auf dem Lande begeben sich die Bauern nach der harten Feldarbeit am Vormittag ins Café des Dorfes, um sich dort während der Nach-

TATSACHEN ZUM TEE

- Mit knapp 200 000 Tonnen ist die Türkei weltweit der fünftgrößte Teeproduzent. Das Hauptanbaugebiet befindet sich an der nordöstlichen Schwarzmeerküste.
- Im Schnitt verbraucht jeder Türke 2,3 kg Schwarztee, Tendenz steigend.
- Bis 2023 will der türkische Tee-Gigant Çaykur komplett auf Bio-Anbau umstellen.

mittagshitze mit ihren Nachbarn über die Tagesarbeit, die Politik und die hohen Preise auszutauschen.

In den Städten suchen häufig nicht die Gäste das Café auf, sondern umgekehrt das Café seine Kunden. Der Besitzer lässt Tabletts voller Teegläser in die Läden und Büros der umliegenden Straßen bringen und hinterher die geleerten Gläser wieder einsammeln, wobei er darauf vertraut, dass jedes Glas auch bezahlt wird.

DER PLATZ EINER FRAU

Türkinnen in Kaffee- oder Teehäusern? Vor nicht allzu langer Zeit war das noch keine Selbstverständlichkeit. Heute ist das Bild von lachenden Frauenrunden in Cafés türkischer Alltag. Nur in ländlichen Regionen ist Teekultur noch immer Männersache.

Brettspiel Tavla, ein beliebter Zeitvertreib

DREIMAL INS TEEHAUS

- **Şark Kahvesi** im Großen Basar (Kapalı Çarşı, ➤ 51), wegen des quirligen Treibens
- **Kutes Café & Fast Food** in Kuşadası (➤ 107), wegen des schicken türkischen Publikums
- **Ceri Café** am Bafa-See (➤ 172), wegen der angenehmen Ruhe

Die jugendlichen Söhne oder Neffen der Cafébesitzer verdienen sich mit dem Servieren nach der Schule oder in den Ferien ein wenig Geld. Sie haben eine schwierige Lehrzeit durchlaufen: Wenn sie sich mit ihren vollen Tabletts stolz und eifrig durch die Menschenmenge winden, verschütten sie nur selten einen Tropfen.

Die **KUNST** der **ENTSPANNUNG**

In der Hektik des modernen Lebens sehnen wir uns nach einem Ausgleich. Auf der Suche nach Entspannung können wir in der Türkei fündig werden: Das türkische Dampfbad, das Hamam, ist eine jahrhundertealte Einrichtung und seit jeher nicht nur ein Ort der Reinigung, sondern auch eine Stätte der Geselligkeit. Es hat seinen Ursprung in der Antike.

Vorbereitung ...
Die meisten traditionellen Hamams finden sich in den Altstadtgassen der Städte hinter unscheinbaren Holztüren. Beim Eintritt werden dem Besucher ein Lendentuch *(peştamal)* und Sandalen aus Holz *(takunyalar)* oder auch Plastik überreicht.

Waschen ...
Vom Umkleideraum geht es in das eigentliche Dampfbad *(hararet),*

GESCHLECHTERTRENNUNG
In den Dampfbädern gibt es entweder nach Geschlechtern getrennte Baderäume oder unterschiedliche Öffnungszeiten für Frauen und Männer. In vielen Touristenorten finden sich heute auch Hamams, zu denen Männer und Frauen gemeinsam Zutritt haben, sodass Sie als Paar oder Gruppe auch gemeinsam das Badeerlebnis genießen können.

Beim Eingang zum Hamam erhält der Besucher Sandalen

das von feuchter heißer Luft erfüllt ist. An den Wasserbecken wäscht man sich gründlich und spült sich mit großen Schöpfkellen ab, sodass keine Seifenlauge in die Becken gelangt. Diese werden nämlich auch für rituelle Waschungen verwendet und dürfen daher nicht verunreinigt werden.

Schwitzen ...

Auf einer warmen Marmorbank *(göbek taşı)* können Sie 15 bis 20 Minuten lang in der heißen und vom Wasserdampf gesättigten Luft entspannen und schwitzen.

Massage ...

Danach begeben Sie sich in die Obhut des Bademeisters *(tellak)*, der Sie einseift, abspült und mit einem groben Waschhandschuh aus Ziegenhaar *(kese)* abreibt. Ebenso

FRAUEN UNTER SICH

Wenn der Tag der Hochzeit näherrückt, geht die Braut mit den weiblichen Mitgliedern ihrer Familie und ihren Freundinnen ins Hamam, wo die Frauen einen Imbiss zu sich nehmen, Geschichten erzählen und Ratschläge erteilen, während die rituelle Reinigung erfolgt.

gründlich verläuft die anschließende Massage. Durch das Dehnen der Gliedmaßen und das Durchkneten der Muskeln werden Verspannungen gelöst. Nach einiger Zeit stellt sich statt der anfänglichen Schmerzen ein angenehmes Gefühl ein.

... und Entspannung

Nach einer abschließenden Waschung hüllt man sich in Tücher und zieht sich in den Ruheraum zurück. Sie werden feststellen, dass Sie das Hamam sauber, erfrischt und mit strahlendem Aussehen verlassen.

PERFEKTE ABREIBUNGEN

- **Çemberlitaş** in Istanbul, erbaut unter Sultan Süleyman II., mit separaten Räumen für Frauen und Männer (www.cemberlitashamami.com).
- **Cağaloğlu Hamamı** in Istanbul, nahe der Sultanahmet-Moschee (Abb. links), aufgrund seiner prachtvollen Marmorhallen auch bei Stars und Promis sehr beliebt (www.cagaloglu hamami.com.tr).
- **Fethiye Hamamı**, Hamam Sokağı 2, Fethiye, ein kleines Badehaus aus dem 16. Jahrhundert im Paspatur-Basar.
- **Besuchen Sie ein Hamam** während Ihres Urlaubs und Ihre Bräune wird länger halten.

Ein Hamam wie aus Tausendundeiner Nacht – das Cağaloğlu Hamamı in Istanbul

Verehrte **VORBILDER**

Die Legende berichtet, dass die Krieger des osmanischen Heeres, nachdem sie europäischen Boden betreten hatten, zur Feier ihres Sieges einen Ringkampf austrugen, bei dem es für manchen Teilnehmer um Leben und Tod ging. Auch wenn der Einsatz heute nicht mehr so hoch ist, genießen berühmte Sportler in der Türkei doch große öffentliche Wertschätzung, und spielerische Kraftproben gehören unter türkischen Männern zum freundschaftlichen Miteinander.

Eingeölte Ringer messen ihre Kräfte

Fußball ist die beliebteste Sportart …

Ringen um den Sieg

Der Ringkampf hat in der Türkei eine lange Tradition, ebenso wie die Praxis, dass sich die Kämpfer mit Olivenöl einreiben. Man stellte fest, dass das Öl die Mücken fernhielt, was bei Sportveranstaltungen unter freiem Himmel nützlich war, und so machten es sich die Ringkämpfer zur Gewohnheit, von der Flüssigkeit verschwenderisch Gebrauch zu machen. Das Ringen hat jedoch nicht nur einen physischen, sondern auch einen geistigen Aspekt und ähnelt darin den Kampfsportarten anderer Kulturen. So wurden die Kämpfer früher in den Klöstern des Derwischordens ausgebildet. Auch heute müssen sie sich einem strengen Training unterziehen, doch dafür winken ihnen Preisgelder von über einer Million Euro im Jahr.

Fußballfieber

Größere öffentliche Aufmerksamkeit als das Ringen genießt nur der Fußball. In den vergangenen Jahren haben türkische Clubs an Profil gewonnen, bei wichtigen europäischen Turnieren gesiegt und die allgemeine Fußballbegeisterung noch gesteigert. Die wichtigsten Mannschaften – Galatasaray, Fenerbahçe und Beşiktaş – haben ihren Sitz in Istanbul, sodass nur ein kleiner Teil der Fans bei den Spielen ihres Clubs dabei sein kann. Ersatz bieten Fußballzeitungen, vor allem aber die Übertragung von Fußballspielen im Fernsehen. Wenn Sie sich in einem Restaurant aufhalten, in dem gerade ein wichtiges Spiel zu sehen ist, sollten Sie nicht auf prompter und aufmerksamer Bedienung bestehen. Die Augen aller Anwesenden werden am Bildschirm haften, und wenn die Lieblingsmannschaft ein Tor schießt, gibt es ein ausgelassenes Freudenfest.

WELTMEISTER IM SCHWERGEWICHT

Der Kamelringkampf war in osmanischer Zeit ein verbreitetes Vergnügen, ist heute aber selten geworden.
Die Wettkämpfe zwischen Dromedarhengsten können lediglich während der Brunst im Januar ausgetragen werden. Es wird darauf geachtet, dass die Tiere keinen Schaden nehmen; sobald ein Dromedar Anzeichen von Angst oder Schmerz zeigt, wird der Kampf abgebrochen. Ein populärer Austragungsort von Kamelringkämpfen ist Selçuk (► 103f).

… aber auch Basketball hat in der Türkei viele treue Fans

Korbjäger

Eine große Basketballnation war die Türkei schon immer – doch mit dem Gewinn der Vizeweltmeisterschaft 2010 ist ein regelrechter Boom ausgebrochen. Vor allem am Bosporus: Die Korbjäger von Beşiktaş Istanbul konnten 2012 den Europapokal »EuroChallenge« gewinnen.

SORGENKIND UMWELT

Meeresschildkröten werden im Alter von 20 Jahren geschlechtsreif. Sie kehren nur zur Ablage ihrer Eier an den Strand ihrer Geburt zurück. Doch die Schildkröten, die sich vor 20 Jahren als winzige Tierchen ihren Weg durch den Sand türkischer Strände bahnten, finden heute eine stark veränderte Landschaft vor.

Die Türkei war auf die in den 1980er- und 1990er-Jahren stark ansteigenden Touristenzahlen nicht vorbereitet. Es gab keine Bebauungspläne oder Umweltschutzbestimmungen, die es mit dem Reiz der Einnahmen aus dem Tourismus hätten aufnehmen können. Friedliche Fischerdörfer wuchsen in kurzer Zeit zu Touristenzentren heran, und ausgedehnte Küstenstriche verschwanden unter langen Reihen unansehnlicher Betonbauten. Die Meeresschildkröten fanden daher keine stillen Strände mehr vor.

Zaghafte Fortschritte

Die wachsenden Einnahmen aus dem Tourismus bewogen das türkische Kulturministerium in den frühen 1980er-Jahren, die Natur als eine der wichtigsten Attraktionen des Landes zu vermarkten. Weniger eifrig war es jedoch um

Der Strand von Istuzu steht seit Ende der 1980er-Jahre unter Naturschutz

den Schutz dieser Natur vor einer allzu intensiven Erschließung bemüht. Erst gegen Ende des Jahrzehnts sah sich die Verwaltung zum Umdenken gezwungen. Die Planungen für einen luxuriösen Ferienpark am Strand von Istuzu, einem der wichtigsten Eiablageplätze der Meeresschildkröten (➤ 125), stießen bei ausländischen Biologen auf heftigen Widerstand. Eine Welle der Entrüstung erfasste genau die Menschen, die die türkische Regierung als zukünftige Urlaubsgäste gewinnen wollte. Dem Strand blieb das Bauvorhaben erspart, und zusammen mit 16 weiteren Plätzen wurde er unter Schutz gestellt.

AKTIVER UMWELTSCHUTZ
Maßgeschneiderte Touren für ökologisch Interessierte organisiert Runner Tourism, Varlik Mah. Pirireis Caddesi 177, Sokak 5/1, 07050 Antalya (Tel. 0242 2 37 98 42; Mobil 054 24 11 90 92; www.runnertourism.com).

Ein großes Denkmal zweier Schildkröten auf dem Hauptplatz der nahe gelegenen Stadt Dalyan soll an den Erfolg der Umweltschutzbewegung erinnern, doch bis heute steht Istuzu für das ungelöste Problem des Naturschutzes in der Türkei. Zwar ist der Strand während der Brutzeit der Schildkröten (Mai bis September) nach Einbruch der Dunkelheit gesperrt, doch mit dem Tageslicht kommen Scharen von Ausflüglern, um einen Blick auf eine Schildkröte zu erhaschen, laufen dabei ungehindert durch den Sand und zerstören zuweilen die Gruben, in die die Tiere ihre Eier ablegen. Die Wächter verkaufen Eintrittskarten statt regelmäßige Kontrollgänge zu unternehmen, und nur wenige Informationstafeln weisen auf den Schutzstatus hin.

Ausblick

Mit ihren eindrucksvollen Landschaften und seltenen Tierarten ist die Türkei eigentlich dazu prädestiniert, vom wachsenden »sanften Tourismus« zu profitieren. Das Beispiel von Istuzu zeigt jedoch, dass es dem türkischen Umweltschutz noch an Nachhaltigkeit fehlt.

DAS LEBEN DER MEERESSCHILDKRÖTEN
An der türkischen Küste sind Meeresschildkröten der Arten *Caretta caretta* (Unechte Karettschildkröte, Abb. rechts) und *Chelonia mydas* (Suppenschildkröte) beheimatet, die bis zu 70 Jahre alt werden. Die geschlechtsreifen Weibchen kommen alle zwei Jahre an den Strand und legen drei bis vier Eihaufen mit bis zu 120 Eiern. Die jungen Schildkröten schlüpfen nach zwei Monaten und wandern sofort ins Wasser, wo sich ihre Spuren verlieren – bis zur Geschlechtsreife.

HÄTTEN SIE'S GEWUSST?

- Kolumbus suchte einen Seeweg nach Indien und entdeckte die Neue Welt, weil das Osmanische Reich im späten 15. Jahrhundert Europa den Landweg über Vorderasien versperrte. Wären also die Osmanen nicht gewesen, hätte sich alles verzögert.
- Ein von Sultan Mehmet II. erlassenes Gesetz bestimmte, dass jeder Sultan sofort nach der Thronbesteigung seine Brüder zu töten habe. Später zeigte sich jedoch, dass dieses Verfahren große Nachteile hatte, wenn der Sultan starb, ohne einen männlichen Erben zu hinterlassen. Daher wurde nun der ranghöchste Anwärter auf den Thron in den Topkapi-Palast in Istanbul (➤ 54ff) gesperrt, bis er gegebenenfalls die Thronfolge antrat.
- Der Sage nach fand in der Türkei die erste Miss-Wahl statt: Die Göttinnen Athene, Aphrodite und Hera forderten Paris auf zu entscheiden, welche von ihnen die Schönste sei.
- Das Durchschnittsalter der türkischen Bevölkerung liegt bei 29,2 Jahren.
- Der Anteil der Türkei an der weltweiten Erzeugung von Haselnüssen beträgt 70 Prozent.
- In Istanbul soll bis 2017 der größte Flughafen der Welt entstehen: Er ist für 150 Millionen Passagiere pro Jahr ausgelegt.
- Die ersten Tulpenzwiebeln, die holländische Kaufleute in ihre Heimat brachten, stammten aus der Türkei.
- Die Türkei besitzt ein Exemplar des ersten Friedensvertrags der Weltgeschichte, den der ägyptische Pharao Ramses II. und der Hethiterkönig Hattuşiliş III. im Jahre 1269 v. Chr. nach der Schlacht von Kadesh abschlossen.
- Die türkische Küste ist 8300 km lang.
- Glasperlen (Abb. links) sind in der Türkei ein beliebter Talisman. Viele Türken glauben, dass sie den bösen Blick abwehren.

Erster Überblick

Ankunft

An den türkischen Küsten gibt es mehrere internationale Flughäfen. Nach der Deregulierung des türkischen Luftfahrtmarktes werden neben Istanbul (Atatürk Havalimanı) und Izmir auch Antalya, Bodrum und Dalaman von Linienmaschinen angeflogen. Die beiden Istanbuler Flughäfen Atatürk und Sabiha Gökçen sind Ausgangspunkte für Inlandsflüge aller türkischen Fluggesellschaften.

Pass und Visum

- Urlauber aus Deutschland und der Schweiz benötigen bei Anreise mit dem Flugzeug für einen Aufenthalt in der Türkei von bis zu drei Monaten nur Personalausweis oder Reisepass, österreichische Urlauber dagegen neben dem Reisepass auch ein Visum, das sie sich **bei der Einreise ausstellen** lassen können, aber in **Devisen** (15 €) bezahlen müssen, wobei kein Wechselgeld herausgegeben wird. Bei einer Anreise mit dem eigenen Auto sind Transitvisa notwendig, die man am besten vor Reiseantritt erwirbt.
- Touristenvisa sind vom Tag der Ausstellung an **drei Monate gültig**.

Fahrpreise der öffentlichen Verkehrsmittel
€ unter 5 YTL **€€** 5–10 YTL **€€€** 10–15 YTL **€€€€** über 15 YTL

Istanbul-Atatürk

- Der **Atatürk-Flughafen** (www.ataturkairport.com) liegt 25 km westlich; der **Flughafen Sabiha Gökçen** (www.sabihagokcen.aero) etwa 40 km östlich im asiatischen Teil.
- Per **Taxi** (Aufschrift »TAXI« oder »TAKSI«) erreichen Sie Ihr Hotel vom Atatürk aus in 30–40 Minuten (ca. 20 €/50 YTL); vom Sabiha Gökçen in etwa 60–80 Minuten (ca. 50 €/120 YTL). Viele Hotels bieten einen Transferservice an.
- Die Gesellschaft **Havataş** betreibt einen **halbstündlichen Busservice** (10–12 YTL) zum Taksim-Platz. Die Fahrt dauert je nach Verkehr etwa 40–60 Minuten (Atatürk) bzw. 90 Minuten (Sabiha Gökçen).
- Die **Metro** (3 YTL) vom Atatürk aus benötigt 45 Minuten bis Aksaray (www.istanbul-ulasim.com.tr).
- Die **Touristeninformation** in der Innenstadt befindet sich am At Meydanı am Ende der Divan Yolu Caddesi im Stadtteil Sultanahmet.

Izmir

- Der **Flughafen** (Adnan Menderes Havalimanı;www.adnanmenderesairport.com) liegt 18 km südlich der Stadt.
- Ein **Shuttlebus** (10–12,5 YTL) der Gesellschaft Havaş verkehrt in der Zeit zwischen der Ankunft des ersten und letzten THY-Fluges (ca. 3–23.30 Uhr) halbstündlich zwischen dem Flughafen und dem THY-Büro im Hotel Büyük Efes in Izmir. Die Fahrt dauert etwa 45 Minuten.
- Ein **Schnellzug** (5 YTL) verbindet Flughafen und Stadtzentrum (6–22 Uhr).
- Das Stadtzentrum ist auch mit der **S-Bahn** (3 YTL) erreichbar. Haltepunkt in Izmir ist der Bahnhof Alsancak. Die Bahn fährt im 10- bis 15-Minuten-Takt zwischen 6 und 23 Uhr und braucht 20 Minuten.
- **Taxis** (ca. 20 €/50 YTL; 30 Minuten) stehen vor dem Terminal bereit.

- Die **Touristeninformation in der Innenstadt** befindet sich in der 1344 Sokağı 2 im Stadtviertel Pasaport.

Bodrum

- Der **Flughafen Bodrum-Milas** (www.bodrum-airport.com) liegt 35 km nordöstlich der Stadt.
- Ein **Havaş-Shuttlebus** (10 YTL) verkehrt zwischen Flughafen und Stadtzentrum. Eine Fahrt dauert ca. 45 Minuten.
- **Taxis** (ca. 30 €/70 YTL) stehen in großer Zahl vor dem Terminal bereit und benötigen für die Fahrt nach Bodrum eine halbe Stunde.
- Die **Touristeninformation** befindet sich im Flughafen und in der Nähe des Kastells am Bariş Meydanı.

Dalaman

- Der **Flughafen** liegt 3 km außerhalb des Ortes. Touristeninformation, Bank und Autovermietung sind während der Hauptreisezeit verfügbar.
- Es gibt zwei auf Inlandsflüge abgestimmte **Havaş-Shuttlebuslinien** nach Fehtiye (10 YTL) und Marmaris (15 YTL). Andere umliegende Orte (Dalaman, Dalyan) erreicht man nur per Taxi (10–20 €/20–40 YTL).

Antalya

- Der **internationale Flughafen von Antalya** (www.aytport.com) liegt 8 km östlich.
- Ein **Havaş-Shuttlebus** (9 YTL) verkehrt zwischen Flughafen und Havaş-Büro in der Cumhurriyet Caddesi. Die Abfahrt richtet sich nach den Ankünften am nationalen Terminal, wo sich auch die Haltestelle befindet. Eine Fahrt dauert ca. 30 Minuten.
- **Taxis** (ca. 10–15 €/20–30 YTL) stehen vor der Ankunftshalle bereit.
- Ein **Bus** (Linie 600; 2 YTL) fährt alle 30 Minuten vom Flughafen Richtung Innenstadt, Dauer: 60 Minuten.
- **Touristeninformationsbüros** findet man im Flughafen und in der Cumhuriyet Caddesi, Özel Idare Altı 2, im Stadtteil Kaleiçi.

Unterwegs an den türkischen Küsten

Das Reisen entlang der Küste ist zeitraubend, obwohl das öffentliche Busnetz gut ist. Schneller und entspannter reist man mit dem Flugzeug. Viele Sehenswürdigkeiten sind mit dem Bus zu erreichen. Wer flexibel und unabhängig reisen möchte, mietet ein Auto.

Inlandflüge

- **Turkish Airlines** (Türk Hava Yolları, THY), **Pegasus Airlines** (PGT), **SunExpress** (SXS) und **AnadoluJet** (AJA) bieten regelmäßige Flüge von Istanbul nach Izmir, Antalya, Bodrum und Dalaman an.

Überlandbusse

- Die Busse sind zuverlässig und komfortabel. Preise und Qualität weichen stark voneinander ab, aber selbst eine Fahrt im Luxusbus ist verhältnismäßig preiswert. Fahrscheine sollten im Voraus gekauft werden.

- Zahlreiche örtliche Busunternehmen ergänzen das Busverkehrsnetz, machen ihre Fahrpläne jedoch nicht immer öffentlich zugänglich. Erfragen Sie Preise und Fahrzeiten am jeweiligen **Busbahnhof** *(otogar)* oder in einem Reisebüro. Kaufen Sie keine Tickets von Schwarzhändlern.
- Auf einer Busreise muss alle 90 Minuten eine **Pause** gemacht werden. Längere Fahrten werden mittags für eine halbe Stunde unterbrochen.

Sammeltaxis und örtliche Buslinien

- Sammeltaxis (*dolmuşlar*, Einzahl *dolmuş*) sind meist Minibusse, die zwischen Stadtzentren und Vororten sowie zwischen Urlaubsorten und entfernteren Stränden oder Sehenswürdigkeiten verkehren. Sie sind zuverlässig und preiswert. Der Fahrer fährt ab, sobald das *dolmuş* voll besetzt ist, und hält an jeder gewünschten Stelle entlang einer festen Route. Die Sammeltaxis bieten ihre Dienste in der Regel **zwischen 7 und 19 Uhr** an; erkundigen Sie sich aber an den Haltestellen nach örtlichen oder saisonalen Abweichungen, oder konsultieren Sie die Fahrpläne im Minibus.
- Die **Lokalbusse** verbinden eine größere Stadt mit den umliegenden Dörfern und fahren nach einem festgelegten Fahrplan. Allerdings sind manche abgelegenen Dörfer nur ein- oder zweimal täglich zu erreichen.
- Für Sammeltaxis und Nahverkehrsbusse können **Fahrkarten nicht im Voraus** gekauft werden. Man bezahlt den Fahrpreis beim Fahrer oder Schaffner, wenn man ins Fahrzeug steigt.

Taxis

- Die zahlreichen Taxis sind gelb und an den Türen oder auf dem Dach mit der Aufschrift »TAXI« oder »TAKSı« versehen. Im Vergleich mit anderen Ländern ist das Taxi hier ein **preisgünstiges** Verkehrsmittel.
- Sie können ein Taxi auf der Straße heranwinken. Es gibt aber auch **Taxistände**, in der Regel an größeren Plätzen oder Hauptstraßen.
- In den Städten müssen **alle Taxis** mit **Taxametern** ausgestattet sein, in ländlichen Gegenden oder Küstenorten dagegen ist es üblich, vor der Fahrt einen festen Preis auszuhandeln. Man kann ein Taxi auch für einen halben oder ganzen Tag mieten.
- **Nachts** sind die Fahrpreise um **50 Prozent höher**.

Mietwagen

- Wer mindestens 21 Jahre alt ist und seit einem Jahr einen **Führerschein** besitzt, kann ein Auto mieten. Bei einigen Agenturen beträgt das Mindestalter 25 Jahre.
- **Örtliche Mietwagenagenturen** haben niedrigere Preise als die internationalen Unternehmen. Prüfen Sie stets die Qualität des Fahrzeugs und den Versicherungsschutz, bevor Sie einen Vertrag abschließen.
- Wenn Sie eine längere Fahrt planen oder einen umfassenderen Versicherungsschutz wünschen, der auch Pannen abdeckt, wenden Sie sich an eine der **internationalen Autovermietungen**. Nur diese bieten auch die Möglichkeit einer einfachen Fahrt (ohne Rückfahrt).
- Sie können einen Mietwagen **vor der Reise** von zu Hause aus **buchen**. Das Auto steht dann bei Ihrer Ankunft am Flughafen bereit.
- Auch wenn der Preis in Euro oder Dollar angegeben ist, zahlen Sie in türkischen Lira. Wenn Sie nicht mit einer **Kreditkarte** bezahlen, müssen Sie bei Übernahme des Autos eine **Barkaution** hinterlegen.
- An **Tankstellen** gibt es verbleites und bleifreies Benzin. Selbstbedienung ist nicht üblich. Nicht alle Tankstellen akzeptieren Kreditkarten.

Mit dem Auto unterwegs

- In Istanbul ist ein Auto nicht erforderlich, für eine Reise **entlang der Küste** aber **empfehlenswert**.
- Die zulässige **Höchstgeschwindigkeit** beträgt in geschlossenen Ortschaften 50 km/h, auf Landstraßen 90 km/h und auf Autobahnen 120 km/h.
- Auf den Vordersitzen herrscht **Anschnallpflicht**, auf den Rücksitzen nur, wenn dort Gurte vorhanden sind.
- Die **Straßen** sind in der Regel **gut ausgebaut**; Hauptstraßen sind asphaltiert. Die Beschilderung entspricht internationalen Übereinkünften.
- Auf den im Allgemeinen weniger stark befahrenen **Landstraßen** sollte man besonders auf Tiere und landwirtschaftliche Fahrzeuge achten.
- Manche **Verkehrsampeln** werden in Zeiten schwachen Verkehrsaufkommens auf gelbe Blinkzeichen umgestellt. Man hat dann freie Fahrt, wenn keine anderen Fahrzeuge den Weg kreuzen.

Übernachten

Übernachtungspreise
für ein Doppelzimmer pro Nacht:
€ unter 85 € **€€** 85–150 € **€€€** über 150 €
Die Preise für die Unterkünfte werden oft in Fremdwährungen angegeben und Hotels akzeptieren Euro und US-Dollar gern als Zahlungsmittel. Das Wechselgeld erhalten Sie jedoch stets in türkischer Lira.

Unterkünfte buchen

- Bei den **Unterkünften der einfachen Kategorie (€)** handelt es sich in der Regel um **Pensionen** *(pansiyonlar)*, die meist als Familienbetriebe geführt werden. Bei der Qualität der Ausstattung gibt es große Unterschiede, doch alle Pensionen verfügen zumindest über einen Frühstücksraum oder eine Terrasse. In vielen Pensionen wird auf Wunsch ein Abendessen serviert – eine wunderbare Gelegenheit, türkische Hausmannskost zu günstigen Preisen kennenzulernen. Je abgelegener eine Pension liegt, desto größer ist die Chance, abends verpflegt zu werden. Ansonsten werden Ihre Gastgeber gerne ein günstiges Restaurant in der Nachbarschaft empfehlen. Um sich bekannt zu machen (und vielleicht einen Preisnachlass zu bekommen), sollten Sie beim Restaurantbesuch den Namen Ihrer Pension nennen.
- Die **Hotels der mittleren Kategorie (€€)**, der die Mehrzahl der in diesem Reiseführer empfohlenen Häuser angehören, weisen oft ein außerordentlich gutes Preis-Leistungs-Verhältnis auf. Unvermutet kann der Gast zuweilen in den Genuss einer luxuriösen Ausstattung kommen – vom Swimmingpool bis hin zum türkischen Dampfbad *(hamam)*. In dieser Kategorie sind auch einige der neuartigen Urlaubshotels enthalten, die sich ihrer weitgehenden Selbstständigkeit rühmen. Diese Hotels können für Familien mit Kindern sehr empfehlenswert sein, sind aber kaum geeignet, Land und Leute kennenzulernen, da man wenig vom türkischen Alltagsleben wahrnimmt. Extras wie Getränke werden hier oft zusätzlich in Rechnung gestellt. Es ist daher ratsam, die Preise für Getränke und andere zusätzliche Leistungen im Voraus zu erfragen, um bei der Abreise keine unangenehmen Überraschungen zu erleben.

Erster Überblick

Prüfen Sie Ihre Hotelrechnung, da es leicht zu fehlerhaften Abrechnungen kommen kann.

- In den **Hotels der gehobenen Kategorie (€€€)** ist man bestrebt, ein gewisses Niveau zu wahren, und wird von den Gästen dasselbe erwarten. In der Regel herrscht eine bestimmte Kleiderordnung, und alle zusätzlichen Leistungen werden gesondert in Rechnung gestellt. Das Personal erwartet großzügige Trinkgelder, wie sie der Umgebung angemessen sind: Eine Übernachtung in einem Luxushotel kostet meist mehr, als viele der im Hotel Beschäftigten in zwei Wochen verdienen. Dennoch ist der Luxus eines 5-Sterne-Hotels in der Türkei im Vergleich mit anderen Ländern noch recht erschwinglich.

Preisverhandlungen

In der Türkei variieren die Preise für Unterkünfte in Abhängigkeit von der Saison und manchmal auch von der Herkunft der Gäste (Landsleuten werden niedrigere Preise in Rechnung gestellt). Das Verhandeln über Preise ist hier ein üblicher Vorgang. Beachten Sie dabei aber folgende Hinweise:

- Akzeptieren Sie nicht gleich das erste Preisangebot, das Ihnen unterbreitet wird. Erklären Sie freundlich lächelnd, dass Sie den Preis zu hoch finden, und bitten Sie um ein neues Angebot.
- Schlagen Sie Ihrerseits einen Preis vor, der bei 50 bis 70 Prozent des ersten Angebots liegt, und halten Sie zunächst daran fest. Versuchen Sie dann, einen Kompromiss zu finden, der beide Seiten zufriedenstellt. Ein allzu niedriges Angebot von Ihrer Seite kann beleidigend wirken. Beachten Sie auch, dass ein einwandfrei geführtes Hotel, das einen guten Ruf genießt, keine überhöhten Preise verlangen wird.
- Üben Sie sich in Gelassenheit und Humor, auch wenn Ihr Gegenüber ärgerlich scheint, und achten Sie darauf, ob Ihr Gesprächspartner Zeit für Sie hat. Es kann sich lohnen, eine Weile zu warten, bis man sich Ihren Wünschen widmet.
- Wenn Sie in einer fremden Währung bezahlen können, befinden Sie sich in einer vorteilhaften Position. Wer mit Kreditkarte bezahlen möchte, sollte beachten, dass in einigen Hotels (zumeist außerhalb der touristischen Zentren) dafür ein Preisaufschlag von bis zu drei Prozent berechnet wird.
- Klären Sie vorab, welche Leistungen im ausgehandelten Preis enthalten sind. In einigen Luxushotels ist es üblich, 18 Prozent des Preises als eine Art »Steuer« auf die Rechnung aufzuschlagen. In anderen ist das Frühstück nicht im Übernachtungspreis enthalten.
- Die meisten Hotels der größeren Urlaubsorte bestehen in der Hochsaison auf einer Buchung mit Halbpension. Da sich der Übernachtungspreis dadurch oft nur geringfügig erhöht, lässt es sich leicht verschmerzen, wenn man einmal auf das Hotelbüfett verzichtet.
- Je nach Zeitpunkt und Dauer des gewünschten Aufenthalts sollten Sie mit unterschiedlichen Übernachtungspreisen rechnen. Je länger Sie in einem Hotel bleiben möchten, umso niedriger ist oftmals der Preis für eine Übernachtung. So legt man am besten erst den Preis für eine Nacht fest und handelt ihn dann unter Hinweis auf die gewünschte längere Aufenthaltsdauer herunter.
- Sind die Verhandlungen zu einem zufriedenstellenden Ende gekommen, bitten Sie, sich das Zimmer ansehen zu dürfen. Es ist möglich, dass Sie um eine fensterlose Moskitobrutstätte verhandelt haben, doch ebenso gut können Sie auch eine fürstliche Suite zu sehen bekommen.

Essen und Trinken

Die landestypische Küche ist eines der besonderen Vergnügen einer Reise in die Türkei. Die Verbindung von mildem Klima und fruchtbaren Böden führt zu einer großen Vielfalt an frischen Erzeugnissen. Eine Mahlzeit im Restaurant ist daher verhältnismäßig preisgünstig. Essen ist der Kitt, der die türkische Gesellschaft zusammenhält, und überall trifft man auf Genießer, die Lebensmittel konsumieren – auf der Straße, in Cafés auf dem Bürgersteig oder in Restaurants.

Spezialitäten

- Ein **Frühstück** kann sich über Stunden hinziehen. Man trinkt literweise Tee (Tee mit Milch heißt auf Türkisch *sütlü çay*) und isst Brot, Käse, Oliven, Tomaten, Gurken, ein hart gekochtes Ei, Marmelade und Honig.
- Der **Imbiss** ist in der Türkei eine Kunstform. In Läden für Trockenfrüchte *(kuru yemiş)* erhält man Pistazien *(fıstık)*, Kürbiskerne *(cekiderk)* und andere Köstlichkeiten in braunen Papiertüten. Fliegende Händler verkaufen weiche Sesamkringel *(simit)* und Eiscreme *(dondurma)* in frisch gebackenen, warmen Waffeln.
- **Vorspeisen** *(mezeler)* werden in den meisten Restaurants angeboten. Auf Wunsch wird eine Auswahl warme und kalte Kleinigkeiten serviert. Dazu gibt es köstliches Fladenbrot *(pide)*, von dem man nicht zu viel essen sollte, damit noch Platz für den Hauptgang bleibt. Die Vorspeisen können zuweilen ein Hauptgericht ersetzen und sind besonders für Vegetarier eine attraktive Alternative. Man wählt die gewünschten Komponenten per Fingerzeig aus einer verglasten Auslage oder lässt sie auf kleinen Tabletts an den Tisch bringen.
- Eine **Suppe** *(çorba)* ist für viele Türken ein besonderer Genuss, wobei Linsen *(mercimek)* sowie Joghurt und Reis *(yayla)* als Zutaten besonders beliebt sind. In einem auf Innereien spezialisierten Restaurant *(işkembeci)* gibt es Suppen mit Kaldaunen *(işkembe)* oder Schafszunge und -füßen *(paça)*. Diese Restaurants sind in der Regel rund um die Uhr geöffnet, da ihre Kreationen gegen einen Kater helfen sollen.
- **Fischgerichte** sind relativ teuer. Wenn Sie für eine Tischgesellschaft einen ganzen Fisch bestellen möchten, sollten Sie den Preis vorab aushandeln. Die Preise werden manchmal nach Gewicht berechnet.
- Die Türkei ist die Heimat des **Kebab** (*kebap*, am Spieß gegrilltes Fleisch). Oft kann man an einer Auslage unter verschiedenen Fleischsorten wählen. Von einem Drehspieß *(döner)* werden Scheiben von Lamm- oder Hühnerfleisch abgeschnitten und serviert, auf Wunsch als *işkender* mit einer Sauce aus Joghurt und Tomaten. Gebratene Klößchen aus Lammhackfleisch heißen *köfte*, bei *adana kebap* handelt es sich um eine scharf gewürzte Variante. Lammfleisch wird auch in Würfeln am Spieß (*şış kebap* oder *çöpşış*) angeboten.
- Ein **Salat** ist im Allgemeinen im Hauptgericht nicht enthalten, auch wenn bei einem *ocakbaşı* (► 38) zum Grillfleisch eine Portion Salat serviert wird. Wenn Sie einen gemischten Salat *(çoban salata)* bestellen möchten, aber keine Zwiebeln mögen, bestellen Sie ihn ohne Zwiebeln *(soğansız)*.
- **Obst und Gemüse** sind wunderbar frisch und voller Geschmack. Türkische Tomaten etwa schmecken besonders süß, und den Geschmack von Kirschen, Aprikosen und Pfirsichen behält man lange auf der Zunge.

Erster Überblick

- **Süßspeisen** erhält man vor allem in Bäckereien oder bei einem auf Milchspeisen spezialisierten *muhallebici*. In Restaurants findet man auf der Speisekarte oft keine Desserts; stattdessen kann man Obst, z.B. ein Stück Wassermelone *(karpuz)*, und tiefschwarzen **Kaffee** *(kahve)* servieren lassen, Letzteren entweder ohne Zucker *(sade)*, mittelsüß *(orta şekerli)* oder mit viel Zucker *(şekerli)*, aber nie mit Milch.

Preise
für ein Drei-Gänge-Menü ohne Getränke:
€ unter 10 € **€€** 10–15 € **€€€** über 15 €

Getränke

- Auch wenn fast alle Türken Muslime sind und die Regierung Erdoğan alles daran setzt, den Alkoholkonsum zu regulieren, ist der mäßige Genuss alkoholischer Getränke nichts Ungewöhnliches. Vor allem in den Städten ist Bier zu einem beliebten Getränk geworden und das türkische **Efes-** und **Bomonti-Bier** von guter Qualität. Ebenso hochwertig sind türkische **Weine**, etwa Kavaklıdere und Villa Doluca.
- Die Vielfalt **alkoholfreier Getränke** ist groß. Zum Kebab trinkt man gern das erfrischende Joghurtgetränk *ayran*. In einer Bar oder am Kiosk *(büfe)* bekommt man frisch gepresste Fruchtsäfte. Besonders köstlich ist ein Saft aus fruchtigen Orangen *(portakal)* oder Kirschen *(vişne)*.
- Das Nationalgetränk ***rakı*** ist ein Anisschnaps, der auch als »Löwenmilch« bezeichnet wird. Da er eine durchschlagende Wirkung entfalten kann, sollte man ihn wie die Einheimischen in kleinen Schlucken und mit Wasser vermischt zum Essen genießen.

Verschiedene Lokale

- ***Restoran:*** ein Restaurant mit professioneller Bedienung, Weinkarte sowie Tischdecken und Servietten aus Stoff
- ***Lokanta:*** ein einfacheres Lokal, zwangloser und preisgünstiger als ein Restoran.
- ***Kebap salonu:*** ein preiswerter und guter Imbiss, wie er bei Einheimischen beliebt ist. Das Ambiente ist schlicht; oft werden in einer Auslage Eintopf- und Gemüsegerichte angeboten, z.B. mit Reis *(pilav)* oder geschrotetem Hartweizen *(bulgur)*
- ***Ocakbaşı:*** ein offener Grill nach kurdischer Art, um den die Gäste herumsitzen; ein gemütlicher Ort für das Abendessen.
- ***Meyhane:*** eine meist nur abends geöffnete Taverne, hauptsächlich in größeren Städten, in der oft auch Live-Musik zu hören ist
- ***Pide salonu:*** eine türkische Pizzeria, in der man eine Pizza *(lahmacun)* mit hauchdünnem Boden und Belag aus Fleisch oder Gemüse oder eine etwas dickere *pide* bestellt.

Auswärts essen

- Die meisten Cafés und Restaurants sind täglich durchgehend geöffnet und schließen, wenn der letzte Gast geht.
- In Touristenzentren empfiehlt es sich, **einen Tisch reservieren** zu lassen.
- Obwohl die Bedienung in der Regel im Preis enthalten ist, sollte man ein **Trinkgeld von zehn Prozent** des Rechnungsbetrages geben.
- **Rauchen** ist in der Türkei weit verbreitet, in den meisten (geschlossenen) Restaurants aber mittlerweile verboten.

Einkaufen

Liebhaber hochwertiger Reiseandenken werden sich über die große Vielfalt des türkischen Kunsthandwerks freuen, das auf eine lange Tradition zurückblickt. Heute wird das alte Erbe zum Teil mit neuesten westlichen Modetrends kombiniert.

Der türkische Basar

Der Basar ist der traditionelle Marktplatz der Türkei. Der großartigste dieser Märkte ist der **Große Basar** (Kapalıçarşı) von Istanbul (➤ 50f und 65). Ähnliche Basare kleineren Ausmaßes gibt es in den meisten Städten und Ferienorten. Die schönsten von ihnen findet man in **Izmir** (➤ 84), wo man Kunsthandwerk von hoher Qualität bekommt, in **Fethiye** (➤ 138), dessen kleiner Basar für hochwertige Lederwaren und Schmuck bekannt ist, und in **Kaş** (➤ 138) mit den besten Einkaufsmöglichkeiten für schöne Teppiche und eigenwilligen Schmuck. Ein Basarbesuch lohnt auch in **Kuşadası** (➤ 115), auf dessen touristenorientiertem Markt Imitationen von Designerprodukten vorherrschen, in **Side** (➤ 166), wo man schönes Kunsthandwerk und echte Designerprodukte findet, und in **Alanya** (➤ 166), wo man seinen Vorrat an T-Shirts und Socken ergänzen kann.

Traditionelle Basarware

- handgeknüpfte **Teppiche** aus Wolle, Seide oder Baumwolle und handgewebte **Kelims**
- **Lederwaren**, vor allem Jacken, Hosen, Schuhe und Taschen
- handgearbeiteter **Schmuck** aus Gold und Silber sowie Designeruhren
- **Onyx und Alabaster**, verarbeitet zu Schalen, Kerzenhaltern, Vasen, Kelchen und anderem Zierrat
- Pfeifen aus **Meerschaum**, einem weichen Stein
- Kaffeetische und Backgammonbretter mit **Schnitzereien und Einlegearbeiten aus Holz**
- Kochgeschirr und andere Gefäße aus **Messing und Kupfer**
- **Textilien**, vor allem schmuckvoll verzierte Decken und Kissen
- **Genussmittel** z.B. *lokum* (ein honigsüßes Gebäck), Gewürze, Honig und Apfeltee

Feilschen

Der Einkaufsbummel auf einem Basar kann ein anregendes Erlebnis sein. In Teppichläden wird man z.B. eingeladen, sich zu setzen und einen Tee zu trinken, während man in die Kaufverhandlungen eintritt. Beachten Sie, dass es nicht üblich ist, sich lange umzusehen, und dass die Verhandlungen ermüdend werden können. Es besteht aber kein Grund, verlegen zu werden. Auf Basaren gibt es kaum Festpreise, **Handeln** ist unumgänglich.

Bezahlen

- **Kreditkarten** werden in größeren Geschäften im Allgemeinen akzeptiert, in kleineren seltener. Manchmal wird ein **Aufschlag** verlangt.
- Die **Inflation** war in der Vergangenheit ein großes Problem der Türkei. Wer mit Euro bezahlt, erhält oft Rabatt.
- **Umfangreiche und teure Einkäufe** tätigt man fast immer in fremder Währung, üblicherweise in Euro oder US-Dollar.

Ausgehen

Das vielfältige Unterhaltungsangebot konzentriert sich auf die großen Touristenzentren. Auf Besucher warten zahlreiche kulturelle und sportliche Veranstaltungen, die sich über das Jahr verteilen.

Veranstaltungskalender

Es gibt an der türkischen Küste keine regelmäßigen Veranstaltungsmagazine, und auch die Touristeninformation eines Ferienortes kann nicht immer weiterhelfen. Am besten beschafft man sich Informationen über Termine und Eintrittskarten beim türkischen Fremdenverkehrsbüro in der Heimat (➤ 182f).

Festivals

- Der Sommer ist die Hochsaison für Kunst und Kultur. Am leichtesten zugänglich sind die **Festspiele von Aspendos**, bei denen jedes Jahr im Juni internationale Stars bei Opern- und Ballettaufführungen auftreten.
- An den vielen **Folklore- und Musikfestivals** nehmen Künstler aus dem ganzen Land teil. Besonders zu empfehlen sind die **Internationalen Sommerfestspiele von Izmir** (➤ 84) von Mitte Juni bis Anfang September.
- Istanbul bietet eine Reihe von Festivals zwischen April und November, etwa das **Internationale Musikfestival** im Juni und Juli und das **Jazz-Festival** im Juli.

Nachtleben

- In den touristischen Zentren ist das Nachtleben, das sich in und um Musikbars und Clubs abspielt, **laut und lebhaft**.
- In kleineren Ferienorten und ländlichen Gegenden geht es abends eher **ruhig** zu; ein ausgedehntes Abendessen ist die gängige Vergnügung.

Sportveranstaltungen

- Traditionelle türkische Sportarten wie Ölringen (➤ 26) und Kamelkämpfe (➤ 27) findet man heute nur noch selten. **Ölringer** tragen alljährlich in der ersten Septemberwoche Wettkämpfe in Elmalı aus (➤ 179), **Kamelkämpfe** werden im Januar in Selçuk veranstaltet (➤ 103f).
- Wer sich eher für **Segelwettkämpfe** interessiert, kann im April schnittige Boote beim Internationalen Yachtfestival in Marmaris beobachten oder im Oktober die Segelregatta um den Bodrum-Cup in Bodrum (➤ 116).
- Mitte August startet in der Regel eine neue Saison der Süperlig, des türkischen Äquivalents zur deutschen **Fußball**-Bundesliga.

Freizeitaktivitäten

- Zu den vielfältigen Möglichkeiten, die **Landschaften** der türkischen Küste auf sportliche Art zu entdecken, gehören Wandern, Radfahren, Bergsteigen, Reiten, Segeln, Tauchen, Ski fahren, Rafting, Kajak- und Kanufahren, Geländesafaris, Tandem-Drachenfliegen sowie Höhlenexkursionen. In den Küstenorten gibt es darüber hinaus zahlreiche Wassersportangebote, z.B. Windsurfen und Wasserski.
- **Schiffstouren** werden in allen Häfen entlang der türkischen Küste angeboten. Das Meer lädt zum Schwimmen und Schnorcheln ein.
- **Tagesausflüge** auf griechische Inseln in der Ägäis vermitteln einen Einblick in die dortige Kultur. Ein interessantes Ziel ist beispielsweise Rhodos (➤ 130).

Istanbul & westliche Schwarzmeerküste

Kleine Erlebnisse

Makrelen-Döner am Goldenen Horn

Nach einer Bosporus-Fahrt (➤ 60) die Galata-Brücke passieren und auf dem **Fischmarkt von Karaköy** (unterhalb der Fermeneciler Caddesi) ein Balık Ekmek genießen.

Im Hamam liegt die Kraft

Im Dampfbad entspannen, z.B. im **Cağaloğlu Hamam** neben der Yerebatan-Zisterne (➤ 58).

Orthodoxes Istanbul

Erst die Chora-Klosterkirche (➤ 59) besuchen, dann durchs griechische Viertel **Balat** bummeln.

Erste Orientierung

Märchenhaft und geheimnisvoll ragen die weltberühmten Kuppeln und Türme von Istanbul in den Himmel. Die Meerenge, die die Stadt am Bosporus durchschneidet, bildet die Grenze zwischen Europa und Asien und macht so die Schwelle zwischen Okzident und Orient deutlich erlebbar. Istanbul ist eine Schatzkammer der Geschichte und zugleich voller Leben.

Die Sultan-Ahmed-Moschee aus dem 17. Jh. prägt bis heute die Silhouette der Stadt

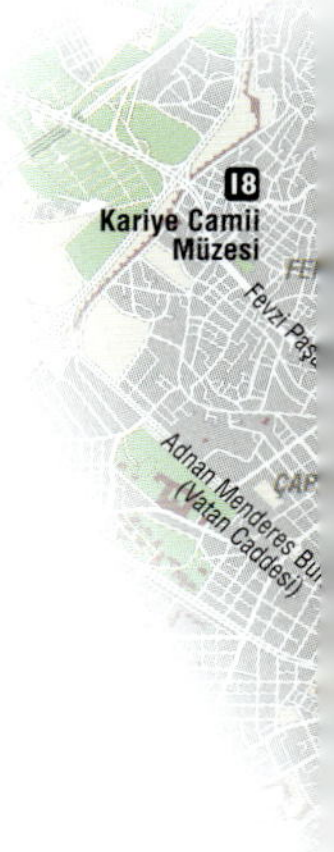

Der historische Stadtkern, in dem die bedeutendsten Sehenswürdigkeiten nahe beieinander liegen, befindet sich auf der europäischen Seite des Bosporus im heutigen Viertel Sultanahmet. Hier wurde die Stadt Byzantion gegründet, die unter Kaiser Konstantin I. als Hauptstadt des Römischen Reiches den Namen Constantinopolis (Konstantinopel) erhielt und unter den Osmanen zum islamischen Istanbul wurde. Inmitten von Parks und Plätzen liegen die architektonischen Schätze. Im Westen des Stadtteils stößt man auf den Großen Basar, der von einem Gewirr enger Gassen umgeben ist, in denen sich die Menschen drängen. Ein Stück weiter nördlich liegt die Süleyman-Moschee, ein Meisterwerk islamischer Architektur.

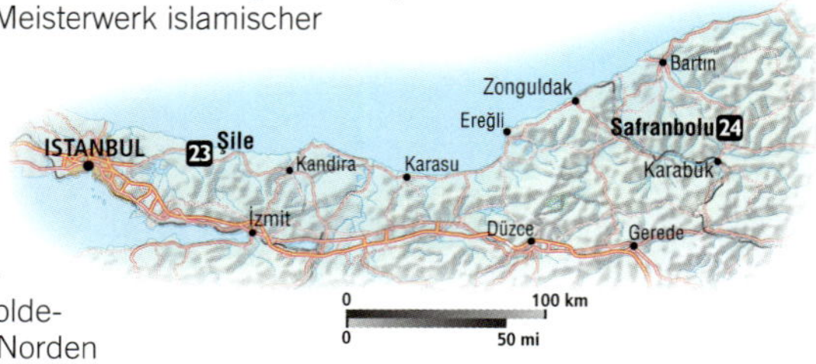

Auf einer der Fähren, die z.B. vom Ufer des Stadtviertels Eminönü über das Goldene Horn nach Norden zum Bezirk Galata fahren und die auch von den Einheimischen gern benutzt werden, kann man das pulsierende Leben der Stadt am besten auf sich wirken lassen. Das benachbarte Viertel Beyoğlu war im 19. Jahrhundert die bevorzugte Wohngegend der in Istanbul ansässigen Europäer, von denen einige Bauwerke der Belle Époque erhalten geblieben sind. Zwischen diesen

Bauten haben sich zahlreiche Boutiquen, Restaurants und Nachtclubs angesiedelt. In Galata führt eine unterirdische Seilbahn zu der Anhöhe, auf der sich der Galata-Turm erhebt. Unter dessen Dach befindet sich eine Aussichtsplattform, von der man einen weiten Blick über die Stadt genießt.

Eine Dampferfahrt auf dem Bosporus bietet Erholung vom Staub der Straßen. Auch der Badeort Şile am Schwarzen Meer empfiehlt sich für eine Verschnaufpause.

TOP 10

1 Ayasofya (Hagia Sophia) ➤ 46

7 Kapalıçarşı (Großer Basar) ➤ 50

Nicht verpassen!

11 Sultanahmet Camii (Sultan-Ahmed-Moschee ➤ 52

12 Topkapı Sarayı (Topkapi-Palast) ➤ 54

Nach Lust und Laune!

13 Arkeoloji Müzeleri (Museen für Altertumskunde) ➤ 57

14 Istanbul Modern ➤ 57

15 Yerebatan Sarayı (Yerebatan-Zisterne) ➤ 58

16 Mısır Çarşısı (Ägyptischer Basar) ➤ 58

17 Süleymaniye Camii (Süleyman-Moschee) ➤ 59

18 Kariye Camii Müzesi (Chora-Klosterkirche) ➤ 59

19 Boğaziçi (Bosporus) ➤ 60

20 Galata Kulesi (Galata-Turm) ➤ 60

21 Beyoğlu ➤ 61

22 Dolmabahçe Sarayı (Dolmabahçe-Palast) ➤ 61

Etwas weiter weg

23 Şile ➤ 62

24 Safranbolu ➤ 62

In zwei Tagen

In Istanbul gehen Okzident und Orient, Antike und Moderne, Hektik und Ruhe eine spannende Verbindung ein. Nehmen Sie sich zwei Tage Zeit, um die Schätze der Stadt zu entdecken. Abends können Sie dann in die orientalische Lebensart eintauchen.

Erster Tag

Vormittags

Besuchen Sie die 1 **Hagia Sophia** (➤ 46) so früh wie möglich, denn am frühen Morgen dringt ein wunderbares Licht durch ihre oberen Fenster. Lassen Sie sich Zeit, das prachtvolle, im 6. Jahrhundert als christliche Kirche entstandene Bauwerk zu bewundern. Ein kurzer Spaziergang durch den angrenzenden Park führt Sie dann zur 11 **Sultan-Ahmed-Moschee** (➤ 52), die auch als »Blaue Moschee« bekannt ist. Betrachten Sie die klaren Linien ihrer Architektur und die blauen Fayencen, denen sie ihren Beinamen verdankt. In einem der zahlreichen Restaurants an der Divan Yolu Caddesi, der Hauptstraße der Altstadt, können Sie zu Mittag essen. Gelegenheit zu einer Pause bietet aber auch der Platz At Meydanı an der Westseite der Sultan-Ahmed-Moschee.

Nachmittags

Im Museum des ⓬ **Topkapi-Palastes** (Topkapı Sarayı, Abb. links, ➤ 54) gewinnen Sie einen intensiven Eindruck vom Leben der osmanischen Sultane, die hier über 300 Jahre lang residierten. Die Reichtümer, die sie zusammentrugen, sind in der Schatzkammer zu bewundern, und in den Gärten des Palastes sind prächtige Pavillons zu entdecken. Der aus mehreren Gebäuden bestehende Harem war einst nur den engsten Angehörigen des Sultans zugänglich und wurde streng bewacht.

Abends

Zur Entspannung nach einem langen Tag voller Eindrücke empfiehlt sich ein Besuch im Dampfbad. Das **Çemberlitaş-Hamam** (➤ 168) in einer Seitenstraße der Divan Yolu Caddesi hinter dem Viertel Çemberlitaş wurde nach einem Entwurf des Architekten der »Süleyman-Moschee« errichtet. Es ist täglich von 6 Uhr bis Mitternacht geöffnet.

Zweiter Tag

Vormittags

Bei einer Dampferfahrt durch den 19 **Bosporus** (➤ 60) lassen Sie die Hektik der Stadt hinter sich und genießen die herrliche Aussicht auf die Minarette des Viertels Sultanahmet. Der vierstündige Ausflug führt Sie in nördlicher Richtung an eleganten Vororten und verlassenen Palästen vorbei. Zwischendurch können Sie bei einem »Landgang« eigene Entdeckungen machen. Nach der Fahrt liegt ein Bummel über den unweit der Anlegestelle gelegenen 16 **Ägyptischen Basar** (Mısır Çarşısı, ➤ 58) nahe, auf dem hauptsächlich Gewürze verkauft werden. Dort befindet sich auch das hervorragende Restaurant Pandeli.

Nachmittags

Machen Sie sich auf den Weg durch die labyrinthischen Gassen des weitläufigen 7 **Großen Basars** (Kapalıçarşı, ➤ 50), wo Sie ein unüberschaubares Warensortment von Schmuck über Lederartikel bis zu folkloristischen Andenken (Abb. rechts) erwartet.

Abends

Von der Höhe des 20 **Galata-Turmes** (Galata Kulesi, ➤ 60) jenseits des Goldenen Hornes können Sie sich in den Anblick des Sonnenuntergangs und der Stadt vertiefen. Danach empfiehlt sich eine Bauchtanzvorführung und ein Abendessen, das im Orient House (➤ 66) mit einer folkloristischen Darbietung verbunden ist.

I Ayasofya (Hagia Sophia)

Reich verziert mit byzantinischen Mosaiken, stellt das bedeutendste Baudenkmal Istanbuls eine Verbindung aus christlicher und islamischer Architektur dar. Überragend ist auch die geschichtliche Bedeutung der im 6. Jahrhundert erbauten »Kirche der heiligen Weisheit«, die als Zentrum der östlichen Christenheit galt. Als die Osmanen die Stadt eroberten, wurde sie eine Moschee und ihre Architektur zum Vorbild für zahlreiche sakrale Bauwerke des Osmanischen Reiches.

Der Bau der Hagia Sophia begann im Jahre 532 auf Anweisung des Kaisers Justinian. Die Kirche sollte Glanz und Reichtum des Byzantinischen Reiches repräsentieren, und so wurden keine Kosten gescheut. Justinian ließ in den antiken Stätten Kleinasiens nach Baumaterialien suchen; mehrere Säulen der Kirche stammen vom einstigen Tempel der Artemis in Ephesos (➤ 93, Kasten). Mit der Arbeit an den Mosaiken und Fresken wurden die herausragendsten Künstler der Zeit beauftragt, und die frei stehende Kuppel mit ihren offenen Arkaden blieb über 1000 Jahre lang die einzige ihrer Art. Nach der Eroberung Konstantinopels durch die Osmanen 1453 wurden dem unbeschädigten Bauwerk vier Minarette hinzugefügt. Da die figürlichen Darstellungen im Inneren mit den islamischen Glaubensregeln nicht vereinbar waren, wurden sie mit Gips überzogen und blieben auf diese Weise unversehrt erhalten, bis sie im späten 19. Jahrhundert wieder freigelegt wurden. In den 1930er-Jahren wurde die Hagia Sophia schließlich zum Museum.

Hagia Sophia – erst Kirche, dann Moschee

DIE »SCHWITZENDE SÄULE«

Im vorderen linken Seitenschiff steht die »schwitzende Säule«. Der Legende nach soll Kaiser Justinian sich von Kopfschmerzen befreit haben, indem er die Stirn gegen den feuchten, kühlen Marmor drückte. Ein Loch, das im Lauf der Zeit durch die Berührung von Tausenden Pilgerhänden entstand, soll bei der Eroberung der Stadt durch Mehmet I. 1453 eine Rolle gespielt haben. Eine islamische Legende erzählt, dass Mehmet in das Loch griff und die Kirche drehte, bis sie nach Mekka ausgerichtet war

Faszinierende Details

Von der äußeren Vorhalle, dem **Exonarthex**, gelangt man über den mit Mosaiken aus dem 6. bis 11. Jahrhundert und vergoldeten floralen und geometrischen Verzierungen geschmückten **Narthex** (innere Vorhalle) in den Hauptraum. Das mittlere seiner Portale, das **Kaiserportal**, von dem aus riesige **Kuppel** besonders zur Geltung kommt, diente in byzantinischer Zeit als zeremonielles Eingangstor. Farbige Säulen stützen die kleineren Kuppeln und Halbkuppeln, die den Hauptraum flankieren. Die Wirkung des reichen Bilderschmucks beruht vor allem auf den Details, die ihren Reiz erst bei genauem Hinsehen entfalten. Beachtung verdienen die kunstvollen Steinreliefs und die Einlegearbeiten an Wänden und Säulen, für die Marmor und Halbedelsteine zu einer eleganten Komposition zusammengefügt wurden.

Kunstschätze

Eine Rampe führt vom Hauptraum zur **Emporengalerie**, die den größten Reichtum an Mosaiken aufweist. Entstanden zwischen dem 10. und dem 14. Jahrhundert, gehören sie zu den wertvollsten der Welt. Am reichsten ist die einst der kaiserlichen Familie vorbehaltene **Südseite** der Galerie ausgeschmückt. Ihre Bilder stellen eine »Ahnengalerie« der byzantinischen Kaiser dar, die viele Generationen von Herrschern umfasst. In künstlerischer Hinsicht sind sie vor allem wegen des geschickten Gebrauchs von Gold und Edelsteinen bemerkenswert. In späteren Zeiten wurden kleinere Mosaiksteine verwendet, um perspektivische und feine Schattierungseffekte zu erzielen. Besonders ausdrucksvoll sind die **Deesis-Mosaiken** (»Gebetsmosaiken«) am Ende der Galerie; die Gesichter der dargestellten Figuren (Jesus, Maria und Johannes der Täufer) strahlen eine heitere Würde aus.

191 C4 · Aya Sofya Meydanı, Sultanahmet · Di–So 9–18 Uhr, Okt.–Mitte April bis 16 Uhr · Sultanahmet · 25 YTL

BAEDEKER TIPP

- Die feinen Einzelheiten der Verzierungen können Sie nur **mit Hilfe eines Fernglases** erkennen.
- Bevor Sie das Gebäude betreten, sollten Sie einen Spaziergang durch den **Garten im Vorhof** machen, wo Sie die von den Osmanen errichtete Küche, den Brunnen für die rituellen Waschungen und die Grabmale (Türben) der Sultane sehen können.

Kirche der göttlichen Weisheit

Sie gehört mit ihrem einzigartigen Mosaikschmuck zu den bedeutendsten Sehenswürdigkeiten der Welt: die mächtige, in rötlichem Pastell leuchtende Hagia Sophia, die »Kirche der Göttlichen Weisheit«. Als christliche Kirche war sie tausend Jahre lang das geistliche Zentrum des Byzantinischen Reiches; die Osmanen machten sie zur Hauptmoschee der Stadt am Goldenen Horn.

❶ **Kaisertor:** Das zum Haupttor führende, monumentale Kaisertor zeigt ein Mosaik mit dem thronenden Christus, zu dessen Füßen Kaiser Leo VI. (886–912). Diese Darstellung ist an Eingangsportalen häufig anzutreffen. Der Stifter erscheint vor dem Kirchenpatron bzw. Christus als Mittler zwischen seinem Volk und Gott. In den seitlichen Medaillons sind Maria und der Erzengel Gabriel dargestellt.

❷ **Sultansloge:** An den Pfeilern der Apsis sieht man links die vergitterte Sultansloge aus dem 18. Jh. Sie ruht auf antiken Säulen.

❸ **Apsis:** Die Apsis, gleichzeitig muslimischer Mirhab, wird von einem 5 m hohen Mosaik der Muttergottes aus dem 9. Jh. geschmückt.

❹ **Ostwand der Südempore:** Das Mosaik an dieser Stelle zeigt den thronenden Christus mit der byzantinischen Kaiserin Zoë und deren dritten Gemahl Konstantin IX. Dieser überreicht Christus einen Geldbeutel, das sog. Apokombion. eine Opfergabe, die der Kaiser an hohen Festtagen tätigte. Zoë hält die Schenkungsurkunde.Auf dem benachbarten Mosaik erkennt man die Muttergottes mit dem Kind, der Kaiser Johannes II. Komnenos und Kaiserin Irene (Tochter des ungarischen Königs Ladislaus) samt Sohn Alexios das Apokombion darbieten.

Die Kuppeln und Minarette der Hagia Sophia ragen majestätisch in den Himmel

5 Grabstein für Enrico Dondolo: Gegenüber dem Deesis-Mosaik auf der Südempore steht der Grabstein für den venezianischen Dogen Enrico Dondolo. Mit 90 Jahren und erblindet hatte er den 4. Kreuzzug geleitet, der zur Eroberung Konstantinopels führte.

Die Hagia Sophia wurde in nur fünf Jahren von 532 bis 537 erbaut. Auftraggeber war Kaiser Justinian I.

7 Kapalıçarşı (Großer Basar)

Unter den Gewölben des »Gedeckten Basars« herrscht ein lebhaftes Treiben. Die ausgedehnte Einkaufsstadt mit ihren 64 überdachten Gassen und über 3500 Läden ist seit über 650 Jahren der führende Markt für orientalische Güter. Häufig wurde er durch Brände zerstört und immer wieder aufgebaut.

In den überdachten Straßen des Großen Basars drängen sich Kauflustige

Der Basar erlangte seine größte Bedeutung während der Zeit, in der das Osmanenreich ständig wuchs und seine Handelsbeziehungen bis nach Indien, China und Afrika reichten. Im Kernbereich des Marktes wurden damals große Mengen kostbarer Güter wie Gold, Silber und Edelsteine gelagert und unter Verschluss gehalten. Der Basar war lange Zeit nicht nur Handelsplatz, sondern auch Standort zahlreicher Werkstätten, wobei sich jedes Handwerk in einem eigenen Viertel oder Hof *(han)* ansiedelte, in dem Hunderte geschickter Arbeiter tätig waren. Heute sind fast alle Werkstätten verschwunden, und der Basar ist den unzähligen Händlern vorbehalten, die hier eifrig um Kunden werben. Lassen Sie sich vom ungewohnten Geschäftsgebaren der türkischen Verkäufer und vom Gedränge der Käufer und Neugierigen, die sich zu Zehntausenden durch die engen Gassen schieben, nicht abschrecken.

Orientierung

Der Große Basar hat über 20 Eingänge. Am leichtesten zu finden ist der Zugang am **Nuruosmaniye Kapısı** (Nuruosmaniye-Tor) nahe der gleichnamigen Moschee. Hier beginnt die längste Basarstraße, die **Kalpakçılarbaşı Caddesi**, in der hauptsächlich Lederwaren verkauft werden. Zu ihren Quer-

DIE KUNST DES FEILSCHENS
Feilschen (➤ 39) gehört in der Türkei zum Alltag. Es gibt für Handelswaren kaum feste Preise, und langwierige Verhandlungen sind ein üblicher Vorgang. Versuchen Sie, sich mit Humor und Gelassenheit in der ungewohnten Kunst zu üben. Lassen Sie sich Zeit, und seien Sie nicht traurig, wenn jemand den gleichen Artikel für etwas weniger Geld erstanden hat.

straßen gehört die **Kuyumcular Caddesi**, wo Schmuck angeboten wird, dessen Design traditionellen türkischen Vorbildern oder auch italienischen und französischen Marken nachempfunden ist. In jedem Schaufenster ist hier ein schillerndes Warenlager aus Edelmetallen und -steinen zu sehen. Ein Stück weiter kreuzt die Kalpakçılarbaşı Caddesi die **Yağlıkçılar Caddesi**, in der Keramiken zu finden sind. Die besten Teppichläden schließlich sind in drei weiter nördlich liegenden Gassen versammelt, der **Halıcılar Çarşısı**, der **Takkeciler Sokağı** und der **Keseciler Caddesi**.

KLEINE PAUSE
Das Restaurant **Pedaliza** an der Yağlıkçılar Caddesi befindet sich in einem umgebauten Handelshof und führt eine exzellente Küche. Für eine kürzere Pause empfiehlt sich das in derselben Straße gelegene **Şark Kahvesi**, wo man Kaffee oder Tee trinken, Backgammon spielen und eine Wasserpfeife probieren kann.

---

191 C4 **nördlich der Yeniçeriler Caddesi** **Mo–Sa 9–19 Uhr**
Çemberlitaş **frei**

BAEDEKER TIPP

- Ausländisches Bargeld ist bei den Händlern sehr beliebt und verleiht beim Feilschen eine günstigere Position als Kreditkarten. Auf dem Basargelände stehen auch **Geldautomaten**, an denen man türkische Lira abheben kann.
- Versuchen Sie nicht, sich eine feste Marschroute durch den Basar vorzunehmen, und seien Sie nicht besorgt, dass Sie sich in dem unübersichtlichen Gassengewirr verlaufen könnten. Die schönsten Eindrücke gewinnt man bei einem planlosen **Streifzug**.
- Die **besten Chancen für Schnäppchen** hat man **am frühen Morgen und am Abend**. Morgens werden manche Händler durch das frühe Erscheinen eines Kunden in frohe Erwartung versetzt und lassen sich deshalb auf einen niedrigeren Preis ein. Und abends möchten sie den womöglich letzten Kunden des Tages nicht ziehen lassen, ohne ihm etwas verkauft zu haben.

11 Sultanahmet Camii (Sultan-Ahmed-Moschee)

Im Jahre 1609 begann der Bau der Moschee unter Sultan Ahmed. Ihre Schönheit sollte die der Hagia Sophia (➤ 46ff) und der Süleyman-Moschee (➤ 59) in den Schatten stellen, und noch heute beherrscht ihre Silhouette den Stadtteil. Das Innere der Moschee ist mit rund 20 000 Kacheln mit blauen Fayencen verkleidet, denen der Bau seinen Beinamen »Blaue Moschee« verdankt.

Der Haupteingang liegt im Westen am Platz At Meydanı (➤ 168) und führt zunächst in den Innenhof. Von der Hagia Sophia kommend, kann man die Moschee auch vom Aya Sofya Meydanı her betreten, wobei man einen besonders schönen Blick auf die hellen Marmorwände und die zahlreichen Kuppeln hat. Vom **Innenhof** mit dem Brun-

Die Kuppeln der Sultan-Ahmed-Moschee werden von massiven Säulen mit abgeschrägter Basis getragen

KERAMIK AUS IZNIK

Die Sultan-Ahmed-Moschee entstand während der Blütezeit der Keramikproduktion im nordwestanatolischen Iznik. Seit dem 15. Jahrhundert war das frühere Nikaia die Hochburg dieses Kunsthandwerks, und die dort entstandenen Kacheln und Fliesen sind in zahlreichen osmanischen Bauwerken zu bewundern. Zu den Motiven der strahlend blauen Fayencen auf schneeweißem Grund gehören Pflanzen, Blumen, Früchte, geometrische Muster und chinesische Verzierungen. Die Farbpalette wurde in späteren Jahren um Türkis, Violett, Grün und Rot erweitert.

Gegen Ende des 17. Jahrhunderts verlor Iznik seine Bedeutung als Hauptstadt der Keramik, doch in neuerer Zeit gibt es Bemühungen, das traditionelle Kunsthandwerk mit seinen alten Motiven wieder aufleben zu lassen.

nen für rituelle Waschungen führt der Zugang für Nichtmuslime durch ein Tor an der Nordseite.

Die Größe der Moschee wird im **Gebetsraum** besonders deutlich. Das von den Marmorflächen reflektierte Licht fällt durch 260 Fenster auf die Gebetsnische, wodurch die 43 m hohe **Kuppel** noch höher erscheint. Getragen wird sie von vier Säulen mit einem Durchmesser von fünf Metern, die wegen ihrer Dicke und ihrer abgeschrägten Basis »Elefantenfüße« genannt werden. Die Wände sind mit unzähligen **blauen Kacheln** verkleidet, deren Glasur florale und abstrakte Motive zeigt. Ihre Wirkung wird durch die blauen Verzierungen von Kuppeln und Bögen noch verstärkt. Die ältesten und prachtvollsten Kacheln findet man unter den Bögen der Arkaden, die den Gebetsraum umgeben; sie kommen aber im dämmrigen Licht der Nischen nicht gut zur Geltung. Die nach Mekka ausgerichtete **Gebetsnische** *(mihrab)* und die **Kanzel** *(minbar)* aus Marmara-Marmor befinden sich hinter der Absperrung, die den eigentlichen Gebetsraum vom öffentlichen Bereich abgrenzt.

KLEINE PAUSE

Außerhalb der Moschee am Westrand des Stadtteils Sultanahmet finden sich preiswerte **traditionelle Cafés**, in denen man bei einem türkischen Tee oder Kaffee entspannen und die Welt an sich vorüberziehen lassen kann.

---

191 C5 · Atmeydanı Sok (Hippodrom), Sultanahmet · tägl. außer zu Gebetszeiten von Sonnenauf- bis Sonnenuntergang; Sultanspavillon: Di–So 9–12 Uhr · Sultanahmet · frei

BAEDEKER TIPP

- Moscheen sind **zur Hauptgebetszeit (freitags zwischen 13 und 15 Uhr) für Nichtmuslime geschlossen**. Die kürzeren täglichen Gebetszeiten (in der Regel ca. 15 Minuten) werden durch den Ruf des Muezzins angekündigt. Als Nichtmuslim warten Sie am besten vor der Moschee das Ende der Gebetszeit ab.
- Von Mai bis September finden abends im Park zwischen der Moschee und der Hagia Sophia kostenlose Ton-und-Licht-Schauen statt.
- Eine Sammlung geknüpfter Teppiche aus der Türkei und Osteuropa ist im **Sultanspavillon** an der Nordostecke des Moscheekomplexes untergebracht; einige der Teppiche stammen aus dem 16. Jahrhundert.

12 Topkapı Sarayı (Topkapi-Palast)

400 Jahre lang war der Topkapi-Palast Regierungs- und Familiensitz der mächtigen türkischen Sultane. Dieses herausragende Beispiel osmanischer Profanarchitektur beherbergt heute ein bedeutendes Museum mit außergewöhnlichen Schmuck-, Porzellan- und Waffensammlungen.

Der Bau des ausgedehnten Gebäudekomplexes begann im späten 15. Jahrhundert an einem Standort, von dem aus die Wasserstraßen der Stadt gut zu überblicken waren. Der Palast gliedert sich in mehrere Höfe, die unterschiedliche Funktionen erfüllten. Der äußere Hof ist heute öffentliches Gelände. Den Haupteingang bildet das »Tor des Heils« (Bab-i Selâm), das in den eigentlichen Palast führt.

Der zweite Hof

Der große Palasthof, den man nach eingehender Kontrolle am Eingang betritt, wird auf der rechten Seite von den weitläufigen Küchengebäuden, in denen eine der weltweit schönsten Sammlungen von chinesischem Porzellan und

Der ausgedehnte Palastkomplex birgt zahllose Schätze

SITZ WEIBLICHER MACHT

Wurde eine Frau in den Harem aufgenommen, durfte sie ihn erst nach neun Jahren erstmals wieder verlassen. Oft wurden junge Sklavinnen aus fremden Ländern in den Harem gebracht, wo sie dem Sultan als Nebenfrauen dienten. Im Gegensatz zu manchen modernen Mythen waren sie nicht notwendigerweise benachteiligt oder entehrt. Fasste der Sultan besondere Zuneigung zu einer Nebenfrau oder gebar sie ihm einen Sohn, kam sie in den Genuss von Privilegien. Nicht selten gelang ihr dann der Aufstieg zur Ehegattin des Sultans, wodurch sie an Macht gewann und auf die Regierungsgeschäfte Einfluss nehmen konnte. So wurde der Harem bisweilen zu einem Zentrum des politischen Geschehens. Ein bekanntes Beispiel ist die tscherkessische Sklavin Roxelana, die zur Ehefrau Süleymans II. (des Prächtigen, ➤ 21) wurde.

Silberwaren ausgestellt ist, auf der linken von den Stallungen gesäumt. Hier befindet sich auch der mit blauen Fayencen reich verzierte **Divan**, wo in osmanischer Zeit die Großwesire, auf einem Diwan sitzend, die Versammlungen des Staatsrates leiteten. Der Sultan wohnte den Sitzungen hinter einem Gitter bei.

Rechts vor den Stallungen befindet sich der Eingang zum **Harem**. Das Wort *harem* bezeichnet eigentlich die Privaträume im oberen Stockwerk des Wohnhauses einer muslimischen Familie. Der ausgedehnte Harem im Topkapi-Palast umfasst rund 300 Räume, die einen Palast für sich darstellen und ausschließlich dem Sultan mit seinen Ehe- und Nebenfrauen, Kindern und Dienern vorbehalten waren.

Bei den Führungen wird nur ein kleiner Teil des Harems gezeigt, der aber sehr sehenswert ist. Überall trifft man auf verschwenderisch reich gestaltete Räume, die zu den schönsten des gesamten Palastes gehören und vom hohen Niveau der damaligen Künstler zeugen. Besondere Beachtung verdienen der **Große Salon**, der **Salon Murats III.** und der **Speisesaal Ahmeds III.**, dessen Wände mit Blumen und Früchten bemalt sind. In den Erzählungen der Führer während des Rundgangs wird die Geschichte der Bewohner des Harems wieder lebendig.

Der dritte Hof

Die Führung durch den Harem endet im **dritten Hof** des Palastes. Auf dessen rechter Seite befindet sich die **Schatzkammer**, in der die wertvollsten Reichtümer der osmanischen Herrscher untergebracht sind. Neben zahlreichen anderen Objekten aus Edelmetall und Edelsteinen sind hier drei Throne aus massivem Gold, der berühmte »Löffelmacherdiamant« und der mit Smaragden und Diamanten geschmückte Topkapi-Dolch zu sehen, der 1964 in dem Film *Topkapi* zum Objekt der Begierde wurde.

Auf der linken Seite des dritten Hofes steht der **Pavillon des heiligen Mantels**, ein Reliquienhaus, in dem Gegenstände aus dem Nachlass des Propheten Mohammed verwahrt werden, die Sultan Selim I. nach der Eroberung Ägyptens im Jahre 1517 nach Istanbul brachte. Dazu gehören ein versteinerter Fußabdruck und eine Schatulle mit Barthaaren des Propheten.

Der prachtvolle Saal des Sultans (Hünkar Sofası) im Harem des Topkapi-Palastes

KLEINE PAUSE

Der **vierte Hof** des Palastes besteht aus Gärten mit Rasenflächen und Rosenbeeten, zwischen denen mehrere Pavillons *(köşkler)* stehen. Hier konnten die Sultane ausspannen. Der 1840 errichtete Mecidiye-Pavillon ist das jüngste Bauwerk des Palastareals. Heute beherbergt er das exzellente, aber teure Restaurant **Konyalı**, in dem man beim Essen den Blick über die Stadt und den Bosporus genießt.

191 D4 Sultanahmet; Zugang durch das Tor zum ersten Hof nordöstlich der Hagia Sophia www.topkapisarayi.gov.tr Mitte April–Sept. Mi–Mo 9–18 Uhr; Okt.–Mitte April 9–16 Uhr Sultanahmet 25 YTL

Führung durch den Harem

Mi–Mo 9.30–15.30 Uhr alle 20 Minuten 15 YTL

Im Harem von Murat III.

BAEDEKER TIPP

- An der 30-minütigen **Führung durch den Harem** können bis zu 60 Personen teilnehmen. Eine frühzeitige Voranmeldung wird empfohlen. Eintrittskarten erhält man im zweiten Palasthof auf der linken Seite. Dort erfährt man dann auch den Termin für die Führung.
- Für den Besuch der wichtigsten Sehenswürdigkeiten des Palastes (Harem, Divan und Schatzkammer) sollte man **drei Stunden** einplanen. Eine eingehendere Besichtigung des gesamten Komplexes dauert einen ganzen Tag.
- Nehmen Sie sich Zeit für die **herausragenden Sammlungen** des Palastes. Zu sehen sind Porzellan, Waffen und Rüstungen, Manuskripte, Wandteppiche und Gewänder, die in verschiedenen Gebäuden untergebracht sind – jede Sammlung so reichhaltig wie ein Museum für sich.

Nach Lust und Laune!

Detail eines Sarkophagfrieses im Archäologischen Museum

13 Arkeoloji Müzeleri (Museen für Altertumskunde)

Im äußeren Hof des Topkapi-Palastes (➤ 54ff.) versteckt, sind die Museen für Altertumskunde leicht zu übersehen. Doch auch hier kann man einen ganzen Nachmittag verbringen. Die wichtigsten Exponate nehmen allerdings nur etwa eine Stunde in Anspruch.

Der Museenkomplex besteht aus drei Gebäuden. Das **Museum für altorientalische Kunst** (Eski Şark Eserleri Müzesi, der Kasse am nächsten) beherbergt eine eindrucksvolle Sammlung von Ausgrabungsfunden, vor allem aus Mesopotamien, Ägypten und den hethitischen Fundstätten in Anatolien. Als besonderes Glanzstück gilt der Friedensvertrag von Kadesh, das weltweit älteste Schriftstück seiner Art. Im benachbarten **Archäologischen Museum** (Arkeoloji Müzesi) wird eine sehenswerte Sammlung von antiken Plastiken, Sarkophagen, Keramiken und Münzen gezeigt.

Effektvoll in gedämpftes Licht getaucht, stehen im Erdgeschoss des Nordflügels mehrere mit Reliefs verzierte Sarkophage, die 1887 in Sidon gefunden wurden. Im Südflügel des Gebäudes sind griechische und römische Skulpturen von verschiedenen Ausgrabungsstätten in Kleinasien zu sehen.

Der gegenüberliegende kleine **Fayencenpavillon** (Çinili Köşk, »gekachelter Pavillon«) wurde im Auftrag Mehmets II. zwischen 1465 und 1472 erbaut. Er beherbergt eine kleine Sammlung seldschukischen und türkischen Kunsthandwerks, darunter kostbare Keramiken aus Iznik.

191 C/D4 · äußerer (erster) Hof des Topkapi-Palastes · Mitte April–Sept. Di–So 9–18 Uhr; Okt.–Mitte April bis 16 Uhr · Sultanahmet · 10 YTL

14 Istanbul Modern

In einer alten Lagerhalle am Pier von Tophane, unterhalb der verwinkelten Gassen des Szeneviertels Beyoğlu beheimatet, zeigt die Istanbul Modern seit 2004 zeitgenössische türkische Kunst. Auf rund 8000 Quadratmetern wird dabei zunächst durch die türkische Kunstgeschichte hin zu modernen Künstlern und Werken geführt. Im Untergeschoss werden in wechselnden Ausstellungen Malerei, Installationen sowie Foto- und Videoarbeiten von internationalem Rang prä-

Eines der beiden marmornen Medusenhäupter aus Kleinasien, das beim Bau der Yerebatan-Zisterne als Säulenbasis verwandt wurde

sentiert. Ein gut ausgestatteter Shop lockt mit skurrilen Souvenirs, entspannen kann man danach im Museumscafé mit tollem Blick über den Bosporus.

190 C3 Liman Işletmeleri Sahası, Tophane Di–So 10–18 Uhr, Do bis 20 Uhr Café im Museum Tophane 17 YTL

15 Yerebatan Sarayı (Yerebatan-Zisterne)

Der auch als »Versunkener Palast« bekannte kirchenartige unterirdische Bau dokumentiert das hohe Niveau, das die Technik in byzantinischer Zeit erreicht hatte. Kaiser Justinian ließ die Zisterne im Jahre 532 als Speicher für das Wasser anlegen, das über das Valens-Aquädukt vom nördlich der Stadt gelegenen Belgrader Wald nach Konstantinopel geleitet wurde. 336 Marmorsäulen stützen das Deckengewölbe des 140 m langen und 73 m breiten Raumes; zwei von ihnen ruhen auf riesigen Medusenhäuptern, die von einem antiken Bauwerk stammen. Im 15. Jahrhundert als Wasserspeicher aufgegeben, wurde die Zisterne seit Ende der 1980er-Jahre restauriert. Seither erlauben Stege einen Rundgang durch das Gewölbe, in dessen Wasser Fische leben und das bei Besuchern als Wunschbrunnen gilt. Angeschlossen ist ein kleines Café, in dem man bei Kerzenlicht Erfrischungen genießen kann.

191 C4 Yerebatan Caddesi, Sultanahmet tägl. 9–18.30 Uhr Café (€) Sultanahmet 10 YTL

16 Mısır Çarşısı (Ägyptischer Basar)

Die beste Quelle für *lokum*, die süßen Würfel aus Zucker und Reismehl in den verschiedensten Farben und Geschmacksrichtungen, ist der Ägyptische Basar. Vor allem aber werden hier Gewürze – meist kiloweise – und Lebensmittel verkauft.

Der hufeisenförmige Basar, der seinen Namen den in Ägypten erhobenen Steuern verdankt, mit denen seine Errichtung finanziert wurde, ist ein Markt mit eigenem Charakter. Immer wieder kreuzen Händler mit Tabletts voller *lokum* den Weg und fordern zum Probieren auf. Jeder Laden stellt eine verlockende Vielfalt an Waren zur Schau, seien es Süßigkeiten, Gewürze, Oliven oder Honig. Die Preise unterscheiden sich nur wenig, sind aber etwas höher als in den umliegenden Straßen.

Im Obergeschoss des Basars befindet sich das renommierte Res-

Einkaufen auf dem Ägyptischen Basar

taurant Pandeli, wo man traditionelle, von der griechischen Küche inspirierte Gerichte genießen und von oben das Gewimmel in den Arkaden beobachten kann.

190 C3 südwestlich der Neuen Moschee (Yeni Cami), Eminönü Mo–Sa 8–19.30 Uhr Eminönü Eminönü frei

17 Süleymaniye Camii (Süleyman-Moschee)

Die Süleyman-Moschee ist das schönste Beispiel islamischer Baukunst in Istanbul. Im Auftrag Süleymans des Prächtigen von dessen Reichsbaumeister Sinan errichtet, wurde sie 1557 fertiggestellt. Der Architekt versuchte mit seinem glanzvollsten Werk die Hagia Sophia zu übertreffen, bezeichnete die Moschee aber gleichwohl als Gesellenstück.

Die Kuppel, die den Innenraum überwölbt, ist doppelt so hoch wie ihr Durchmesser und dokumentiert ebenso wie der quadratische Gebetsraum die Vorliebe Sinans für symmetrische Proportionen. Die Verbindung des offenen Raumes mit weniger strukturierenden Elementen ist ein Ausdruck der harmonischen Formgebung in der islamischen Baukunst. Durch 136 Fenster flutet das Tageslicht in den Innenraum.

Zu den zahlreichen Nebengebäuden, die die eigentliche Moschee umgeben, gehören fünf Medresen (islamische Schulen), Bäder, eine Bibliothek, eine Karawanserei und eine Armenküche. Auf der rechten Seite der Moschee liegt ein kleiner Friedhof, auf dem sich die reich mit Marmor und Kacheln aus Iznik geschmückten Gräber Süleymans und seiner Ehefrau Roxelana befinden.

190 B3 Sıddık Samı Caddesi, Ecke Süleymaniye Caddesi jederzeit mit Ausnahme der Gebetszeiten (► 45, Baedeker-Tipp) frei

18 Kariye Camii Müzesi (Chora-Klosterkirche)

Im Inneren der schlichten byzantinischen Kirche (heute ein Museum), die im 14. Jahrhundert fertiggestellt wurde, verbergen sich bedeutende Fresken und Mosaiken aus den Jahren 1314 bis 1321, die trotz der Umwandlung der Kirche in eine Moschee im Jahre 1511 erhalten blieben. Die außergewöhnlichen Mosaiken, die die oberen Wände und Decken des äußeren und inneren Narthex bedecken, zeigen Szenen aus dem Leben Jesu und Marias, deren ausdrucksvolle Gesichter und Gesten eine unmittelbare Lebendigkeit ausstrahlen. Im rechts vom Hauptschiff gelegenen Parekklesion, der Grabkapelle des Theologen Theodoros Metochites, sieht man Fresken, in denen das Jüngs-

Die im 14. Jahrhundert geschaffenen Mosaiken in der Chora-Klosterkirche zeigen Darstellungen aus dem Leben Jesu und Marias

te Gericht, die Schrecken der Hölle und, besonders eindrucksvoll, die Auferstehung Christi dargestellt sind. Ihre Wirklichkeitsnähe und Lebendigkeit werden durch die intensiven Farben noch verstärkt.

190 A2 Kariye Bostana Sokağı, Fener April–Sept. Do–Di 9–19 Uhr, Okt.–Mitte April 9–17 Uhr Café (€) neben der Kirche 15 YTL

19 Boğaziçi (Bosporus)

Wer den lauten und staubigen Straßen Istanbuls für eine Weile entfliehen möchte, sollte eine Dampferfahrt durch den Bosporus unternehmen. Dabei fährt man an den nördlichen Stadtteilen vorüber und kann den Blick über das Ufer im Westen schweifen lassen, an dem die im 19. Jahrhundert errichteten herrschaftlichen Wohnhäuser des einstigen Europäerviertels Pera (des heutigen Beyoğlu) sowie die schönen alten Holzvillen wohlhabender Stadtbewohner stehen.

Direkt am Ufer befinden sich auch die Dolmabahçe-Moschee und der Dolmabahçe-Palast (➤ 61) mit seiner prunkvollen Marmorfassade sowie der Çırağan-Palast, in dem heute ein Luxushotel untergebracht ist. Schließlich fahren Sie unter der Bosporus-Brücke hindurch, die 1973 erstmals die europäische Türkei mit Kleinasien verband.

Neben ganztägigen Rundfahrten mit Mittagessen gibt es vierstündige Touren, die an der Festung Rumeli Hisarı vorüber- und auf dem Rückweg an der asiatischen Seite des Bosporus entlangführen. Dort liegt der Stadtteil Üsküdar, dessen Silhouette von alten Holzhäusern geprägt ist. Im Sommer sollten Sie sich möglichst früh an der Anlegestelle einfinden, um einen guten Platz an Deck zu bekommen. Die Ausflugsdampfer für 200 Personen sind häufig überfüllt.

190 C2 Kai 3, Anlegestellen in Eminönü tägl. ab 10.30 Uhr diverse Abfahrtszeiten Eminönü Eminönü ab 10 YTL

20 Galata Kulesi (Galata-Turm)

Von der Plattform des im 14. Jahrhundert errichteten Turms genießt man das Panorama der Altstadt, des Bosporus und des modernen Istanbul. In rund 70 m Höhe befindet sich hier ein Restaurant, das mit einem Fahrstuhl zu erreichen ist. Wer nicht schwindelfrei ist, sollte jedoch die Plattform nicht betreten. Deutlich zu erkennen sind die Minarette der Hagia Sophia, der Sultan-Ahmed-Moschee und der Süleyman-Moschee, und mit einem Fernglas lässt sich auch das Leben in den Straßen des volks-

Der Galata-Turm (Galata Kulesi) ragt stolz über dem Goldenen Horn auf

Die Iştiklâl Caddesi im Stadtteil Beyoğlu

tümlichen Viertels Galata in Augenschein nehmen. Man sieht Frauen mit gekreuzten Beinen auf Dachterrassen sitzen und Tee trinken, alte Männer, die an Straßenecken auf Bänken zusammensitzen, und zwischen alten Wohnhäusern aufgehängte Wäschestücke, die wie Fahnen im Wind flattern.

190 C2 Galata Kulesi Sokağı, Galata tägl. 9–20 Uhr für Touristenbesuche; öffnet abends als Restaurant Karaköy, Beyoğlu/ Taksim 12 YTL

21 Beyoğlu

Im jenseits des Goldenen Horns gelegenen Stadtteil Beyoğlu haben die Einflüsse der westlichen Kultur ihre deutlichsten Spuren hinterlassen. Elegante Geschäfte, Lokale und hauptsächlich von Touristen frequentierte Hotels sind gehäuft in diesem Viertel zu finden, das im 19. Jahrhundert eine bevorzugte Wohngegend der europäischen Einwohner Istanbuls war. Diplomaten und Bankiers ließen sich hier imposante Stadthäuser im Stil der Belle Époque errichten. Die deutsche Schule und das deutsche Krankenhaus, die in der Zeit Wilhelms II. entstanden, existieren noch heute.

Von den älteren Stadtteilen unterscheidet sich Beyoğlu bis heute durch eine europäische Atmosphäre. Seine Hauptstraße, die Iştiklâl Caddesi, ist die eleganteste Einkaufsstraße und Fußgängerzone der Altstadt, in der seit einigen Jahren wieder – wie zu Beginn des 20. Jahrhunderts – eine altertümliche Straßenbahn verkehrt. Ihr Endpunkt ist der Taksim Meydanı, ein weiterer lebhafter Mittelpunkt der Altstadt.

In der Iştiklâl Caddesi reihen sich schicke Boutiquen aneinander. In den Nebenstraßen sind Restaurants und Bars mit westlichem Design angesiedelt. Empfohlen sei ein Besuch der Çiçek Pasajı (»Vogelpassage«) mit ihren zahlreichen kleinen Restaurants, in denen man die Vielfalt der türkischen Küche entdecken kann.

190 C1 Iştiklâl Caddesi

22 Dolmabahçe Sarayı (Dolmabahçe-Palast)

Der weitläufige Palast wurde Mitte des 19. Jahrhunderts von den osmanischen Sultanen in Auftrag gegeben, die den Topkapi-Palast als nicht mehr zeitgemäß empfanden. Seine prunkvollen Verzierungen und leuchtenden Farben entsprechen dem »osmanischen Barock«, wie es unter westlichem Einfluss zur Entstehungszeit des Palastes in Mode war. Gold, Marmor und Alabaster wurden hier in Fülle verarbeitet. Bis zur Abschaffung des Sultanats im Jahre 1922 diente der Palast den osmanischen Herrschern, die für den Bau und die Ausstattung der 285 Räume keine Kosten gescheut hatten, als Residenz.

Besondere Höhepunkte eines Rundganges sind der riesige Thronsaal mit seiner prachtvollen, von 56 korinthischen Säulen getragenen Trompe-l'Œil-Decke (mit optischen Täuschungseffekten), das Treppenhaus, in dem der größte Kronleuchter der Welt hängt, und das Alabasterbad.

Im Palast wurde 1923 die Türkische Republik proklamiert. Mustafa Kemal Atatürk zog als Präsident in den Palast ein, in dem er am 10. November 1938 starb.

190 E1 Dolmabahçe Caddesi, Beşiktaş Di, Mi, Fr–So 9–18 Uhr, Okt.–Feb. bis16 Uhr; Rundgang nur mit Führung (alle 30 Min.); Palast: 45 Min., Harem: 35 Min. Beşiktaş Beşiktaş 30 YTL; Harem: 20 YTL; Kombiticket 40 YTL

Etwas weiter weg

23 Şile

In dem schönen Seebad am Felsufer des Schwarzen Meeres wird man hauptsächlich Einheimische antreffen; viele wohlhabende Familien aus Istanbul besitzen hier Ferienhäuser. Von Mai bis September fliehen die Stadtbewohner am Wochenende in den etwa 90 Autominuten entfernten Badeort. Der feine Sand der von Felsen umschlossenen Strände verleiht ihm besondere Attraktivität. Am kleinen Fischereihafen kann man zusehen, wie der Fang des Tages an Land gebracht wird. Die Hauptstraße wird von alten Häusern gesäumt, die heute von neuem Leben erfüllt sind. Boutiquen und Restaurants, denen der Blick aufs Meer zugutekommt, haben sich darin angesiedelt. Es gibt nur wenige ausländische Touristen – vielleicht ein Grund mehr, länger in diesem Ort zu bleiben, obwohl Unterkünfte in der Hochsaison schwierig zu finden sind.

193 F4 ✉ Schwarzmeerküste, 70 km nordöstlich von Istanbul 🚌 vom Busbahnhof an den Landungsbrücken von Üsküdar

24 Safranbolu

Auch wenn ein Abstecher von Istanbul nach Safranbolu wegen der großen Entfernung mindestens zwei Übernachtungen erforderlich macht, lohnt sich die Reise. Die alten Häuser des Ortes, einzigartige Zeugnisse des osmanischen Wohnungsbaus, stehen eingebettet in eine Landschaft von überwältigender Schönheit. Die Terrassen am Hang sind durch enge, kopfsteingepflasterte Gassen miteinander verbunden. Der historische Stadtkern (Eski Safranbolu), der 1994 von der Unesco zum Weltkulturerbe erklärt wurde, lässt sich leicht zu Fuß erkunden. Nehmen Sie sich einige Stunden Zeit für einen geruhsamen Spaziergang. Viele Häuser wurden restauriert; am interessantesten sind aber jene, deren jahrhundertealte Patina unverändert geblieben ist.

In einem der schönsten Häuser, dem Kaymakamlar Evi, ist ein Museum untergebracht, in dem man sich über die osmanische Architektur der Stadt informieren kann. Vom Hıdırlı-Park oberhalb der Stadt genießt man einen schönen Ausblick über die Siedlung, auf der das späte Licht spielt.

195 E4 ✉ 520 km östlich von Istanbul, 220 km nördlich von Ankara 🚌 vom Busbahnhof Esenlar in Istanbul

Touristeninformation

✉ Kazdağioğlu Meydani 1 ☎ 0372 7 12 38 63; www.safranbolu.gov.tr

Şile ist ein beliebter Rückzugsort für Wochenendurlauber aus Istanbul

Wohin zum … Übernachten?

Preise
für ein Doppelzimmer pro Nacht:
€ unter 85 Euro **€€** 85–150 Euro **€€€** über 150 Euro

Armada Hotel €€
Das stilvolle Hotel in dörflich wirkender Umgebung bietet komfortable Zimmer, in denen man allerdings schlecht vor nachbarlichem Lärm geschützt ist. Das Haus liegt nur wenige Schritte von der Küste des Marmarameeres entfernt. Die Entfernung zu den Sehenswürdigkeiten des Viertels Sultanahmet ist gering.
191 C/D5 Ahırkapı, Sultanahmet 34400 0212 4 55 44 55; E-Mail: info@armadahotel.com.tr; www.armadahotel.com.tr

Bonjour Guesthouse €
Die Pension ist schon allein wegen ihrer bevorzugten Lage im Viertel Sultanahmet sehr zu empfehlen. Sie wird mit Freundlichkeit geführt und ist sauber. Der Garten im Innenhof ist ein perfektes Plätzchen zum Frühstück.
191 C5 Mimar Mehmet Ağa Caddesi, Amiral Tafdil Sokağı 10, Sultanahmet 0212 5 16 30 52; www.bonjourguesthouse.net

Bosphorus Palace €€€
Das stilvolle und ruhige Hotel mit seinen 14 Zimmern liegt auf der asiatischen Seite des Bosporus, ist aber vom europäischen Teil Istanbuls aus problemlos mit der Fähre zu erreichen. Einst war es die Residenz eines osmanischen Wesirs. Mit seinen wertvollen antiken Möbeln und seiner Lage am Ufer des Bosporus ist es eine gute Alternative zum Trubel der Stadt.
190 östlich E2 Yalıboyu Caddesi 64, Beylerbeyi 34676 0216 4 22 00 03; www.bosphoruspalace.com

The Four Seasons €€€
Das Hotel befindet sich im schönsten ehemaligen Gefängnis der Welt, in dem einst politische Gefangene einsaßen. Heute beherbergt es ein vornehmes internationales Publikum, das den tadellosen Service genießt. In unmittelbarer Nachbarschaft liegen die Blaue Moschee (➤ 52f) und die Hagia Sophia (➤ 46ff).
191 C4 Tevkifhane Sokağı 1, Sultanahmet 34110 0212 6 38 82 00; www.fourseasons.com/istanbul

Nomade Hotel €€
Das Nomade Hotel steht unter der kundigen Leitung zweier englisch sprechender Zwillingsschwestern. Zu Recht hat es zahlreiche treue Gäste, die wegen der gepflegten Zimmer und der mit Kelims geschmückten Lobby stets gerne wiederkommen. Das Hotel hat sich durch eine zeitgemäße Renovierung ein neues Image gegeben.
191 C4 Divanyolu, Ticarethane Sokağı 15, Sultanahmet 34400 0212 5 13 81 72; www.hotelnomade.com

Sirkeci Konak €€€
Das historische Konak (Herrenhaus) bietet einen Blick über den Gülhane-Park und liegt in Hafennähe. Es wurde sehr schön renoviert, hat 52 herrlich luxuriöse und großzügige Zimmer, einen Pool und ein Restaurant. Außerdem gibt es eine Schwimmhalle, Sauna, ein Fitnesscenter und türkisches Bad.
191 C4 Taya Hatun Sokağı 5, Sirkeci 34120 0212 5 28 43 44; www.sirkecimansion.com

Wohin zum ... Essen und Trinken?

Preise
für ein Drei-Gänge-Menü (ohne Getränke):
€ unter 10 Euro **€€** 10–15 Euro **€€€** über 15 Euro

Balıkçı Sabahattin €€€

Im Winter ein stimmungsvolles Fischrestaurant; im Frühling und Sommer wird der Restaurantbetrieb ins Freie ausgedehnt. Zur besten Wahl von der türkischen Speisekarte gehören die Vorspeisen *(mezeler)*, der Fisch und der wunderbare, mit winzigen Rosinen bestreute Muschelreis *(midye pilav)*. Dieses Restaurant ist vor allem beim jungen und schicken Publikum der Stadt beliebt Eine vorherige Reservierung ist nötig.

191 C4 Cankurtaran Caddesi, Sultanahmet 0212 4 58 18 24 tägl. 12–15; 18–1 Uhr

Cezayir €€€

Seit 2005 bringt das Cezayir Bewegung in die junge modebewusste Szene Istanbuls. Die Karte ist auf die schicke moderne Einrichtung abgestimmt und bietet eine Mischung aus westlichen und türkischen Gerichten. Wenn Sie kein ganzes Menü möchten, probieren Sie einige der *mezze*, trinken Sie etwas an der geräumigen Bar oder entspannen Sie sich im Garten bei einem Tee oder Kaffee.

190 C2 Hayriye Caddesi 12, Galatasaray, 34425 0212 2 45 99 80; www.cezayir-istanbul.com tägl. 9–2 Uhr nachts

Dârrüziyâfe €€

Das historische Baudenkmal, in dem sich das Restaurant befindet, geht mit der modernen Ausstattung eine ungewöhnlich glückliche Verbindung ein. Die altertümliche Umgebung des Restaurants kontrastiert harmonisch mit einem minimalistischen Einrichtungsstil. Die Speisekarte ist von der osmanischen Küche inspiriert.

190 B3 Şıfahane Caddesi, im Gebäudekomplex der Süleyman-Moschee (➤ 59f) 0212 5 11 84 14 tägl.; geschl. mittags und an einigen Abenden im Ramadan

Haci Abdullah €€

Dieses Restaurant serviert seit seiner Eröffnung 1888 im Osmanischen Reich original osmanische Gerichte. Im Laufe der Zeit hat es sich dennoch verändert und wurde auch renoviert. Außerdem ist es mit dem international anerkannten ISO-9000-Qualitätszertifikat ausgezeichnet. Exzellente Salate, Grillfleisch, Pasteten und türkische Gerichte aller Art werden hier gereicht. Alkoholische Getränke bekommen Sie allerdings nicht.

190 B1 Ağa Camii Yanı Sakızağacı Caddesi 17, Beyoğlu 0212 2 93 85 61; www.haciabdullah.com.tr tägl. 11–22 Uhr

Pâtisserie de Pera €€€

Genießen Sie den prachtvollen Blick über das Goldene Horn, der sich von der Pâtisserie im Hotel Pera Palace bietet. In dem Hotel aus der Zeit des beginnenden 20. Jahrhunderts scheint die Zeit stehen geblieben zu sein. Das Hotel diente Reisenden, die mit dem Orient-Express eintrafen, als angemessene Unterkunft. Agatha Christie ließ sich in diesem Café zu ihrem Buch »Mord im Orientexpress« inspirieren.

190 C2 Meşrutiyet Caddesi 89/100, Beyoğlu 0212 3 77 40 00 tägl. 8.30–18.30 Uhr

Wohin zum … Einkaufen?

Bereits in osmanischer Zeit genoss Istanbul den Ruf einer bedeutenden Handelsstadt, der von den geschicktesten Kunsthandwerkern des Reiches begründet wurde. Aus den wertvollen Rohstoffen (Gold, Edelsteine, Seide, Messing und Kupfer), die aus Asien und Afrika ins Land gebracht wurden, schufen sie kunstvolle Schmuck- und Gebrauchsgegenstände. Noch immer findet man in Istanbul die schönsten Erzeugnisse türkischer Handwerkskunst.

ALTSTADT VON ISTANBUL

An erster Stelle ist der exquisite **Goldschmuck** zu nennen, der auf dem **Großen Basar** (➤ 50f) zu kaufen ist. Das Gold hat meist 18 oder 22 Karat. Ketten und Armbänder werden zum Tagespreis nach Gewicht verkauft, wobei ein geringer Aufschlag für die Handarbeit zu zahlen ist. Schmuckstücke mit Edelsteinen werden natürlich anders berechnet. Edelsteine werden auf Wunsch des Kunden in Fassungen eingesetzt, Ringe bis zum folgenden Tag in der gewünschten Größe angefertigt. **Silber** wird ebenfalls zu Schmuckstücken sowie Bestecken, Teekannen, Serviettenringen und Bilderrahmen verarbeitet und nach Gewicht verkauft. Zahlreiche Höfe des Basars sind auf den Handel mit **Teppichen** unterschiedlichster Qualität spezialisiert. Man findet sowohl kostbare geknüpfte Seidenteppiche als auch schlichte gewebte Kelims.

Zu den zahllosen preiswerteren Mitbringseln gehören **Kaffeetische**, die mit ihren Holzschnitzereien und Tischplatten aus Kupfer jeden Wohnraum verschönern. Sie sind meist zusammenklappbar, da es sich um ein traditionelles Möbelstück der Nomaden handelt.

Backgammon- und Schachbretter sind mit Einlegearbeiten aus verschiedenfarbigen Hölzern verziert. **Wasser- und Meerschaumpfeifen** gehören zu den fast obligatorischen Kitschsouvenirs. Bunte **Kleidungsstücke** (türkische Pantoffeln in leuchtenden Farben oder gewebte Überwürfe) ziehen den Blick ebenso an wie die traditionellen Kacheln aus Iznik.

Zum Stöbern lädt der kleine **Buchmarkt** (Sahaflar Çarşısı) westlich des Großen Basars (abseits des Beyazit Meydanı) ein. Leider werden mehr neue als antiquarische Bücher, aber auch (teure) englischsprachige angeboten.

In der **Divan Yolu Caddesi** gibt es mehrere hervorragende, aber teure Teppichhandlungen; in den Nebenstraßen findet man zahllose kleine Geschäfte, die alle Arten von Kunsthandwerk verkaufen. Allein wegen des *lokum* und anderer köstlicher Süßigkeiten sollte man einen Besuch des **Ägyptischen Basars** (➤ 58f) keinesfalls versäumen.

Rund um den Großen Basar haben sich Händler angesiedelt, die preiswerte **Imitationen** von Designerprodukten verkaufen, deren Qualität recht unterschiedlich ist. Die Entscheidung, etwas zu kaufen oder nicht, bleibt jedem selbst überlassen.

MODERNE VIERTEL VON ISTANBUL

Die Mode entwickelt sich zu einem blühenden Wirtschaftszweig. Mode und Accessoires aller internationalen Marken findet man zu günstigen Preisen in der **Iştiklâl Caddesi** im alten Stadtteil Beyoğlu (➤ 61). Die Einkaufsmeile mit ihren eleganten, modischen Boutiquen ist die Hauptschlagader des Stadtteils und repräsentiert das 21. Jahrhundert.

Die Stadt hat über 40 Einkaufszentren, darunter das zweitgrößte Europas: das **Cevahır**.

Wohin zum ... Ausgehen?

Istanbul ist der kulturelle Mittelpunkt der Türkei. Neben einem anregenden Nachtleben gibt es zahlreiche Kultur- und Kunstfestivals. In der Touristeninformation am At Meydanı (Sultanahmet) kann man sich nach dem Veranstaltungskalender erkundigen.

BAUCHTANZ

Wer dem Mythos der traditionellen türkischen Unterhaltung nachspüren möchte, sollte eine der Bauchtanzshows besuchen. Das **Istanbulin** ist ein (neues) Restaurant mit Entertainment (Cumhuriyet Caddesi, Cebel Topu Sokağı 2, Harbiye, Tel: 0212 2 91 84 40, www.istanbulin.com). Hier wird der traditionelle Tanz mit Elementen des Cabaret vereinigt. Eine frühzeitige Reservierung ist zu empfehlen. Folkloristische Darbietungen kann man auch bei einem Abendessen im **Orient House** (Tiyatro Caddesi 27, Eminönü, Tel. 0212 5 17 61 63; www.orienthouseistanbul.com) erleben.

NACHTLEBEN

Viele Bars, Live-Clubs und Diskos sind die ganze Nacht geöffnet. Die größte Vielfalt bietet sich im Szenebezirk Beyoğlu – von entspannt bis elegant. Einen perfekten Start in den Abend erlebt man im Club-Restaurant **360** (Mısır Buğdayı Sokağı 8, Bülbül, Tel. 0212 2 51 10 42, www.360istanbul.com). Der Name ist Programm, denn für die gesalzenen Preise bekommt man auf der Dachterrasse einen Rundumblick über die Stadt geboten. Jazz-Enthusiasten kommen im **Nardis** auf ihre Kosten (Kuledibi Sokağı 14, Galata, Tel. 0212 2 44 63 27 www.nardisjazz.com), wo sich lokale Talente und internationale Größen abwechseln. Die angesagtesten Elektro-DJs Europas legen im **Wake Up Call** (Zambak Sokağı 7, Beyoğlu, Tel. 0212 2 93 76 39, www.wakeupcallclub.com) auf. Die Institution für Rock- und Alternative-Konzerte ist das **Babylon** (Şehbender Sokağı 3, Asmalı, Tel. 0212 2 92 73 68, www.babylon.com.tr). Jüngeres Feiervolk trifft sich vor allem im **Roxy** (Aslanyatagi Sokağı 1-3, Taksim, Tel. 0212 2 49 12 83), um zu Rock-Musik, 80er-Hits und Disco-Klassikern zu tanzen.

Wer es etwas gehobener mag, ist im schicken Ortaköy richtig, etwa im **Reina** (Muallim Naci Caddesi 44, Kuruçesme, Tel. 0212 2 59 59 19, www.reina.com.tr), dem derzeit wohl populärsten Club der Stadt, wo man sich unter freiem Himmel und mit Blick auf den Bosporus türkischer House-Musik hingibt. Sehen und gesehen werden heißt es auch jenseits der illuminierten Bosporus-Brücke im **Ulus 29** (Adnan Saygun Caddesi/Ulus Parkı İçi 71/1, Ulus, Tel. 0212 3 58 29 29, www.group-29.com).

Für ein stärkendes Frühstück nach durchtanzter Nacht bieten sich die volkstümlichen *lokantalar* an, z. B. das **Kahve 6** im Künstlerviertel Cihangir (Anahtar Sokağı 13/A, Tel. 0212 2 93 08 49).

FESTIVALS

Im Sommer gibt es eine Fülle von Veranstaltungen, die von der **Istanbul Culture and Art Foundation** organisiert werden (www.iksv.com). Das **International Istanbul Film Festival** findet im April statt. Es folgt das **Theater-Festival** (Mai/Juni), das Musik-Festival (Juni) und das **International Istanbul Jazz Festival** im Juli bzw. Anfang August. Alle zwei Jahre, immer in ungeraden Jahren) hält Istanbul eine **Kunstbiennale** ab (Mitte Sept. bis Anfang Nov.).

Nördliche Ägäis

Kleine Erlebnisse

Trip in die »Topfburg«

Nach einem Besuch in Troia (➤80) oder Gallipoli (➤80) das schöne **Çanakkale** erkunden, die Keramik-Hochburg!

Den Blick schweifen lassen

Vom 238 m hohen Stadtberg von **Assos** (➤79) genießt man einen Traumblick über Lesbos und die Bucht Edremit Körfezi.

Türkisches Rührei

Einen Tag im trubeligen Izmir (➤78) mit köstlichem **Menemen** starten, der berühmten Eierspeise der Region.

Erste Orientierung

Auf einer Entdeckungsreise durch die nördliche Ägäisregion, für die Sie am besten ein Auto mieten, sind vielfältigere Eindrücke zu gewinnen, als man zunächst vermuten würde. Es gibt ein viel besuchtes Seebad mit internationalem Flair. Die antiken Stätten der Region gehören zu den archäologisch wertvollsten der Türkei. Daneben erhält man Einblicke ins Landleben und kann sich in beschaulichen Badeorten entspannen.

Der kleine Ort Behramkale mit der antiken Stätte Assos

Die antike Stadt Sardes (Sart), 140 km landeinwärts gelegen, verdankt ihr Entstehen einer Goldmine, die durch einen nahe gelegenen Fluss verlief. Izmir, aus der blühenden antiken Handelsstadt Smyrna hervorgegangen, ist heute die wirtschaftlich bedeutendste Hafenstadt der Türkei. Eine faszinierende Altstadt, sehenswerte Museen und ein schöner Basar sind in dieser Metropole zu entdecken.

Ein touristisches Zentrum des Wassersports und der Wellness ist das Seebad Çeşme, 80 km westlich von Izmir an der Westspitze einer Halbinsel gelegen.

An der nördlichen Ägäis erstreckt sich eine weite Küstenebene mit schönen Stränden und ursprünglichen Badeorten, in denen auch türkische Familien ihre Ferien verbringen. Foça ist ein größeres Seebad, in dem eine Burg und ein malerischer Hafen zu einem längeren Aufenthalt einladen. Der kleine Ferienort Ayvalık ist ein Fischerdorf, in dem es lebhaft und volkstümlich zugeht.

Eine antike Stätte von hervorragender Bedeutung erhebt sich inmitten von Baumwollfeldern: die erhabene Akropolis von Pergamon (im heutigen Bergama).

Die antike Stadt Troia ganz im Norden, die Heinrich Schliemann ausgrub, ist am besten von Behramkale (Assos) oder Çanakkale aus zu erreichen.

Nicht verpassen!

- 25 Sart ➤ 72
- 26 Pergamon ➤ 74
- 27 Çeşme ➤ 76

Nach Lust und Laune!

- 28 Izmir ➤ 78
- 29 Foça ➤ 78
- 30 Ayvalık ➤ 79
- 31 Assos ➤ 79
- 32 Troia ➤ 80
- 33 Gelibolu Milliparkı (Gallipoli-Nationalpark) ➤ 80

Kriegerdenkmal im Gallipoli-Nationalpark

In vier Tagen

Von Izmir, der Metropole der nördlichen Ägäisküste, sind die antiken Stätten Pergamon und Sardes (Sart) leicht zu erreichen. In Çeşme, wo man besonders schöne Badestrände findet, kann man übernachten. Als Stützpunkt für einen Tagesausflug zu den antiken Stätten Troia oder Assos bietet sich die Hafenstadt Çanakkale an. Mit einer Fähre kann man von Çanakkale zum gegenüberliegenden Ufer fahren. In der nördlichsten Gegend der Region gibt es nur wenige touristische Einrichtungen.

Erster Tag

Vormittags

Verbringen Sie den Vormittag in **28 Izmir** (➤ 78). Im sehenswerten Archäologischen Museum werden u. a. Ausgrabungsfunde aus Pergamon, Ephesos und Milet gezeigt. Nach dem Besuch des Museums empfiehlt sich ein Bummel über den charakteristischen Basar, dessen Hauptstraße die Anafartalar Caddesi ist, und über die Agora, den Marktplatz aus römischer Zeit. Im Viertel Alsancak kann man in den Straßen 1453 bis 1480 (einige Straßen der Stadt sind nummeriert) eindrucksvolle Stadthäuser aus dem 18. und 19. Jahrhundert sehen. Zum Mittagessen sollten Sie unbedingt die frischen Muscheln probieren, für die Izmir berühmt ist. Auch auf dem Basar findet man Restaurants mit traditioneller Küche.

Nachmittags

Fahren Sie nach **25 Sart** (Abb. oben und rechts, ➤ 72), und durchwandern Sie die antiken Ruinen aus lydischer Zeit. Sein Ansehen als wohlhabende Stadt verdankte Sardes dem legendären Reichtum des lydischen Königs Kroisos (Krösus). Die Ruinen des Artemis-Tempels sind besonders eindrucksvoll.

Abends
Kehren Sie nach Izmir zurück, und bummeln Sie mit den Einheimischen auf der Promenade Kordon (Atatürk Caddesi).

Zweiter Tag

Vormittags
Von Izmir starten Sie früh zur Fahrt in die 93 km entfernte, moderne Stadt **Bergama**, die von faszinierenden Ruinenstätten umgeben ist. Eine eingehende Erkundung der Ruinen von **26 Pergamon** (Abb. rechts, ➤ 74) nimmt ohne Weiteres einen Vormittag in Anspruch.

Nachmittags und abends
In südlicher Richtung fahren Sie entlang der Küstenstraße 250 nach **29 Foça** (➤ 78). Im malerischen Hafen der Stadt gibt es eine große Auswahl an Restaurants. Bleiben Sie hier über Nacht.

Dritter Tag

Vormittags und nachmittags
Westlich von Foça liegt **27 Çeşme** (➤ 76). Besichtigen Sie die genuesische Burg, und verbringen Sie den Nachmittag mit einem Spaziergang durch die Stadt. Am Hafen buchen Sie für den folgenden Tag eine Überfahrt mit der Fähre zur Insel **Chios**. An Fahrkarten herrscht dank der Schlepper und Schwarzhändler kein Mangel. Eine Bootsfahrt zur **Eselsinsel** (➤ 77, Baedeker Tipp), einem Naturschutzgebiet, das ausschließlich von urtümlichen Grautieren bewohnt wird, ist eine lohnende Alternative.

Vierter Tag
Widmen Sie einen Tag dem reinen Nichtstun an einem Strand Ihrer Wahl, und lassen Sie sich von der Sonne verwöhnen. Falls Sie sich für die Bootsfahrt zur Eselsinsel entschieden haben: Sie dauert etwa drei Stunden (die Abfahrtszeit ist 10.30 Uhr).

25 Sart (Sardes)

Zwei antike Baudenkmäler der Stadt sind von besonderer Bedeutung: das aufwendig restaurierte römische Gymnasion mit seinen Sport- und Badeanlagen und der Artemis-Tempel, der in hellenistischer Zeit der größte seiner Art war.

Die hoch aufragenden Säulen und Bogengänge des kaiserlichen Palastes

Die Hauptstadt des lydischen Königreiches (➤ 20) entstand um 3000 v. Chr. am Fluss Paktolos, durch dessen Goldvorkommen sie zu großem Wohlstand kam. Der legendäre Reichtum des Königs Kroisos, der von 560 bis 546 v. Chr. regierte, wurde durch die Verarbeitung des im Fluss gewonnenen Goldes begründet. Die teilweise freigelegten Ruinen des antiken Sardes sind überraschend gut erhalten und vermitteln zumindest eine Ahnung vom einstigen Glanz der Stadt.

Das **römische Gymnasion** liegt im Kern des modernen Ortes. Vom Parkplatz folgen Sie dem Weg auf der rechten Seite der Ruinen, wo Sie an einer teilweise rekonstruierten **Marmorstraße** entlanggehen können. Die Straße, die den Mittelpunkt der antiken Stadt bildete, ist 18 m breit und von Läden aus byzantinischer Zeit flankiert. An einem vollständig freigelegten Abschnitt sind Spurrillen von Wagenrädern zu erkennen. Auf der linken Seite einer Synagoge aus dem 3. Jahrhundert n. Chr. liegt ein großer offener Innenhof, von dem aus die prachtvolle Fassade des

EIN GOLDENES ZEITALTER

In der Antike verwendete man Schaffelle, um Gold aus Flussläufen zu gewinnen. Die Vliese wurden ins Wasser getaucht, bis sich winzige Goldkörnchen in den feinen Haaren verfingen. Die Felle wurden dann getrocknet und das kostbare Gold herausgebürstet. Historiker bringen den griechischen Mythos vom Goldenen Vlies hiermit in Verbindung.

EINE (UN-)GLÜCKLICHE HAND

Einem griechischen Mythos zufolge gingen die Reichtümer der Stadt Sardes auf König Midas zurück. Sein Wunsch, dass alles, was er berührte, zu Gold werden sollte, wurde ihm zum Verhängnis, denn auch alles, was er zum Mund führte, wurde zu Gold. Er bat die Götter um Erlösung und wurde erhört: Er durfte seine Hände im Fluss Paktolos rein waschen.

ebenfalls im 3. Jahrhundert errichteten **kaiserlichen Palastes**, die in ihrer ursprünglichen Gestalt wiederhergestellt wurde, besonders gut zu sehen ist. Das Mauerwerk des zweigeschossigen Bauwerks aus Ziegelsteinen und Marmor ist ein Meisterwerk der Symmetrie und mit einem Marmorfries verziert; die Säulen tragen Gravuren. Von dieser Stelle führt ein Eingang in die weitgehend verfallenen Sport- und Badeanlagen des Gymnasions.

Rund einen Kilometer weiter erreichen Sie nach einem kleinen Spaziergang oder einer kurzen Autofahrt (folgen Sie dem Hinweisschild) den **Artemis-Tempel**, dessen Größe seinerzeit die des Parthenons in Athen übertraf. Der Bau wurde um 300 v. Chr. an der Stelle eines älteren, zerstörten Tempels begonnen; im Jahr 17 n. Chr. wurde der Artemis-Tempel bei einem Erdbeben schwer beschädigt und von den Römern wieder aufgebaut. Als die Ausgrabungsarbeiten im Jahr 1910 begannen, waren zunächst nur die Spitzen zweier Säulen im Sand sichtbar. Die bis heute erhaltenen Reste lassen die ursprüngliche Größe und Schönheit des Tempels erahnen. Der Anblick der Ruine wirkt vor dem Hintergrund der malerischen Landschaft, umgeben von rötlich gelben Felsen, noch eindrucksvoller.

Mosaiken in der Synagoge

196 C4 97 km östlich von Izmir, an der Straße E 96/E 881 Gymnasion 8–19 Uhr, Tempel 8–17 Uhr Bus von Izmir Gymnasion 3 YTL, Artemis-Tempel 3 YTL

BAEDEKER TIPP

- Das Fries des römischen Gymnasions besichtigt man am besten morgens.
- Sardes wurde erst im frühen 20. Jahrhundert durch **Howard Crosby Butler** von der Universität Princeton freigelegt. Butler war ein legendärer Archäologe, der die Ausgrabungsstätte, lediglich mit einem Bambusstab bewaffnet, gegen einen osmanischen Aufstand verteidigte. Viele der Fundstücke befinden sich heute im Metropolitan Museum of Art in New York. Aber zumindest eine Auswahl kann man im archäologischen Museum im nahen Manisa sehen.

26 Pergamon (Bergama)

In ihrer Glanzzeit war die antike Stadt Pergamon bedeutender als das ägyptische Alexandria. Sie war in der Antike als Heilstätte berühmt. Im Zuge der im 19. Jahrhundert von deutschen Archäologen vorgenommenen Ausgrabungen wurden Teile der antiken Stätten ins Pergamonmuseum nach Berlin gebracht. Dennoch sind die verbliebenen Reste der Ruinenstätte prachtvoll.

Die 301 v. Chr. gegründete Stadt wurde in römischer Zeit 133 v. Chr. eine der Hauptstädte der Provinz Asia, wenn auch nur für kurze Zeit. Bereits im 2. Jahrhundert begann ihr Verfall. Zwei archäologisch bedeutende Stätten sind erhalten: die **Akropolis** (»Oberstadt«) und, in 6 km Entfernung auf der anderen Seite von Bergama gelegen, das **Asklepieion**, die antike Heilstätte.

Das Traianeum wurde teilweise wieder aufgerichtet, um einen Eindruck seiner einstigen Pracht zu vermitteln

Die Akropolis

Auf der Höhe eines 280 m hohen Hügels, an dessen Hängen die antike Stadt in Terrassen angelegt wurde, erhebt sich die Akropolis, von der sich ein atemberaubender Blick bis zur Ägäis eröffnet. Den schönsten Blick über die Stadt selbst hat man vom **Athena-Tempel**, der im 3. Jahrhundert v. Chr. entstand und von dem nur wenige Überreste erhalten sind. Hier ist das **hellenistische Theater** aus dem 2. Jahrhundert v. Chr. gut zu überblicken.

Von der Höhe der Terrasse fällt der Blick auf das oberhalb gelegene, von riesigen Gewölben getragene Tempelplateau. Der Gang zum Theater verläuft durch die Gewölbe. Auf dem Mittelpunkt des Plateaus erhebt sich das gewaltige **Traianeum**. Dieser Kaiser Trajan geweihte Tempel entstand etwa 120 n. Chr. und ist von einem stattlichen *temenos*, einem geweihten Gang, umgeben. An der Ostseite der Tempelanlage wurden die Säulen und der Unterbau des inneren Heiligtums wieder aufgerichtet.

Das Asklepieion

Das Asklepios-Heiligtum war in römischer Zeit eine berühmte Heilstätte, in der man die besten damals bekannten Heilverfahren anwandte. Der Ruhm des vermutlich im 5. Jahrhundert v. Chr. gegründeten Asklepieions erreichte im 2. Jahrhundert n. Chr. einen Höhepunkt, was vor allem auf das Wirken des in Pergamon geborenen Arztes Galenus zurückzuführen war.

Von der Kasse führt der freigelegte westliche Abschnitt der **Via Tecta**, der Heiligen Straße mit ihren überdachten Kolonnaden aus Marmor, zu den Eingangshallen (Propyläen) des Heiligtums. Dahinter liegt ein offener Raum mit zwei Rundbauten auf der linken Seite. Der hintere der beiden Tempel war Telesphoros, dem Gott der Heilkunst, geweiht. Von diesem Rundbau führte ein unterirdischer Gang zu einer heiligen Quelle. Im unteren Geschoss des zweigeschossigen Rundbaus befanden sich Behandlungsräume, in denen die Patienten mit aromatischen Dämpfen in Schlaf versetzt wurden, um eine Traumdiagnose zu stellen.

KLEINE PAUSE

Das **Meydan Restaurant** in der Izmir Caddesi 163 bietet leckere Kebaps und und ist darüber hinaus für sein täglich frisch zubereitetes Moussaka bekannt.

---

196 B5 · 93 km nödlich von Izmir · Busse von Izmir und Ayvalık

Touristeninformation
Bergama Hükümet Konağı, B Blok Zemin Kat · 0232 6 31 28 51

Akropolis
Kale Yolu, 5 km oberhalb der Stadt · Di–So 8.30–17.30 Uhr
20 YTL

Asklepieion
Asklepieion Caddesi, 1 km südlich des Stadtzentrums (ausgeschildert); Abzweigung von der Hauptstraße nach rechts, von dort 1 km bis zur Ausgrabungsstätte · Di–So 8.30–17.30 Uhr · 15 YTL, Parkplatz 3 YTL

BAEDEKER TIPP

- Eine Besichtigung der Akropolis und des Asklepieions nimmt etwa **drei Stunden** in Anspruch. Da die Stätten verhältnismäßig weit voneinander entfernt liegen, empfiehlt sich eine Führung.
- Wenn Sie **Fotos** machen, achten Sie darauf, nicht die nahe dem Asklepieion gelegenen Militäranlagen zu fotografieren.
- Am Fuß der Akropolis liegt der malerische kleine Ort **Bergama** mit kopfsteingepflasterten Gassen, die sich um Wohnhäuser aus osmanischer Zeit herumwinden. Im Ort ist ein römischer Tempel aus dem 2. Jahrhundert erhalten. Das **archäologische Museum** in der Hauptstraße Bankalar Caddesi beherbergt eine Sammlung von Fundstücken, die nach dem Abschluss der Grabungen durch die deutschen Archäologen in der Türkei verblieben. Zu den Ausstellungsstücken gehört ein Modell des Zeus-Altars (Pergamon-Altar), der 1902 nach Berlin gebracht wurde.

27 Çeşme

Überragt von einer genuesischen Burg, liegt der hübsche Badeort mit seiner osmanischen Karawanserei an der Westspitze einer großen Halbinsel. Obwohl der für die Ägäis typische Nordwind für ein kühleres Klima sorgt als in den meisten anderen Ferienorten an den türkischen Küsten, ist Çeşme sowohl bei türkischen Urlaubern als auch bei ausländischen Pauschaltouristen sehr beliebt. Die Badebuchten der Halbinsel sind nur wenige Kilometer entfernt.

Die Festung der Genuesen aus dem 14. Jahrhundert beherrscht den Hafen von Çeşme

Heilende Quellen

Die Çeşme-Halbinsel ist Standort vieler Hotels, die zu den schönsten der nördlichen Ägäis gehören. Sie verdanken ihr Entstehen hauptsächlich den tief in der Erde entspringenden Thermalquellen. In den nahe gelegenen Kurorten wie **Ilıca** und **Şifne** findet man Kureinrichtungen.

Sehenswürdigkeiten

Die **Burg der Genuesen** aus dem 14. Jahrhundert, die von den Osmanen erweitert und umgebaut wurde, ist ein charakteristisches Beispiel für die islamische und byzantinische Architektur Çeşmes. Die Festung auf einer Anhöhe abseits der Küste bot wegen ihres ungünstigen terrassierten Aufbaus ein leichtes Ziel für feindliche Angriffe. In einem kleinen archäologischen Museum beherbergt sie

BAEDEKER TIPP

- Fahren Sie **unter der Woche** nach Çeşme, da an den Wochenenden Scharen von Besuchern aus Izmir in den Ort kommen.
- In den Sommermonaten können Sie mit einer Fähre zur 10 km entfernten Insel **Chios** fahren oder eine Bootsfahrt zur **Eselsinsel (Eşek adası)** unternehmen. In diesem kleinen Naturschutzgebiet leben Exemplare einer urtümlichen Haustierrasse, die freigelassen wurden, als der Tourismus die Landwirtschaft als Broterwerb der Einheimischen zu verdrängen begann. Einen Fahrschein kauft man am besten am Vortag bei einem der Verkäufer am Hafen. Die Abfahrtszeit für die sechsstündige Hin- und Rückfahrt ist 10.30 Uhr (Mai–Sept. täglich; April–Okt. auf Anfrage).
- Im nahe gelegenen **Alaçatı** gibt es Mastixplantagen, seldschukische Brunnen und griechische Wohnhäuser zu sehen.

Funde aus verschiedenen Epochen von der Prähistorie bis zum Zeitalter der Osmanen.

Verlässt man die Festung, sieht man auf der linken Seite eine Karawanserei aus dem 16. Jahrhundert, die Süleyman der Prächtige für Reisende auf dem Weg zur Insel Chios erbauen ließ – heute ist hier folgerichtig ein Hotel untergebracht. Die Gestaltung des Innenhofs ist kennzeichnend für den osmanischen Baustil: ein offener Raum in der Mitte, der von schlichten Außenwänden umgeben ist. Auf den unteren Stockwerken, in denen sich Ställe für die Tiere der Reisenden befanden, ruht ein aufwändig gestaltetes Stockwerk mit steinernen Bogengängen, durch die die Gäste zu ihren Räumen gingen.

Griechische Spuren

Die Hauptstraße des Ortes, die **Inkilap Caddesi**, führt von der Festung aus nach rechts an Cafés und Souvenirläden vorbei zur schlichten Fassade der griechischen **Basilika** (Aghios Charalambos), in der sich heute ein Kultur- und Kunstzentrum befindet. Die Stadt Çeşme hatte bis zu der in den 1920er-Jahren von Atatürk veranlassten Zwangsumsiedlung (➤ 19) überwiegend griechische Einwohner.

EINZIGARTIGE GENÜSSE

Die Halbinsel von Çeşme ist die einzige Gegend der Türkei, in der Mastix geerntet wird. Das Harz des Mastixstrauches wird üblicherweise für industrielle Zwecke und in der Medizin eingesetzt. In osmanischer Zeit verwendete man es gern zur Erfrischung des Atems. Bauern verarbeiten die Früchte zu einer Marmelade und stellen auch Mastixschnaps her, indem sie das Harz einem Anisschnaps *(rakı)* zugeben.

KLEINE PAUSE

Das Café **Agrylia** in der Hauptstraße von Alaçatı ist von früh bis spät geöffnet. Hier bekommen Sie eine Mischung aus türkischen und internationalen Speisen.

---

196 A4 · 80 km westlich von Izmir · Bus von Izmir

Touristeninformation
Işkele Meydanı 8 (am Hafen) · 0232 7 12 66 53

Genuesische Festung
Uferpromenade · Di–So 8.30–11.45 und 13–19 Uhr; Museum 9–19 Uhr · frei; Museum 3 YTL

Nach Lust und Laune!

Der schmuckvoll verzierte Glockenturm auf dem Konak-Platz in Izmir

28 Izmir

Wer Großstädten nichts abgewinnen kann, sollte Izmir meiden. Die drittgrößte Stadt der Türkei ist laut, staubig und scheinbar grenzenlos, ihre Vororte sind Betonwüsten mit eintönigen Wohnblocks. Dennoch gibt es in Izmir einiges Reizvolle und vor allem die Spuren einer langen Geschichte zu entdecken. Die griechische Stadt Smyrna, aus der Izmir hervorging, war jahrhundertelang ein blühender Handelsplatz an der Seidenstraße. Seit dem 18. Jahrhundert stieg sie zu einem wirtschaftlich bedeutenden Hafen auf. Am Ende des griechisch-türkischen Krieges nach dem Ersten Weltkrieg wurde die Stadt 1922 von den vorrückenden türkischen Truppen in Brand gesteckt und die griechischen Einwohner vertrieben. Nur einige Wohnhäuser im Viertel Alsancak blieben unbeschädigt.

Im Gebiet um den Konak Meydanı (Konak-Platz) liegen viele Sehenswürdigkeiten der Stadt eng beieinander, darunter ein hervorragendes archäologisches und ein interessantes ethnografisches Museum, dessen Schwerpunkt auf der osmanischen Kultur liegt, sowie ein ornamental verzierter Uhrturm, den der Sultan 1901 der Stadt stiftete. In östlicher Richtung findet man einen sehenswerten Basar und dahinter die römische Agora (Marktplatz), auf der eine korinthische Säule steht. Einblicke in das Leben der Stadt gewinnt man bei einem Spaziergang entlang der Uferstraße Kordon (Atatürk Caddesi).

196 B4 Busverbindungen in alle größeren Städte Flüge aus Istanbul und Antalya

Touristeninformation
Akdeniz Mah., 1344 Sokağı 2
0232 4 83 51 17

Archäologisches Museum
Bahri Baba Parki (Bahri-Baba-Park)
Di–So 9–17 Uhr 8 YTL

Ethnografisches Museum
Bahri Baba Parki (Bahri-Baba-Park)
Di–So 8.30–18.30 Uhr frei

Agora
816 Sokağı Di–So 8.30–19 Uhr
8 YTL

29 Foça

Das alte Fischerdorf Foça ist heute ein Badeort, der aber nichts von seinem ursprünglichen Charme eingebüßt hat und zu einem längeren Aufenthalt einlädt. Eine imposante genuesische Burg beherrscht den zwischen zwei Häfen liegenden Küstenstreifen. Das nördlich gelegene Küçükdeniz ist der idyllischere der beiden Häfen, wo ein Abendessen am Meer am romantischsten ist und wo es auch nach Einbruch der Dunkelheit noch lebhaft zugeht. Die Altstadt ist von engen, kopfsteingepflasterten und teilweise autofreien Gassen durchzogen, die von hübschen, weiß getünchten Fischerhäusern und vereinzelten osmanischen Wohnhäusern gesäumt sind. Zwar wird der Ort auch von ausländischen Urlaubern besucht, er ist aber auch bei Wochenendausflüglern aus Izmir beliebt. So wird man in Foça eine familiäre türkische Ferienstimmung erleben.

196 B5 70 km nordwestlich von Izmir
Bus von Izmir

Touristeninformation
Cumhuriyet Meydani 0232 8 12 12 22

30 Ayvalık

Dem größten Seebad der nördlichen Ägäisküste ist die ursprüngliche Atmosphäre ebenso bewahrt geblieben wie Foça. Auch Ayvalık ist aus einem Fischerort hervorgegangen. Bis zu ihrer Vertreibung in den 1920er-Jahren lebten in der Stadt überwiegend Einwohner griechischer Herkunft. Geht man durch die Gassen des Ortes, kann man noch griechische Stadthäuser sehen, in denen heute Geschäfte und Büros untergebracht sind. Jeden Donnerstag ist Markttag, an dem Bauern aus dem Umland ihre Erzeugnisse in die Stadt bringen. Die ohnehin engen Gassen füllen sich dann mit Ständen, an denen die Waren verkauft werden.

Von der Küste bei Ayvalık

> **ABSTECHER NACH GRIECHENLAND**
> Vor der Überfahrt zu einer der griechischen Inseln wird man Sie bei der Buchung bitten, Ihren Pass oder eine Fotokopie desselben bis zum folgenden Tag im Reisebüro zu hinterlegen. Das ist kein Grund zur Besorgnis, denn so können die notwendigen Formalitäten nach Büroschluss erledigt werden. Am Morgen der Abreise wird man Ihnen Ihren Pass wieder aushändigen.

kann man eine Fahrt mit der Fähre zur griechischen Insel Lesbos unternehmen.

192 B2 157 km nördlich von Izmir
Busse von Izmir und Çanakkale

Touristeninformation
Yat Limanı Çarşısı (gegenüber dem Hafen)
0266 3 12 21 22

31 Assos

Die herbe Schönheit der Landschaft, in der der kleine Ort Behramkale mit der antiken Stätte Assos liegt, ist an Reiz kaum zu übertreffen. Im 8. Jahrhundert v. Chr. entstand Assos auf der Höhe eines massiven Granitfelsens. In byzantinischer Zeit wurde es mit einer steinernen Stadtmauer (von 15 m Höhe und 3 km Länge) umgeben, deren Überreste noch heute eine imposante Begrenzung des Ortes bilden. Das Glanzstück des Ortes ist der Athena-Tempel, der um 530 v. Chr. entstand, aber in früher byzantinischer Zeit zerstört wurde.

Die antiken Ruinen liegen zum größten Teil unterhalb des Tempels. Um dorthin zu gelangen, verlässt man das Dorf Assos in Richtung Behramkale. Die Stadtmauern und die Nekropolis kommen auf der linken Seite in Sicht; dahinter befinden sich weitere Ruinen aus dem 4. Jahrhundert v. Chr. Etwa auf Höhe des Meeresspiegels liegt ein restauriertes römisches Theater.

Der Hafen von Behramkale schmiegt sich am Fuß einer Klippe

an die Felsen. Aus einem verträumten Fischerdorf mit ein paar Steinhäusern aus dem 18. Jahrhundert entwickelte sich in den 1980er-Jahren ein Zufluchtsort für stadtmüde Wochenendurlauber aus Istanbul. Auch wenn man in dem zwar romantischen, aber kostspieligen Ort nicht über Nacht bleiben möchte, ist in jedem Fall eine Pause bei einer Erfrischung am Strand zu empfehlen.

192 A2 105 km südlich von Çanakkale im Sommer tägl. 8–19.30 Uhr; im Winter tägl. 8.30–17.30 Uhr Busse von Çanakkale und Edremit zum Dorf Assos 8 YTL

32 Troia (Truva)

Der Versuchung, Troia zu sehen, können nur wenige Besucher widerstehen. Von der ruhmreichen Stadt, die Homer als Schauplatz des Trojanischen Krieges beschrieb, stehen nur wenige Überreste, die auf den ersten Blick enttäuschend wirken können, besonders wenn Sie die Stadt aus dem Film *Troja* von 2004 in Erinnerung haben. Berühmt geworden ist die antike Stätte als Geburtsort der modernen Archäologie. Heinrich Schliemann folgte den geografischen Angaben Homers und begann 1870 mit den Ausgrabungen, bei denen er auf die Überreste einer antiken Stadt stieß. Schliemann suchte nach Beweisen für seine Theorie, dass sich der legendäre Trojanische Krieg an diesem Ort ereignet hatte. Ein solcher Ansatz gehört heute zu den etablierten Methoden der Archäologie.

FÜR GROSS UND KLEIN

- Bootsfahrt zur **Eselsinsel** bei Çeşme (► 77, Baedeker-Tipp)
- **Droschkenfahrt** entlang der Uferpromenade **Kordon** in **Izmir** (► 78)
- Sandburgen bauen an einem der schönen, feinsandigen Strände bei **Çeşme** (► 76f)

Troia wurde an ein und derselben Stelle nach Zerstörungen immer wieder aufgebaut; man fand daher in den Schichten des Burghügels eine Vielfalt von Überresten. Einzig eine massive Steinmauer aus der Zeit um 1500 v. Chr. ist ganz erhalten. Am Eingang steht ein nachgebautes Trojanisches Pferd. An der Straße nach Troia ist ein Museum im Bau.

192 A3 30 km südlich von Çanakkale Mai–Okt. tägl. 8.30–19 Uhr; Nov.–April tägl. 9.30–17 Uhr 15 YTL

33 Gelibolu Milliparkı (Gallipoli-Nationalpark)

Das Gebiet der Gallipoli-Halbinsel, heute ein Nationalpark, war Schauplatz einer der brutalsten Schlachten des Ersten Weltkriegs. Bei den gescheiterten Versuchen der Alliierten, 1915 an der Meerenge der Dardanellen zu landen, kam es zu großen Verlusten. Die etwa 20 Ehrenmale und Friedhöfe, die zwischen Stränden und pinienbewachsenen Hügeln liegen, sind nach Nationalitäten bzw. Regimentern getrennt und erinnern an die Gefallenen der Schlacht. Bei den Friedhöfen der Anzac-Truppen (Australian and New Zealand Army Corps) nahe dem Schauplatz der missglückten Landungsversuche haben die Teilnehmer organisierter Touren mehrere Stunden Aufenthalt.

192 A/B3 Südspitze der Halbinsel Gelibolu (Gallipoli) Besucherzentrum: Di–So 8.30–17.30 Uhr; Ehrenmale: tägl. Sonnenaufgang bis Sonnenuntergang Fähre von Çanakkale Bus von Kabatepe frei; organisierte Touren von Çanakkale: 90 YTL

Wohin zum … Übernachten?

Preise
für ein Doppelzimmer pro Nacht:
€ unter 85 Euro €€ 85–150 Euro €€€ über 150 Euro

IZMIR

Balçova Thermal Hotel €€

Das Kurhotel liegt 9 km vom quirligen Stadtzentrum von Izmir entfernt. Der Hotelkomplex ist um Thermalquellen herum angelegt. Neben zwei riesigen Swimmingpools gibt es verschiedene Kur- und Wellness-Angebote. Das Hotel ist weniger elegant als das benachbarte Termal Princess Oteli, daher aber auch erschwinglicher.

196 B4 Hüseyin Öğütçen Caddesi, Vali Balçova 35330 0232 2 59 01 02; www.balcovatermal.com

Crowne Plaza €€

Das luxuriöse 20-stöckige Hotel ist 5 km vom Zentrum der Stadt entfernt und bietet eine große Bandbreite von Annehmlichkeiten einschließlich Pool und Shuttle in die Stadt. Die Zimmer sind komfortabel und modern eingerichtet und gewähren einen wunderbaren Blick durch die bodenlangen Fenster.

196 B4 Inciralti Mevkii 10, Sok Balçova 0232 2 92 13 00; www.cpizmir.com

AYVALIK

Ortunç €€

Die abgeschiedene Lage des Hotels auf der Insel Alibey, an einem reizvollen feinsandigen Strand, ausgezeichnet mit der Blauen Flagge, zieht vor allem Gäste an, die Ruhe und den Luxus sauberen Wassers suchen. Das in einer von Pinien umstandenen Lichtung gelegene Haus wird von einem ehemaligen Opernstar geleitet und wartet mit 40 schlichteren und 40 exquisiten Zimmern auf. Für Familien mit Kindern ist dieser besinnliche Ort weniger geeignet.

192 B2 Alibey Adası, Ayvalık 0266 3 27 11 20 Mai–Okt.

BEHRAMKALE

Kervansaray Hotel €€

Der kleine Hafen von Behramkale (nahe dem antiken Assos, ➤ 73f) ist von beeindruckender Schönheit. Fünf ehemalige Lagerhäuser wurden zu Hotels umgebaut. Eines davon ist das Kervansaray Hotel, das nicht das feudalste der fünf Häuser ist, aber eine gemütliche Atmosphäre hat.

192 A2 Assos-Işkele Mevkii, Behramkale, Ayvacık, Çanakkale 0286 7 21 70 93; E-Mail: info@assoskervansaray.com

FOÇA

Hotel Club Phokaia €€€

Vom Stadtzentrum in Foça fährt man per Taxi zehn Minuten zu diesem Hotel, das hauptsächlich Pauschalreisende aus dem Ausland und Familien beherbergt. Das Hotel Club Phokaia zeichnet sich durch eine unvergleichlich schöne Lage, ein elegantes, feinfühlig gestaltetes Interieur und professionelles Personal aus. Vielleicht wegen der zahlreichen französischen Gäste ist das kulinarische Angebot von Qualität, sodass sich eine Buchung mit Halbpension empfiehlt.

196 B5 2. Mersinaki Koyu, Foça, Izmir 0232 8 12 80 80; www.phokaia.com

ÇEŞME

Alaçatı Taş Otel €€€

Diese 100 Jahre alte Villa wurde behutsam zu einem hübschen kleinen Hotel umgebaut, das eine Oase in dem geschäftigen Ferienort ist. Die Steinfußböden und die gekalkten Wände vermitteln einen gemütlichen und gastlichen Eindruck. Die Zimmer sind unterschiedlich eingerichtet und mit modernen Bädern ausgestattet. Es gibt einen schattigen Garten mit einem Pool.

196 A4 Kemalpaşa Caddesi 132, Yeni Mecidiye Mahallesi, Alaçatı 35950
0232 7 16 77 72; www.tasotel.com

Sheraton Çeşme Hotel, Resort & Spa €€€

Das Sheraton ist ein Vorzeigehotel in dem historischen Spa-Zentrum und hat einen 3 km langen, majestätischen Strand. Außerdem gibt es ein Thermalife Spa, Thalassotherapie und ein großes Schwimmbad. Zehn Restaurants und ein 24-Stunden-Service runden das Angebot des Komplexes mit seinen vornehmen Zimmern in drei Flügeln ab.

196 A4 Sifne Caddesi 35, Ilıca 35940
0232 7 50 00 00; www.sheratoncesme.com

ÇANAKKALE

Kolin Hotel €€

Das strahlend neue Hotel mit Blick auf das Wasser bietet komfortable und modern eingerichtete Zimmer, ein Außenschwimmbecken und einen Garten, der zum Meer hinaus geht. Zu den Annehmlichkeiten des Kolin gehören vier Restaurants und drei Bars, ein Fitnessstudio mit Vitamin-Bar, ein Hamam, ein Whirlpool, eine Sauna und ein Hallenschwimmbad.

192 B3 Kepez, Çanakkale 17100
0286 2 18 08 08; www.kolinhotel.com

Wohin zum …
Essen und Trinken?

Preise
für ein Drei-Gänge-Menü (ohne Getränke):
€ unter 10 Euro **€€** 10–15 Euro **€€€** über 15 Euro

IZMIR

Deniz Restoran €€€

Das beste Fischrestaurant Izmirs liegt direkt am Wasser und bietet einen Mittagstisch mit Spezialitäten; abends kann man ein mehrgängiges Menü genießen. Das Angebot, häufig durch riesige Garnelen *(karidesler)* mit Buttersauce bereichert, besteht vor allem aus heimischem Fisch.

196 B4 Kordon, Atatürk Caddesi 188-B, Izmir 0232 4 64 44 99; www.deniz restaurant.com.tr tägl. 9–23.30 Uhr

Lokanta €

Das Lokal vereint die Prinzipien der typisch türkischen Lokanta (deftige Vorspeisen, kein Alkohol) mit dem Chic der Generation Instagram. So sitzen in und vor dem Imbiss mit dem Schnurrbart-Logo betagte Teetrinker neben geschäftigem Jungvolk, das sich in der Mittagspause mit Izmir Köfte oder einer köstlichen Puten-Pilz-Pfanne (Mantarlı Tavuk Sote) stärkt.

196 B4 Konak, Fevzipaşa Bulvarı Karaosmanoğlu Han 32, 35351 Izmir 0232 4 84 90 80, www.lokanta.biz tägl. 7.30–16 Uhr

FOÇA

Restaurant Celep €

Von allen Lokalen am Hafen findet man in den Restaurants Celep und Milano (siehe unten) die besten kleinen und größeren Gerichte ihrer Preisklasse, die freundlichste Bedienung und die besten Plätze zur Beobachtung der hinreißenden Sonnenuntergänge. Im Restaurant Celep werden *mezeler* (Vorspeisen) und Grillspezialitäten serviert.

196 B5 Küçükdeniz Sahil Caddesi 50, Foça 0232 8 12 14 95 Mai–Sept. tägl. 11–1 Uhr; Okt.–April 11–23 Uhr; tagsüber geschl., wenn der Ramadan in den Winter fällt

Pizza Milano €

Zur Abwechslung von der traditionellen türkischen Küche empfiehlt sich das Restaurant Milano, in dem echt italienische Pizza serviert wird, wobei die üppig mit Meeresfrüchten belegte *marinara* besonders zu empfehlen ist. Hier können Sie ruhig verweilen.

196 B5 Küçükdeniz Sahil Caddesi 58, Foça 0232 8 12 29 39 Mai–Sept. tägl. 11–1 Uhr; Okt.–April 11–23 Uhr; tagsüber geschl., wenn der Ramadan in die Wintermonate fällt

AYVALIK

Restaurant Lale / Bay Nihatler'in €€

Das Lale ist ein typisch türkisches Frestaurant, das direkt an der Quelle sitzt (auf der Insel Alibey Adası vor der Küste von Ayvalık). Fangfrischer Fisch, für den die Insel berühmt ist, wird gegrillt oder gebraten serviert. Beim Essen sitzt man auf einer überdachten Veranda oder in dem gepflegten und eleganten Innenraum. Von den 40 Vorspeisen, die man auf der Speisekarte findet, sind der in Olivenöl gedünstete Spinat oder *haydarı* (ein Gericht mit Joghurt, Knoblauch und leichter Pfefferminznote) besonders zu empfehlen, aber auch die hervorragende Fischsuppe oder auch *köfte* mit Tintenfisch.

192 B2 Alibey Adası, Ayvalık 0266 3 27 10 63/3 27 17 77; www.baynihat.com.tr Mai–1. Okt. tägl. 12–1 Uhr; 2. Okt.–April 12–16 und 18–24 Uhr; geschl. während des Ramadan

ÇANAKKALE

Restaurant Yalova Liman €€

In einem Stockwerk über dem kleinen Fischmarkt von Çanakkale (neben der Anlegestelle der Autofähre) findet man das Restaurant Yalova Liman, von dem man zur europäischen Küste hinüberblicken kann. 35 warme und kalte Vorspeisen werden hier angeboten, darunter *samphire* (Spargelkrabben, nur in der Saison) mit Knoblauch oder *semisoto* (köstliche Portulakblätter mit Joghurt). Die warmen Vorspeisen lassen die gewandte Hand des Chefkochs erkennen. Man kann auch extragroße Fischportionen bestellen (handeln Sie den Preis vorher aus) oder die empfehlenswerten gebratenen Meeräschen *(barbunya)*.

192 B3 Gümrük Sokağı 7, Çanakkale 0286 2 17 10 45; www.yalovarestaurant.com tägl. 12–24 Uhr

ÇEŞME

Yusuf Usta Ev Yemekleri €€

Dies ist eines der besten Restaurants für türkische Gerichte der Gegend. Probieren Sie die verlockenden hausgemachten Speisen aus der Auslage oder entscheiden Sie sich für ein saftiges Kebab oder nehmen Sie das einfache gebratene Hühnchen mit frischem Salat. Das *pide* ist zu jeder Tageszeit ein wunderbarer Snack. Es gibt einen schattigen Garten für den Sommer und einen hübschen Speisesaal für die regnerischen Tage in der Nebensaison.

196 A4 Ataturk Caddesi, Zeytinci Is Merkezi 1, Alaçatı 0232 7 26 88 23, www.alacatiyusufusta.com tägl. 11–23 Uhr

Wohin zum ... Einkaufen?

IZMIR

Der Basar von Izmir bietet Kunst aller Art und ist authentischer und sogar etwas preiswerter als der in Istanbul. **Kızlarağası Han Kemeraltı**, ein Haus aus dem 18. Jahrhundert, beherbergt hunderte kleiner Läden mit türkischem Handwerk und Souvenirs. In einem Geschäft des türkischen Kultusministeriums (**Dösim**; Tel. 0232 4 84 36 92) neben der Post (PTT) am Cumhuriyet Mey wird türkisches Kunsthandwerk von hoher Qualität verkauft.

ÇEŞME

Die Halbinsel ist die einzige Gegend der Türkei, in der **Mastixsträucher** angepflanzt werden. Man kann Mastixmarmelade und Raki mit Mastix kaufen – Erzeugnisse, die sonst nirgends zu bekommen sind. An der Hauptstraße des Ortes, der **Inkilap Caddesi**, reihen sich Geschäfte aneinander, die mit diesen Produkten handeln.

AYVACIK

Hier befindet sich das Hauptquartier des **Teppichprojektes DOBAG** (Çanakkale Caddesi, Tel. 0286 7 12 12 74, geöffnet tägl. 9–18 Uhr). Die Kooperative ist als erste ihrer Art zu traditionellen Handwerkstechniken zurückgekehrt.

BERGAMA

Die Stadt Bergama ist berühmt für ihre traditionellen tiefroten Teppiche, die in zahlreichen Geschäften der Altstadt verkauft werden – zu Preisen, die höher sind als anderswo, weshalb man feilschen sollte.

Wohin zum ... Ausgehen?

FESTIVALS, KUNST, NACHTLEBEN

Izmir ist die kulturelle Metropole der Region. Das **Atatürk-Kulturzentrum** ist die Heimstätte eines Sinfonieorchesters; das staatliche **Ballett- und Opernensemble** (Tel. 0232 4 84 36 92), das über ein reiches Repertoire verfügt, ist ebenfalls in Izmir zu Hause. Die **Internationalen Sommerfestspiele von Izmir** finden alljährlich im Juni statt. Fragen Sie in der Touristeninformation nach.
Restaurant, Bar, Beach Club – das **Babylon Aya Yorgi** in Çesme (Aya Yorgi Koyu, Tel. 0232 7 12 63 39) lässt keine Wünsche offen, wenn man im Sommer unter Zitronenbäumen mit Blick aufs Meer feiert.

SCHIFFSTOUREN

Tagesausflüge zu den griechischen Inseln **Lesbos** (von Ayvalık) und **Chios** (von Çeşme) sind gut möglich. Fahrkarten erhält man in den Reisebüros entlang der Küste, bei denen der Pass bei der Buchung über Nacht abgegeben werden muss (➤ 79, Kasten). Von Foça aus kann man ebenfalls zu einer Fahrt entlang der Küste starten.

WASSERSPORT

Ayvalık ist ein Zentrum des **Tauchsports**. An der Tauchbasis des Hotels **Ayvalık Palas** (Tel. 0266 3 12 10 64) kann man Ausrüstung leihen und an einem Einführungskurs teilnehmen. In **Çeşme** ist das **Aquarius Dive Centre** nur einen Häuserblock vom Strand entfernt (Yalı Caddesi, Tel. 0232 7 12 10 50). **Windsurfer** schätzen die Strände südlich von Alaçatı.

Südliche Ägäis

Kleine Erlebnisse

Das Beste aus der Region
Von Priene (➤108) aus lohnt ein Umweg über das Baumwollzentrum **Söke**, wo Bauern jeden Mittwoch ihre Waren anbieten.

Antik ist chic
In den malerischen Gassen von **Bodrum** (➤96) lässt sich nach Antiquitäten und ausgefallenen Souvenirs stöbern!

Frischer Fisch
Fahren Sie von Bodrum ins 15 km entfernte Fischerdorf **Gümüşlük** und genießen Sie den besten Fisch der Region.

Erste Orientierung

Die Halbinseln der südlichen Ägäisküste sind von einer charakteristischen Landschaft geprägt, in der sich Felsen und Pinienwälder, stille Flussmündungen und Sandstrände abwechseln. Die lange Geschichte hat überall ihre Spuren hinterlassen: Nach Istanbul besitzt die Region vielleicht die größte Anzahl historischer Baudenkmäler in der Türkei. Zugleich ist sie die älteste und bekannteste Urlaubsregion des Landes.

In den touristischen Hochburgen dieser Region findet man alles, was man von Touristenzentren erwarten kann: Bars mit blinkendem Neonlicht oder Strände mit Tausenden anderen Sonnenhungrigen. Das übereilte Bemühen, den plötzlich zunehmenden Strom ausländischer Touristen aufzufangen, hat zum Bau etlicher moderner Hotels geführt, die einen Teil des Küstenstrichs zu einem hässlichen Anblick gemacht haben.

Verdorben ist die Region jedoch keineswegs. Zu ihren bedeutendsten historischen Anziehungspunkten gehört Ephesos, dessen Artemision eines der Weltwunder der Antike war. Die fantastischen Sinterterrassen von Pamukkale und die nahe gelegene Stätte des antiken Aphrodisias sind besonders sehenswerte Ziele für einen Tagesausflug.

Wassersportarten werden reichlich angeboten. Es gibt darüber hinaus ein wachsendes Angebot von Tagestouren auf einem der traditionellen türkischen Schoner *(gület)*. Der Badeort Bodrum mit seiner imposanten Ritterburg ist ein perfekter Ausgangspunkt für eine »Blaue Reise« nach literarischem Vorbild entlang der Küste.

Die Ruinen des Apollon-Tempels in Didyma

Der Badeort Bodrum ist ein touristisches Zentrum der Region

TOP 10

- 2 Ephesos ➤ 90
- 3 Bodrum ➤ 96
- 4 Pamukkale & Hierapolis ➤ 101

Nicht verpassen!

- 34 Selçuk ➤ 103
- 35 Aphrodisias ➤ 105

Nach Lust und Laune!

- 36 Kuşadası ➤ 107
- 37 Dilek Yarımadası ➤ 108
- 38 Priene ➤ 108
- 39 Milet ➤ 109
- 40 Didim ➤ 110
- 41 Euromos ➤ 111

In fünf Tagen

Machen Sie an den ersten drei Tagen das lebhafte Touristenzentrum Kuşadası oder das ruhigere Selçuk zu Ihrem Stützpunkt, um genügend Zeit für Ephesos und die antiken Stätten an der Mündung des Flusses Menderes zu haben. Am dritten Tag geht es dann weiter nach Aphrodisias und Pamukkale.

Erster Tag

Vormittags
Brechen Sie früh zu den Ruinen des antiken 2 **Ephesos** (Efes; ➤ 90) auf, sodass Sie vor der Ankunft der Tourbusse (üblicherweise etwa um 9.30 Uhr) ungestört einen ersten Überblick über die antiken Bauwerke gewinnen können. Bleiben Sie aber auch lange genug (etwa drei oder vier Stunden), um vertiefende Eindrücke zu sammeln und sich in die römische Zeit zurückzuversetzen, in der Ephesos seine Blüte erlebte.

Nachmittags
Die schönsten Funde aus Ephesos sind im Museum der nahe gelegenen Stadt 34 **Selçuk** (➤ 103) ausgestellt, sodass ein Besuch des Museums unbedingt zu empfehlen ist.

Abends
Fahren Sie nach 36 **Kuşadası** (➤ 107) zu einem Bummel durch die relativ teuren Teppichläden oder das touristisch aufgemachte Basarviertel der Stadt. Bestellen Sie in einem Strandrestaurant frischen Fisch oder Meeresfrüchte, bevor Sie in der Bar Street einen Drink zu sich nehmen oder tanzen gehen.

Zweiter Tag

Vormittags
Von Kuşadası fahren Sie über die Straßen 515 und 525 ins Mündungsgebiet des Küçük Menderes, um zwischen Sonnenblumen, Baumwollfeldern und Ölbäumen drei antike Stätten zu erkunden: 38 **Priene** (➤ 108), dessen Stadthügel majestätisch die Umgebung überragt, 39 **Milet** (Miletos, ➤ 109), in dem die größte antike Theaterruine der Türkei steht, und 40 **Didyma** (Didim, ➤ 110) mit dem Tempel des Apollon.

Nachmittags
Im Anschluss an Ihre Erkundungstour fahren Sie von Didyma in südlicher Richtung an die 3 km entfernte Küste, wo Sie sich im Badeort **Altınkum** entweder bei einem kühlen Getränk oder einem nachmittäglichen Bad im kühlenden Meer erfrischen können.

Abends
Kehren Sie nach Kuşadası zurück, und schließen Sie den Tag mit einem entspannenden Besuch im Hamam ab.

Dritter Tag

Vormittags
Eine Fahrt landeinwärts über die Straße E87/320 bringt Sie nach 160 km nach Nazilli, von wo es nach rechts den Wegweisern nach zu den Ruinen von 35 **Aphrodisias** (Afrodisias, ➤ 105) geht. Die Stadt war in römischer Zeit die Heimstätte einer berühmten Bildhauerschule.

Nachmittags
Von Aphrodisias aus fahren Sie in südöstlicher Richtung nach Tavas und zweigen dort nach links auf die Straße 330 ab. An deren Einmündung in die E87 fahren Sie erneut nach links in Richtung Denizli. Von dort erreichen Sie nach 19 km 4 **Pamukkale** (➤ 100). Baden Sie im warmen Wasser der Thermalquellen, lassen Sie sich bei einer Wellness-Anwendung verwöhnen, und bewundern Sie die bizarren Formen der Sinterterrassen.

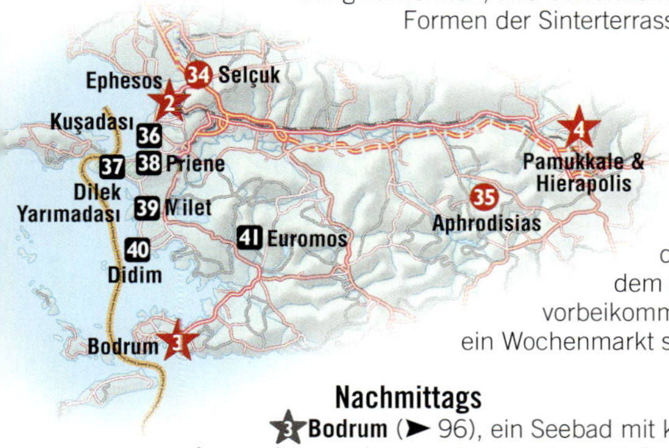

Vierter Tag

Vormittags
Von Pamukkale fahren Sie südwärts nach Bodrum, wobei Sie an dem kleinen Ort **Milas** vorbeikommen, wo dienstags ein Wochenmarkt stattfindet.

Nachmittags
3 **Bodrum** (➤ 96), ein Seebad mit kosmopolitischer Atmosphäre, gehört zu den beliebtesten Badeorten der Türkei. Versäumen Sie nicht, das Petronium aus dem 15. Jahrhundert zu besichtigen.

Abends
In der schönen Altstadt können Sie einen Einkaufsbummel durch die schicken Boutiquen machen. In der Meyhaneler Sokağı (»Straße der Tavernen«) finden Sie gute Restaurants mit Livemusik.

Fünfter Tag

Vormittags und nachmittags
Verbringen Sie den Tag mit einer Bootsfahrt (Abb. links) im Golf von Gökova. Abends geht es in die Bar Newold (➤ 100).

2 Ephesos (Efes)

Auf dem Gelände der antiken Stadt Ephesos kann man durch gut erhaltene Straßen und an prachtvollen Wohnhäusern vorbeispazieren. Es ist eine der größten und am vollständigsten erhaltenen antiken Stätten des östlichen Mittelmeerraumes – und eine der meistbesuchten Sehenswürdigkeiten der Türkei. Lassen Sie sich davon nicht abschrecken – die Scharen von Besuchern vermitteln den Eindruck einstiger Lebendigkeit.

Besucher spazieren durch die Kuretenstraße zur Celsus-Bibliothek

Ephesos wurde im 11. Jahrhundert v. Chr. gegründet. Der Tempel der Artemis, der Göttin der Fruchtbarkeit, war als Pilgerstätte berühmt. In römischer Zeit erlebte Ephesos seine größte Blüte als Hauptstadt der Provinz Asia und hatte über 250 000 Einwohner. Als der von den Griechen angelegte Hafen am Fluss Kaystros (heute Küçük Menderes) zu verlanden begann, wurde Ephesos nach und nach vom Seehandel abgeschnitten.

In der Stadt

Bei einem Rundgang durch Ephesos fühlt man sich an eine moderne Großstadt erinnert: Die Hauptstraßen sind mit Namen bezeichnet, sodass die Orientierung leicht fällt. Es gibt zwei Eingänge zum antiken Stadtgebiet. Die meisten Führungen beginnen am Magnesia-Tor, dem oberen Eingang. Wenn Sie mit dem Taxi von Selçuk kommen, wird der Fahrer Sie vermutlich dort absetzen, sodass Sie bergab statt aufwärts wandern.

Folgen Sie dem Pfad, der zwischen der kaum erkennbaren oberen Agora und einer marmornen Kolonnadenstraße hindurch zum Platz des einstigen **Domitian-Tempels** führt, der am oberen Ende vom **Herkules-Tor** abgeschlossen wird, durch das man den oberen Teil von Ephesos betritt.

Eine Stadt mit System

Die gut erhaltene **Kuretenstraße**, die sich von hier aus den Hang hinabwindet, war die Hauptschlagader der antiken Stadt und von zwei langen Reihen von Läden und Weihestätten gesäumt. Auf der rechten Seite steht der **Hadrianstempel** mit auffallenden korinthischen Säulen, die einen Fries mit lebendigen Darstellungen der Schicksalsgöttin Tyche tragen. Enge Gassen führen von der Kuretenstraße in Wohngebiete, wo die Häuser wohlhabender Stadtbewohner erhöht errichtet wurden, damit sie in den Genuss des kühlen Seewindes kamen. In diesen **Hanghäusern** findet man viele Räume, die mit Mosaiken und Fresken verziert sind.

Am Ende der Kuretenstraße liegt ein kleiner gepflasterter Platz, an dem die eindrucksvolle **Celsusbibliothek** steht, die im Jahre 117 n. Chr. zum Gedenken an den angesehenen römischen Staatsmann Gaius Iulius Celsus errichtet wurde. Ihre zweigeschossige Fassade ist mit Säulen und Statuen geschmückt und ragt unübersehbar in den Himmel. Das **Tor des Mazeus und Mithridates** verbindet die Celsusbibliothek mit der angrenzen-

AUS FEUER GEBOREN

Der Spruch des Orakels von Delphi verkündete, dass Ephesos an einer Stelle erstehen würde, auf die »von einem Fisch« hingewiesen werde, wobei ihr Gründer Androklos »dem Wildschwein folgen« solle. Als sie die Gegend am Fluss Kaystros erkundeten, sahen Androklos und seine Gefährten Männer am Fluss sitzen, die Fische brieten. Als sie vorübergingen, sprang ein Funke aus dem Feuer und entzündete das Buschland in der Nähe. Ein im Gebüsch ruhendes Wildschwein wurde aufgeschreckt, und Androklos wusste, dass er am richtigen Ort war.

den Agora und wurde im Stil eines Triumphbogens gestaltet. Sein reich verzierter Fries war ein Geschenk zweier Sklaven an Kaiser Augustus zum Dank für ihre Befreiung. An der gegenüberliegenden Seite des Platzes, im Herzen der Stadt, findet man die **Scholastika-Thermen** und das **Freudenhaus**.

Auf der **Marmorstraße** haben antike Wagenräder ihre Spuren eingekerbt. Der Weg führt an der Agora vorüber zum **Großen Theater**, in dem etwa 24 000 Zuschauer Platz fanden. Nach einer aufwendigen Restaurierung nehmen heute wieder Zuschauer im Theater Platz – es ist einer der Veranstaltungsorte des alljährlich im Sommer stattfindenden Kultur- und Kunstfestivals von Ephesos. Das Theater ist darüber hinaus der einzige Platz auf dem Ausgrabungsgelände, an dem man sich eine Weile hinsetzen und ausruhen kann.

Die untere Agora war einst der quirlige Marktplatz von Ephesos

DAS ARTEMISION

Der Tempel der Artemis begründete den Ruhm von Ephesos. Das kolossale Bauwerk war der Göttin der Fruchtbarkeit geweiht und galt als eines der sieben Weltwunder der Antike. Die ursprüngliche Größe soll im Grundriss 105 mal 55 m betragen haben. Die Säulen waren 15 m hoch. Wenig ist von der einstigen Pracht erhalten geblieben. Von den in das Römische Reich vordringenden Goten wurde der Tempel im Jahre 262 zerstört, der Rest schmückt die Hagia Sophia.

Eine Verbindung zwischen der Marmorstraße und dem Großen Theater stellt die **Arkadiane** her, die einst zum 500 m entfernten Hafen der Stadt führte. Im 5. Jahrhundert war die Prachtstraße von Lampen beleuchtet (wie sie sonst nur in Rom und Antiochia gebräuchlich waren). Heute sind große Abschnitte der Arkadiane sowie das einstige Lagerhausviertel für Besucher gesperrt, die stattdessen auf einem schmalen Pfad zum unteren Ausgang gehen.

KLEINE PAUSE

Weichen Sie den Besucherströmen aus, und fahren Sie nach Selçuk zum schlichten **Park Restoran**, das in einem schönen Park in der Innenstadt liegt. Neben der idyllischen Lage bietet es einfache Grillgerichte, bei denen man die in Ephesos gewonnenen Eindrücke verarbeiten kann.

---

196 B4 19 km nordöstlich von Kuşadası, 3 km westlich von Selçuk Mai–Okt. tägl. 8–18.30 Uhr, Nov.–April 8–16.30 Uhr Cafés (€) vor den Kassen der beiden Eingänge; Getränkestände auf dem Gelände Busse von Kuşadası und Selçuk; Haltestelle am Hotel Tusan an der Hauptstraße; von dort geht man zum 1 km entfernten unteren Eingang oder fährt mit einer Droschke 7,50 YTL; Hanghäuser 15 YTL

Artemision

500 m von Selçuk entfernt an der Straße nach Kuşadası
tägl. 8–17.30 Uhr frei

BAEDEKER TIPP

- Denken Sie bei großer Hitze an ausreichenden Sonnenschutz und Getränke. Es gibt **kaum schattige Stellen** auf dem Ausgrabungsgelände.
- Wenn Sie mit dem Taxi nach Ephesos fahren, wird Ihnen der Fahrer vermutlich einen Pauschalpreis vorschlagen, in dem auch eine Fahrt zur Wallfahrtskirche **Meryemana** (➤ 103) enthalten ist.
- Auf dem **Bülbül Dağı** (»Nachtigallenhügel«) findet man eine Stadtmauer, die als einziger Überrest aus der Zeit der Herrschaft des Lysimachos erhalten ist, eines Generals Alexanders des Großen. Diese hellenistische Stadtmauer weist eindrucksvolle Tore und Türme auf.

Die Celsusbibliothek

Eines der interessantesten und reizvollsten Bauwerke von Ephesus ist die Celsusbibliothek, die der römische Konsul Gaius Julius Aquila zum Andenken an seinen Vater, den Prokonsul Iulius Celsus Ptolemaeanus, errichtete. Fertiggestellt wurde die Bibliothek wahrscheinlich 117 n. Chr.

1 Fassade: Die zweigeschossige Fassade der Celsusbibliothek ist ein kleines Meisterwerk. Dem Erdgeschoss wurden vier Säulenpaare mit korinthischen Kapitellen vorangestellt. Sie tragen ein Gebälk, das über den drei Eingängen jeweils durchbrochen ist. Ihre Rafinesse erhält die Fassade dadurch, dass im oberen

Die Originalstatuen der Celsusbibliothek finden sich in Wien

Geschoss die Säulenpaare zwar über den unteren stehen, aber die auf ihnen aufliegenden Portiken versetzt angeordnet sind.

❷ **Statuen:** Die Statuen in den Nischen stellen, wie man auf den Säulenbasen lesen kann, Sophia (Weisheit), Arete (Tugend), Ennoia (Klugheit) und Episteme (Wissen) dar. Vor Ort stehen Kopien, da die Originale nach Wien gebracht wurden.

❸ **Bibliothek:** Nicht nur die Fassade, auch die Bibliothek selbst erstreckte sich über zwei Geschosse: In der oberen Etage besaß sie eine umlaufende Galerie, von der man in den unteren Lesesaal blicken konnte. Die Wände des Lesesaals waren mit Marmor verkleidet. An der Westseite befand sich eine Apsis, in der man eine Statue fand, die heute im archäologischen Museum von Istanbul gezeigt wird. Die Statue stellt entweder Celsus oder dessen Sohn dar. In der Bibliothek wurden insgesamt 12 000 Manuskripte gefunden.

Die zweigeschossige Fassade der Celsusbibliothek

3 Bodrum

Obwohl die Umgebung von Bodrum zu einem Zentrum des Tourismus geworden ist, gehört die Stadt noch immer zu den schönsten Badeorten der Türkei. Die Altstadt, in der zwischen weiß getünchten Steinhäusern leuchtende Bougainvilleen und duftendes Geißblatt wachsen, hat sich eine ursprüngliche Atmosphäre bewahrt. Yachtbesitzer und andere Wasserliebhaber schätzen die steinigen Buchten und teils feinsandigen Strände der Umgebung des »türkischen Saint Tropez«.

Ein antikes Weltwunder

Bodrum entstand an der Stelle des antiken Halikarnassos, das im 11. Jahrhundert v. Chr. gegründet wurde und als Stätte eines der sieben Weltwunder Berühmtheit erlangte: Das prachtvolle Grabmal des Satrapen Mausolos von Karien (reg. 376–353 v. Chr.) wurde zum Ursprung des Begriffs »Mausoleum«. Der verbliebene Rest des **Mausoleums** (➤ 98) ist für viele Besucher ein enttäuschender Anblick; der größte Teil der Steine wurde für den Bau der gewaltigen Ritterburg geplündert, die an der Landenge im Hafen errichtet wurde. Das prachtvolle Kastell St. Peter (das *Petronium*, von dem sich der Ortsname Bodrum ableitet) wurde von den Kreuzrittern des Johanniterordens erbaut (➤ 120, Kasten), die sich im frühen 15. Jahrhundert hier ansiedelten. Heute ist darin das faszinierende **Museum der Unterwasserarchäologie** untergebracht, das weltweit größte Museum seiner Art. In mehreren mittelalterlichen Räumen werden u. a. Funde von Schiffswracks verschiedener Epochen von der Bronzezeit bis zur Ära der Byzantiner gezeigt, die an den Küsten der Türkei gefunden wurden. Furchtlose Besucher können in die Verliese der Burg hinabsteigen.

Entspannung am Strand von Bodrum

Das Kastell von Bodrum wurde von den Kreuzrittern des Johanniterordens im 15. Jahrhundert erbaut

Ein modernes Wunder

An der mit Yachten und Booten überfüllten Marina von Bodrum herrscht zu allen Tageszeiten Hochbetrieb. Am lebhaftesten aber geht es in den Stunden zwischen Sonnenuntergang und frühem Morgen zu. In den engen Straßen der Altstadt, vor allem an der **Meyhaneler Sokağı** (»Straße der Tavernen«), reihen sich schicke Boutiquen, Souvenirläden und rustikale Restaurants aneinander. Wer Lust auf eine lange Tanznacht hat, kann zu späterer Stunde der Schar der Nachtschwärmer in die zahlreichen Bars der Altstadt folgen, etwa ins **Newold**, eine stilvolle Lounge-Bar mit offenem Innenhof.

Die »Blaue Reise«

Eine mehrtägige Segeltour entlang der türkischen Küste ist ein faszinierendes Erlebnis. Dabei können Sie an kleinen Häfen Halt machen, in einer abgelegenen Bucht schwimmen gehen und am Abend ein romantisches Essen an Bord genießen. Seit der aus Bodrum stammende Schriftsteller Cevat Şakir Kabaağaçlı in den 1920er-Jahren in dem Buch *Mavi Yolculuk* (»Blaue Reise«) darüber schrieb, sind solche Touren auch bei Einheimischen beliebt. Der Autor schildert in dem Buch das maritime Leben an der ägäischen und der lykischen Küste. Heute ist ein Urlaub auf dem Wasser ebenso leicht zu organisieren wie ein Aufenthalt in einem Hotel. Man kann im Voraus oder bei der Ankunft vor Ort ein Boot buchen. Wenn Sie über einen Segelschein verfügen, können Sie das Boot selbst steuern. Einen bemannten Schoner (*gület*, das traditionelle türkische Segelschiff) zu mieten, ist jedoch überraschend günstig und erspart Ihnen viel Arbeit. Auch für die Verpflegung wird gesorgt. Ein Spezialist für die Organisation individueller Segeltouren ist S&J Travel & Yachting in der Neyzen Tevfik Caddesi 160 (Tel. 0252 3 16 05 61), www.sjyachting.com.

URSPRUNG DER GESCHICHTSWISSENSCHAFT

Bodrum war die Heimatstadt des Historikers Herodot (485–425 v. Chr.). Der »Vater der Geschichtsschreibung« unternahm ausgedehnte Reisen durch Kleinasien, Babylonien, Ägypten und Griechenland, über deren Bauwerke, Legenden, Geschichte und Traditionen er ausführliche Aufzeichnungen anfertigte. Diese fasste er in einem umfangreichen Buch zusammen, dem er den Titel »Historia« (griechisch »Wissen, Kunde«) gab.

Mausoleum von Halikarnassos

Das monumentale 46 m hohe Mausoleum von Halikarnassos war eines der sieben Weltwunder der Antike. Die nach dem karischen König Mausolos (377 – 353 v. Chr.) benannte Grabstätte wurde namensgebend für derartige Grabmäler.

Noch im 12. Jahrhundert war das Mausoleum gut erhalten, 1522 wurde es vor dem Angriff der Osmanen abgerissen. Nur die Grundmauern ließ man übrig.

Eines der wenigen Reliefs, das noch an der Originalstelle zu sehen ist

❶ **Quadriga:** Den oberen Abschluss des Mausoleums bildete die Marmor-Quadriga des Bildhauers Pytheos. Die Quadriga war ursprünglich ein Rennwagen mit vier nebeneinander gespannten Pferden, später galt das Gefährt als Ehrenwagen für den, der sie lenkte. Mausolos war der Erste, der eine Quadriga gießen ließ. Seine Statue von der Quadriga in Halikarnassos befindet sich heute im British Museum in London.

❷ **Grabtempel mit Säulen:** Auf einem rechteckigen Unterbau von 33 x 37 m stand vermutlich der eigentliche Grabtempel, der von 36 Säulen umgeben und von einer 24-stufigen Pyramide bekrönt war. Im Inneren standen Kolossalstatuen von Mausolos und seiner Familie.

❸ **Fries:** Zwei große Figurenfriese schmückten die Grabanlage. Auf dem unteren Fries war die Schlacht zwischen den Griechen und den Amazonen dargestellt. Teile des Sockelfrieses wurden ins British Museum nach London gebracht.

❹ **Fundament:** Seit 1960 graben dänische Archäologen das Fundament aus. Teilstücke haben sie bereits rekonstruiert.

Die vier größten griechischen Bildhauer schmückten je eine Seite des Monuments aus: Skopas von Paros, einer der berühmtesten Marmorplastiker des 4. Jahrhunderts v. Chr., schuf den Amazonenfries auf der Ostseite, der durch seinen »Ganymedes« berühmt gewordene Leochares die Westseite und Thimotheos von Athen die Südseite. Der attische Bildhauer Bryaxis fertigte die Skulpturen an der Nordseite des Mausoleums an. Seine Figuren – hier der Zeus von Otricoli (Vatikanische Museen, Rom, Mitte des 4. Jahrhunderts v. Chr.) – tragen idealisierte Gesichtszüge.

1
2
3
4
©BAEDEKER

KLEINE PAUSE
Der **Sakallı Köfteci** am Yeni Çarşı abseits der Kale Caddesi (geöffnet von 11 bis 18 Uhr) gilt unter Einheimischen als Institution in Bodrum. Probieren Sie die köstlichen gebratenen Hackbällchen *(köfte)*.

In der Marina von Bodrum liegen stets Boote vor Anker

196 B2

Touristeninformation
Bariş Meydanı 48, in der Nähe des Kastells 0252 3 16 10 91

Kastell St. Peter
Hafenpromenade Di–So 8.30–18 Uhr zwei Cafés (€) im Kastell
10 YTL; Museum 5 YTL

Mausoleum
Küstenstraße an der westlichen Hafenseite (ab Neyzen Tevfik Caddesi ausgeschildert) Di–So 8.30–17.30 Uhr 8 YTL

Newold Club
Kale Caddesi/Çarsi mahallesi 29, www.newold.com.tr tägl. ab 18 Uhr bis spät nachts abhängig vom Programm (20–30 YTL, Do meist frei)

BAEDEKER TIPP

- Der Autoverkehr in Bodrum wird durch ein System von **Einbahnstraßen** geregelt. Es ist daher ratsam, das Auto am Hotel stehen zu lassen und zu Fuß zu gehen.
- Einige Ausstellungsräume des Museums im Kastell St. Peter sind an Wochenenden geschlossen. Besuchen Sie das Kastell und das Museum am besten **zwischen Dienstag und Freitag**.
- Die Überreste des **Mausoleums** sind enttäuschend spärlich.

4 Pamukkale & Hierapolis

An der Mündung des Küçük Menderes hat die Natur ein Wunderwerk vollbracht: Ein mächtiger Wasserfall ergießt sich über den spiegelnden schneeweißen Kalksinter. Weithin sichtbar schimmern die Tropfsteinterrassen und das Quellwasser im Sonnenlicht; an den Rändern glitzern sie wie Diamanten. Diese einzigartige Formation, seit 1988 Unesco-Welterbe, wurde von den Türken Pamukkale (»Baumwollschloss«) genannt, weil sie Ähnlichkeit mit den wolligen Fruchtkapseln hat, die im Herbst in großen Mengen geerntet werden.

In einem Quellteich auf der Hochebene entspringt eine mineralreiche Süßwasserquelle und ergießt sich ins Tal. Das warme, kalk- und kohlensäurehaltige Wasser strömt über die Felsen, auf denen sich in Millionen von Jahren eine mehrere Meter dicke Schicht aus Kalksinter aufgebaut hat, die einem steinernen Wasserfall ähnelt. Bereits in der Antike war der Ort bekannt. Die Römer nutzten das warme Quellwasser, indem sie ausgedehnte Thermenanlagen um die Quelle bauten. Aus diesen ersten Bauten entstand die römische Stadt Hierapolis, die im 2. und 3. Jahrhundert ihre Blütezeit erlebte.

Pamukkale

In den 1970er-Jahren wurde der Ort zu einem Ziel des Massentourismus, was nicht ohne Folgen blieb. Besucher kletterten ungehindert auf den Sinterterrassen herum, beschädigten das Gestein und hinterließen ihren Müll in den Teichen. Hastig wurden oberhalb der Wasserfälle moderne Hotels aus dem Boden gestampft, die das für ihre Schwimmbäder benötigte Wasser der Quelle ent-

Mineralreiches Quellwasser hat in Jahrmillionen eine meterdicke Gesteinsschicht aufgebaut – die Kalksinterterrassen von Pamukkale

BAEDEKER TIPP

- Wer mit dem eigenen Auto nach Pamukkale fahren möchte, sollte nicht am Fuß der Sinterterrassen **parken**; ohne Schuhe ist der Aufstieg zum Plateau recht mühsam. Fahren Sie stattdessen am Dorf vorbei, biegen Sie am Südtor rechts ab, und fahren Sie zum 500 m entfernten Nordtor. Von dort sind es noch 1500 m zum zentral gelegenen Parkplatz auf dem Plateau.
- Verzichten Sie **bei Dunkelheit** auf einen Spaziergang an den Sinterterrassen.
- Wenn Sie Ihren Aufenthalt in Pamukkale auf den Abend ausdehnen möchten, um einen überwältigend schönen Sonnenuntergang zu erleben, besuchen Sie zwischendurch das **Thermalbad**.

nahmen, wodurch die Terrassen nicht mehr ausreichend überspült wurden. Infolge des Wassermangels begannen die ehemals strahlend weißen Sinterterrassen in den frühen 1990er-Jahren grau zu werden, und an den äußeren Rändern bildeten sich Flechten.

Das ernsthafte und nachhaltige Eingreifen der türkischen Regierung bewirkte, dass sich die natürliche Quelle erholen konnte. Souvenirläden und Hotels wurden abgerissen, und das Wasser der Thermalquelle fließt wieder in der ursprünglichen Menge über das Gestein, sodass sich beschädigte Stellen regenerieren können und ihren Glanz zurückgewinnen. Deshalb hat die Unesco die Terrassen nicht in seine Liste des gefährdeten Weltkulturerbes aufgenommen.

Hierapolis

Die Ruinen der römischen Stadt Hierapolis (griechisch »heilige Stadt«) liegen verstreut auf der Hochebene, in der die Thermalquelle entspringt. An der westlichen Seite des Hochplateaus liegt ein schönes römisches Theater aus dem 2. Jahrhundert, und in nordwestlicher Richtung erstreckt sich eine hellenistische Nekropole. Das kleine Museum (Di–So 8–12, 12.30–18 Uhr) zeigt einige Fundstücke aus dieser Gegend.

KLEINE PAUSE

Das beste Gasthaus in Pamukkale ist **Kaya's Restaurant & Bar** (► 114). Auf einer kleinen Terrasse können Sie sich mit köstlichen *mezeler* stärken.

197 E3/4 · 220 km östlich von Kuşadası · ganztägig; Kasse: Mai–Okt. tägl. 8–19 Uhr; Nov.–April tägl. 8–17 Uhr · Bus von Denizli zum unteren Ende der Sinterterrassen · Café (€) beim Thermalbad · Kombiticket für Sinterterrassen und Hierapolis: 20 YTL; Museum 3 YTL; Thermen 25 YTL

Thermalbad Pamukkale
Nov.–April tägl. 9–17 Uhr; Mai–Okt. tägl. 9–19 Uhr
25 YTL

Das Wasser in Pamukkale ist warm und kalkhaltig

34 Selçuk

Die kleine Stadt profitiert vom Glanz des antiken Ephesos (➤ 90ff). Erst im hervorragenden archäologischen Museum von Selçuk gewinnt man ein tieferes Verständnis vom Leben in der antiken Stadt Ephesos. Darüber hinaus sind in Selçuk aber auch Zeugnisse des frühen Christentums zu entdecken.

Eine Statue der Göttin Artemis im Ephesos-Museum in Selçuk

Ein Museum für Ephesos

Die Ausstellungsräume des **Ephesos-Museums** sind gut gestaltet und übersichtlich gegliedert. Im ersten Raum sind Gegenstände des häuslichen Alltags zu sehen. Dazu gehört die Rekonstruktion eines römischen Wohnraumes, wie er an der Ausgrabungsstätte vorgefunden wurde; er ist den Räumen der Hanghäuser (➤ 91) von Ephesos nachempfunden. Vor allem sind es aber die in weiteren Galerien gezeigten **Statuen**, die die Fantasie beschäftigen. In Raum 7 sind Statuen der Göttin Artemis zu sehen, die mit ihren zahlreichen Brüsten und breiten Hüften als Sinnbild der Fruchtbarkeit galt. Einen Höhepunkt des Museums bildet ein reich geschmückter Fries, der vom Partherheiligtum stammt, das sich einst nahe der Celsusbibliothek (➤ 94) im Herzen der Stadt befand.

Johannes-Basilika

Die Ruinen der **Johannes-Basilika** liegen nur wenige Schritte vom Museum entfernt auf dem Aya-Soluk-Hügel. Die Basilika entstand im 6. Jahrhundert an einer Stelle, an der in früheren Jahrhunderten bereits das Grab des Apostels Johannes verehrt wurde. Sie wurde im Schutz der mächtigen Mauern einer byzantinischen Zitadelle errichtet und war in ihrer Größe und Pracht dem Vorbild der Hagia Sophia (➤ 46ff) in Istanbul nachempfunden. Von der Kasse geht man nach links an einem Infozentrum vorbei zu den Resten der Säulenhalle und ins Kirchenschiff.

Meryemana

Sieben Kilometer von Selçuk entfernt, steht das **Sterbehaus der Jungfrau Maria** (Meryemana), das Christen und Muslimen gleichermaßen als bedeutende Wallfahrtsstätte gilt. Seit ihrer Entdeckung im Jahre 1891 wird die winzige byzantinische Kirche als letzter Wohnort Marias verehrt, und vor allem die heilige Ikone über dem Altar zieht Scharen von Pilgern an. 1967 wurde die Echtheit der Stätte von Papst Paul VI. anerkannt. Auch den orthodoxen Kirchen Griechenlands und Russlands gilt sie als heilig.

Die restaurierte Kapelle wird sonntags für Gottesdienste genutzt, die stets gut besucht sind.

VISIONEN DER VERGANGENHEIT

Die Wallfahrtskirche Meryemana wäre wohl in Vergessenheit geraten, wenn im 19. Jahrhundert die deutsche Nonne Anna Katharina Emmerich nicht von Visionen heimgesucht worden wäre. So erschien ihr die Jungfrau Maria, die ihr ein Bild ihres letzten Wohnortes vermittelte. Etwa 50 Jahre später entdeckte man eine winzige Kapelle auf dem Ala Dağı, einem kleinen, pinienbewachsenen Hügel, die mit der Vision der Nonne übereinstimmte und deren Grundmauern aus dem 1. Jahrhundert n. Chr. stammen sollen.

KLEINE PAUSE

Das Restaurant **Karameşe** gegenüber der Isa-Bey-Moschee ist nicht zu verfehlen. Es ist wegen seines *gözleme* zu empfehlen: ein dünnes Brot mit verschiedenen Füllungen.

---

196 C4

Touristeninformation
Atatürk Mah., Agora Çarşısı 35 · 0232 8 92 69 45

Ephesus-Museum
Agora Çarsısı · Mai–Okt. Di–So 8.30–18.30 Uhr; Nov.–April 8.30–16.30 Uhr · Café (€) im Museum · 5 YTL

Johannes-Basilika
Saint Jean Sokağı · Mai–Okt. Di–So 8.30–18.30 Uhr; Nov. bis April 8.30–16.30 Uhr · 5 YTL

Meryemana
196 B4 · 7 km südlich von Ephesos, abseits der Straße E 87 · tägl. von Sonnenaufgang bis Sonnenuntergang · Café (€) · frei; Parkgebühr: 5 YTL

Freilicht-Eisenbahnmuseum Çamlık (Çamlık Buharlı Lokomotif Müzesi)
196 C4 · Çamlık, Selçuk · 0232 8 94 81 16 · Mai–Okt. 8–19 Uhr; Nov.–April 8–17 Uhr · 5 YTL

BAEDEKER TIPP

- Wenn Sie nicht gerade zu einer Wallfahrt aufbrechen möchten, sollten Sie für Ihren Besuch der Kirche **Meryemana** nicht den 15. August (Mariä Himmelfahrt) wählen, an dem Scharen von Pilgern zu der Kirche kommen.
- Die Sehenswürdigkeiten in und um Selçuk sind nicht auf archäologische Anziehungspunkte beschränkt. Historische Überreste ganz anderer Art bietet das **Eisenbahnmuseum** (Çamlık Buharlı Lokomotif Müzesi), 12 km südlich von Selçuk in Çamlık gelegen. Das Freilichtmuseum beherbergt eine Sammlung von rund 25 Dampfmaschinen.

35 Aphrodisias (Afrodisias)

In hellenistischer und römischer Zeit war die kulturell hoch entwickelte und schöne Stadt Aphrodisias für ihre Bildhauerschule berühmt. Die Ausgrabungen an der antiken Stätte liegen noch nicht weit zurück. Eine Fülle von Statuen sind im eindrucksvollen Museum zu bewundern.

Detail eines Sarkophages

Im 7. Jahrhundert v. Chr. begründete der Kult der Aphrodite, der Göttin der Liebe und Fruchtbarkeit, den Ruhm der Stadt. In einem nahe gelegenen Marmorsteinbruch fand man ein besonders edles Rohmaterial für Bildwerke, was sich förderlich auf die Entwicklung der berühmten Bildhauerschule auswirkte. Die Werke dieser Schule waren im gesamten Mittelmeerraum verbreitet. Sogar in Spanien fand man Statuen, die der Schule von Aphrodisias zugeschrieben werden. Die hellenistische Architektur wurde von den Römern übernommen und mit eigenen Stilelementen verbunden. Bei all ihrem Wohlstand und ihrer kulturellen Bedeutung war die Stadt allerdings wiederholt von feindlichen Angriffen und Erdbeben bedroht. Bei einem dieser schweren Beben im ersten Jahrtausend wurde Aphrodisias stark beschädigt, und im Jahre 1402 besiegelte der Mongolensturm unter Tamerlan (Timur-lenk) den Untergang der Stadt.

Vom Museumsplatz wenden Sie sich nach links dem hellenistisch-römischen **Theater** zu. Die Sitzreihen aus weißem Marmor *(cavea)* wurden in einem Halbkreis am Hang eines natürlichen Hügels angelegt und stammen ebenso wie die Bühne aus der Römerzeit. Da sie jahrhundertelang in 40 m tiefem Erdreich verborgen waren, sind sie hervorragend erhalten. Ein Pfad führt von hier aus an der **südlichen Agora** vorbei, die vom **Tiberius-Portikus** begrenzt wird, einer prachtvollen Kolonnade ionischer Säulen aus dem 1. Jahrhundert n. Chr. Wendet man sich an der südwestlichen Seite der Agora nach links, gelangt man zu den **Hadrians-Thermen**, deren Fußbodenfliesen noch er-

Das elegante Tetrapylon ist ein Glanzstück der Ruinenstätte

EINE ARENA FÜR SPORT UND SPIELE
Das Wort »Stadion« rührt von einem griechischen Längenmaß her, das etwa einer Länge von 185 m entspricht, der kürzesten Rennstrecke im antiken Griechenland. Die Bezeichnung wurde später auf die Arena übertragen. Im Stadion von Aphrodisias waren populäre griechische Sportarten wie Ringkampf, Boxen und leichtathletische Wettkämpfe zu sehen. In römischer Zeit wurden hier Wagenrennen und Gladiatorenkämpfe ausgetragen. Nachdem das Theater der Stadt bei einem schweren Erdbeben im 7. Jahrhundert beschädigt worden war, fanden hier Schauspiel- und Zirkusvorführungen statt.

halten sind, und geht zwischen einer Ansammlung kolossaler Steinblöcke hindurch. Auf der rechten Seite erhebt sich der **Aphrodite-Tempel**. Das Heiligtum der Schutzgöttin von Aphrodisias, das später in eine byzantinische Basilika umgewandelt wurde, ist für Besucher nicht zugänglich.

Am nördlichsten Punkt des Rundgangs liegt das eindrucksvolle **Stadion**. Mit einer Länge von über 260 m und einer Breite von 60 m ist es das größte klassische Stadion der Türkei. Auf den gut erhaltenen Sitzreihen fanden über 30 000 Zuschauer Platz. Ein weiterer Höhepunkt ist das **Tetrapylon**, ein doppelter Bogengang, der im 2. Jahrhundert an einer Wegkreuzung erbaut und 1991 wieder aufgerichtet wurde. Auch das Museum ist einen Besuch wert.

KLEINE PAUSE
Gegenüber dem Museum befindet sich ein Café, in dem man ein kühles Getränk bekommt. Gehaltvolleres gibt es in der urigen **Lokanta Altinuç** an der Straße nach Karacasu. Die Speisen sind einfach und wohlschmeckend.

---

197 D/E3 · 140 km östlich von Kuşadası (über die Straßen E 87/320 und R 585) · Mai–Okt. tägl. 8.30–19 Uhr; Nov.–April tägl. 8.30–17 Uhr · Ausgrabungsgelände und Museum 8 YTL, Parken und Shuttle 7 YTL

BAEDEKER TIPP

- Eine Beschilderung führt im Uhrzeigersinn durch das Gelände. Einschließlich Museumsbesuch dauert ein Rundgang ca. drei Stunden.
- Nahe dem Tetrapylon befindet sich das **Grab von Dr. Kenan Tevfik Erim**. Der türkische Archäologe machte Aphrodisias zu seiner Lebensaufgabe. 1961 erhielt er den Auftrag, die Stätte zu dokumentieren. Er verbrachte fast 30 Jahre in Aphrodisias und brachte als Leiter der Ausgrabungen die schöne antike Stadt ans Licht. Nach seinem Tod im Jahre 1990 erhielt er in Anerkennung seines Einsatzes die letzte Ruhestätte in seiner geliebten Ruinenstadt.

Nach Lust und Laune!

36 Kuşadası

Am bekannten Badeort Kuşadası scheiden sich die Geister; entweder man liebt es, oder man hasst es. Kuşadası ist der größte Yachthafen der türkischen Ägäis und eines der Hauptziele des Pauschaltourismus. In der kleinen Altstadt, die um eine osmanische Karawanserei (heute ein Hotel) herum entstand, gibt es einige hochwertige Geschäfte, die am Bedarf der Kurzurlauber ausgerichtet sind. In den Außenbezirken findet man eine Vielzahl charakterloser moderner Hotels

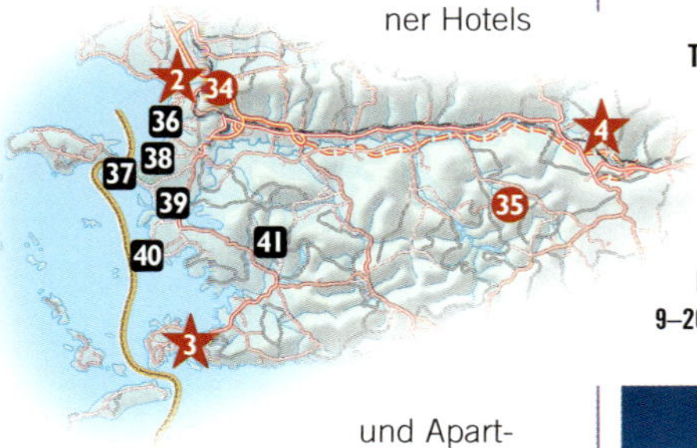

und Apartmenthäuser, die meist von jungen Leuten bewohnt werden, deren Urlaub eine einzige Party ist. Davon abgesehen, ist der Ort, in dem es auch gute Lokale wie das Kutes Café & Fast Food an der Promenade gibt, ein geeigneter Ausgangspunkt für Ausflüge zu den antiken Stätten der Region und verfügt über eine gute Verkehrsanbindung.

Der Ortsname Kuşadası bedeutet »Vogelinsel« und rührt von einer befestigten Felseninsel in Küstennähe her, die heute über einen Damm mit dem Festland verbunden ist und den Namen Güvercin Adası (»Taubeninsel«) trägt. Auf der kleinen Felseninsel thront eine winzige Zitadelle aus dem 14. Jahrhundert.

196 B4

Kuşadası ist der größte Yachthafen der türkischen Ägäis

DREI EINSAME ORTE

- der Bafa-See (Bafa Gölü, ➤ 171f), wo die Esel gegenüber den Autos bis heute in der Überzahl sind
- die Dilek-Halbinsel (➤ 108): Wandern Sie in die Berge, anstatt zum Strand.
- das Meer (➤ 116): Machen Sie eine Kreuzfahrt auf einer gecharterten Segelyacht.

Touristeninformation
Liman Caddesi 13, gegenüber dem Hafeneingang 0256 6 14 11 03

Zitadelle von Kuşadası
Güvercin Adası (Taubeninsel) im Hafengebiet im Sommer Di–So 9–20 Uhr; im Winter 9–17 Uhr 5 YTL

37 Nationalpark Dilek-Halbinsel (Dilek Yarımadası/ Büyük Menderes Deltasi Milliparkı)

Südlich von Kuşadası streckt sich eine pinienbewachsene Landzunge ins Meer, als wollte sie sich mit der benachbarten griechischen Insel Samos verbinden. Die Halbinsel ist zum größten Teil von menschlichen Eingriffen verschont geblieben. Ein gebirgiges Gebiet von 27 000 ha Größe wurde als Nationalpark ausgewiesen, in dem die Populationen seltener und gefährdeter Tierarten wie Bären und Wildpferde sowie der Kleinasiatische Leopard *(Panthera pardus tulliana)* unter Schutz gestellt sind. Will man eines dieser scheuen Wesen zu Gesicht bekommen, wird man in der Regel enttäuscht. Ein militärischer Stützpunkt macht den Westen des Schutzgebietes für die Öffentlichkeit unzugänglich. Der Park wurde kürzlich mit dem 9800 ha großen Büyük Menderes Deltasi Milliparkı im Süden zusammengelegt.

Die Möglichkeiten für eine Radtour sind sehr gut (der nächstgelegene Ort, an dem man Fahrräder leihen kann, ist Kuşadası). Auf gekennzeichneten Routen sind schöne Wanderungen möglich, vor allem im zentral gelegenen Sarıkaya Kanyonu.

WASSERFREUDEN

- im Aquapark **Adaland** die Wasserrutschen runtersausen und mit Delfinen schwimmen (➤ 116)
- eine **Bootsfahrt** entlang der Küste (➤ 116)
- baden am flach abfallenden **Long Beach** von Kuşadası (➤ 107)

196 B3 · 28 km südlich von Kuşadası
Juni–Sept. tägl. 8.30–19 Uhr; Okt. –Mai tägl. 8.30–17 Uhr; nächtliches Campen ist nicht gestattet · Strandbars auf der Halbinsel (€), Cafés in Güzelçamlı (€), außerhalb des Schutzgebietes
Sammeltaxi *(dolmuş)* von Kuşadası im Sommer alle 15 bzw. 30 Minuten (8–18 Uhr)
4 YTL, Auto 10 YTL

38 Priene

Wenn die überfüllten Straßen von Ephesos in Ihnen das Verlangen nach Einsamkeit und Schatten wecken, ist Priene der ideale Gegenpol. Seine auf einem Hügel gelegenen hellenistischen Ruinen werden vom frischen Seewind

Die pinienbewachsene Landzunge von Dilek

umweht und ruhen im Schutz von Felsen, auf denen duftende Pinien wachsen. Besonders attraktiv wird es aber nicht zuletzt dadurch, dass es noch nicht zu den Zielen größerer Touristengruppen gehört.

Als im 4. Jahrhundert v. Chr. der Zugang der ursprünglichen Siedlung zum Meer zu verlanden begann, wurde in größerer Höhe eine neue Stadt mit einem rasterartigen Grundriss nach dem hippodamischen System (➤ Kasten) angelegt. Im Gegensatz zu anderen antiken Städten wurde Priene von den Römern nicht umgestaltet. Ein früher Besucher und Förderer der Stadt war Alexander der Große, der zur Befragung des berühmten Orakels im Tempel des Apollon in die benachbarte Stadt Didyma (➤ 110f) kam. Er spendete Geldmittel zum Bau des Athena-

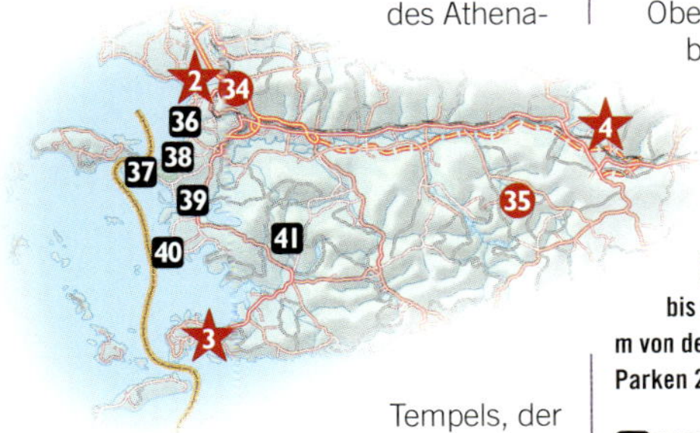

Tempels, der heute das bedeutendste Baudenkmal von Priene ist und dessen Säulen zum Teil wieder aufgerichtet wurden. Von der Kasse führt ein schmaler Weg hügelaufwärts zu einer zentralen Straße, die auf den Athena-Tempel zuläuft. Das Plateau des Hügels ist von einem Netz rechtwinklig angelegter Haupt- und Nebenstraßen überzogen, die bergab zu einer Stoa (Säulenhalle) und der Agora, dem Marktplatz der Stadt, und bergauf zu einem kleinen, gut erhaltenen Theater führen. Am Hang dahinter sind eingestürzte Wände von Wohnhäusern zu sehen; in westlicher Richtung wird der einstige Aufenthaltsort Alexanders des Großen vermutet.

Säulentrümmer liegen rund um den Athena-Tempel von Priene verstreut

Oberhalb des Athena-Tempels befindet sich die Ruine des Demeter-Heiligtums, von der man einen grandiosen Blick über das Tal hat.

196 B/C3 37 km südlich von Kuşadası über die Straße 09-55 Mai–Okt. tägl. 8.30–18 Uhr; Nov. bis April tägl. 8.30–17 Uhr Café (200 m von der Kasse) Bus von Söke 3 YTL, Parken 2 YTL

39 Milet (Miletos)

In griechischer Zeit war Milet ein bedeutendes geistiges und wirtschaftliches Zentrum und bildete

HIPPODAMOS VON MILET

Hippodamos lebte im 5. Jahrhundert v. Chr. Als erster Architekt entwickelte er ein System, nach dem sich die Straßen einer Stadt im rechten Winkel kreuzten. Seine Ideen wurden zum Vorbild für die Anlage zahlreicher griechischer Städte der Antike. Hippodamos' Einfluss wirkt bis in die Neuzeit nach: Auch die Boulevards von Paris und die Avenues von New York kreuzen sich rechtwinklig.

das Tor nach Kleinasien. Ursprünglich besaß die Stadt einen Zugang zum Meer, der aber allmählich verlandete. Die Ruinen wirken auf den ersten Blick ein wenig enttäuschend.

Das größte und schönste Bauwerk der antiken Stadt ist das Theater, dessen Ausmaße besonders eindrucksvoll sind. Hinter einer 140 m langen Vorderwand waren früher die Bühne und die Orchestra verborgen. Die Überreste der Sitzreihen *(cavea)* werden von riesigen Gewölben gestützt, durch deren Wandelgänge die Zuschauer ein und aus gingen.

Den besten Überblick über die Anlage der Stadt gewinnt man am Standort des ursprünglichen Hafens an der Rückseite des Theaters.

196 B3 40 km südlich von Kuşadası über die Straße 09-55 Mai–Okt. tägl. 8.30–18 Uhr; Sept.–April tägl. 8.30–17 Uhr; das Museum schließt 30 Minuten früher Cafés (€) an der Kasse Bus von Söke Ausgrabungsgelände 3 YTL; Museum 3 YTL

DIE SCHÖNSTEN STRÄNDE

- Kadınlar Plajı (»Damenstrand«), 3 km von Kuşadası
- Gümbet bei Bodrum (Touristenstrand mit jungem Publikum)
- Altınkum, 3 km südlich von Didyma (familienfreundlich)

40 Didim (Didyma)

Das vielleicht eindrucksvollste antike Bauwerk an der Westküste der Türkei, der ionische Tempel des Apollon in Didyma, war Heimstätte eines berühmten Orakels, dem in der gesamten griechischen Welt eine hohe Verehrung entgegengebracht wurde. Als der Tempel 494 v. Chr. von den Persern zerstört wurde, versiegte die Quelle der Weissagungen, bis Alexander der Große das Orakel rund 160 Jahre später erneut befragte. Mit seiner Ankunft wurde es zu neuem Leben erweckt und bescheinigte ihm eine göttliche Abkunft als Sohn des Zeus.

Heute umringen die Häuser und Teppichläden des modernen Ortes den Tempel des Apollon und lassen dessen Schönheit nicht recht zur Geltung kommen. Tritt man aber in das Innere ein, fällt das reine Ebenmaß der Architektur sofort ins Auge. Ein exquisit gestaltetes Marmorhaupt der »wütenden Medusa«, das zu einem Emblem der südlichen Ägäisküste geworden ist, ziert die Stufen am Eingang. Der Portikus wird von einer Vielzahl kunstvoll bearbeiteter Marmorsäulen geschmückt. An den Sockeln erkennt man schöne Basreliefs sowie römische und griechische Inschriften. Von

Stierkopf am Apollon-Tempel von Didim

hier führen zwei schmale Gänge in das innere Heiligtum, das in der Antike nur den Priestern und dem Orakel zugänglich war – ein längliches Bauwerk mit Marmorwänden, die mit Gravuren verziert sind.

Die gesamte Tempelanlage ist von über 100 Säulen umgeben, die zwar nicht in ihrer vollen Höhe erhalten sind, aber sich noch an ihren ursprünglichen Standorten befinden.

196 B3 57 km südlich von Kuşadası über die Straße 09-55 Mitte Mai–Mitte Sept. 9–19.30 Uhr; Mitte Sept.–Mitte Mai 9–17.30 Uhr Cafés (€) außerhalb des Tempels Bus von Söke 3 YTL

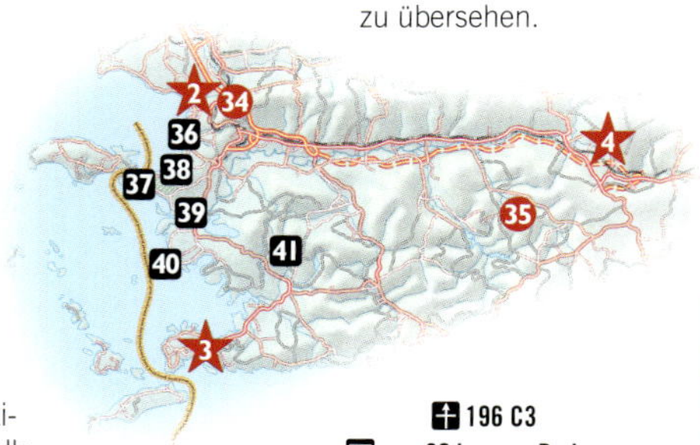

41 Euromos

Ein Zeus-Tempel ist der einzige sichtbare Überrest der hellenistischen Stadt Euromos, die ansonsten im Erdreich verborgen liegt. Die antike Stätte, die durchaus einen Besuch wert ist, ist über einen kleinen Umweg auf der Strecke nach Priene (➤ 108f), Milet (➤ 109f) oder Didyma (➤ 110f) zu erreichen. Reizvoll zwischen schattigen Ölbäumen gelegen, zeichnet sich der dem Parthenon von Athen nachempfundene Tempel durch eine vollendete Formgebung aus.

Obwohl der Ort nur 500 m von der Hauptstraße zwischen Selçuk und Milas entfernt ist, wird er selten von Touristengruppen besucht, sodass man ihn meist für sich allein hat.

Das Hinweisschild ist leicht zu übersehen.

196 C3 ca. 60 km von Bodrum Richtung Selimiye Mai–Sept. 8.30–19 Uhr; Okt.–April 8.30–17 Uhr Otobus/Dolmus von Bodrum über Milas (ggf. Umsteigen) Richtung Söke (etwa 90–120 Minuten), 15–20 YTL frei

TAUCHEN BEI BODRUM

Die Küste rund um Bodrum zeichnet sich durch besonders sauberes und klares Wasser aus. Sie ist ein Lebensraum für eine große Vielfalt von Meereslebewesen, die in der Klarheit des Wassers für Taucher gut zu beobachten sind. Die türkischen Behörden sind verständlicherweise besorgt, dass Taucher archäologisch bedeutende Stätten auf dem Meeresgrund beschädigen oder plündern könnten. Es ist jedoch erlaubt, sich mit offiziell anerkannten Begleitern zu weniger bedeutenden Unterwasserruinen zu begeben.

Wenn Sie über das entsprechende Zertifikat verfügen, können Sie problemlos alle gewünschten Tauchgänge buchen. Aber die Küste von Bodrum ist auch ein schönes Gebiet für erste Tauchversuche. Alle Tauchzentren sind einer der wichtigsten Ausbildungsorganisationen angegliedert. Die bekannteste Qualfikation ist eine Ausbildung nach den Standards der PADI (Professional Association of Diving Instructors). Eine Grundqualifikation (das »Open-Water«-Zertifikat) kann in einem fünftägigen Lehrgang erworben werden. Sie erlaubt Ihnen, in Begleitung eines Lehrers bis zu einer Tiefe von 18 m zu tauchen. In vielen Zentren wird ein Einführungsprogramm angeboten, das als »Discover Scuba Programm« bekannt ist.

The Aegean Pro-Dive Centre
Coban Yildizi Sokogi 41, Bodrum, Tel. 0252 3 16 07 37; www.aegeanprodive.com

Wohin zum ... Übernachten?

Preise
für ein Doppelzimmer pro Nacht:
€ unter 85 Euro €€ 85–150 Euro €€€ über 150 Euro

KUŞADASI

Kismet Hotel €€€

Das Kismet liegt auf einem Felsvorsprung und blickt über die Küste der Ägäis. Es hat einen Landschaftsgarten und mehrere private Badestege. Das Hotel war seinerzeit das Feriendomizil des letzten osmanischen Sultans und hat deshalb einen hohen Standard. Sowohl die Zimmer als auch die Aufenthaltsräume sind vornehm und luxuriös und das Restaurant ist das eleganteste der Gegend. Mitglieder des britischen Königshauses und amerikanische Präsidenten sind bereits hier zu Gast gewesen.

196 B4 Gazi Bewendi Balvari 1, Kuşadası 09400 0256 6 18 12 90; www.kismet.com.tr

Muses House Hotel €€

Dieses nur auf die Ansprüche von Erwachsenen ausgerichtete Boutique-Hotel hat 2006 außerhalb von Kuşadasi in Kirazli eröffnet und in dieser geschäftigen Region einen Touch von Perfektion etabliert. Das Hotel ist in einer alten griechischen Villa untergebracht und hat lediglich fünf Zimmer, alle mit moderner Einrichtung, und gemütliche Gemeinschaftsräume zum Entspannen. Hier wird Geschichte mit der Technik des 21. Jahrhunderts wie CD-Playern und Flachbildschirmen verbunden. Es gibt zwei große Höfe mit Tischen für die Mahlzeiten, einen Swimmingpool und einen Garten.

196 B4 158 Kirazli Koyu, Kuşadası 09400 0256 6 67 11 25; www.museshouse.com

SELÇUK

Nisanyan Evleri ve Pansiyon €

Das Dorf Şirince (der Name bedeutet etwa »niedlich«) ist ein Bilderbuchdorf und berühmt für die in der Umgebung erzeugten Weine. Zwei bekannte türkische Reiseschriftsteller haben sich mit ihrem Hotel einen Traum erfüllt. Es befindet sich an einem traumhaften Plätzchen und ist mit Antiquitäten und Details von unaufdringlicher Kreativität angefüllt: handgemachten Seifen, Duschkabinen aus landschaftstypischen Steinen, freskenartigen Malereien. Bei einem großartigen Frühstück kann man die himmlische Aussicht genießen. All diese Vorzüge summieren sich zu einer eleganten Atmosphäre von vollkommener Harmonie. Beachten Sie, dass es steile Stufen im Dorf gibt, die für Kinder und Gehbehinderte problematisch sind.

196 C4 Şirince, 8 km landeinwärts von Selçuk 0232 8 98 32 08; www.nisanyan.com

PAMUKKALE

Colossae Thermal Hotel €€

Das Hotel, das seinen Konkurrenten um die entscheidende Nuance überlegen ist, übersteigt auch die Erwartungen, die man einem touristischen Urlaubsort wie Karahayıt entgegenbringt. Zu seinen besonderen Vorzügen gehören eine ansprechende Gestaltung und professionelle Leitung.

197 E4 Karahayıt, 3 km westlich vom nördlichen Zugang nach Pamukkale 0258 2 71 41 56; www.colossaehotel.com

DIDIM

Medusa House €

Das renovierte traditionelle Steinhaus grenzt an den Tempel des Apoll. Die Zimmer sind einfach, aber makellos sauber, und im großen Garten kann man entspannen.

196 B3 09270 Didim
0256 8 11 00 63; www.medusahouse.com

BODRUM

Asmin Hotel €/€€

Mitten im Trubel der Altstadt findet man in diesem Hinterhof Ruhe. Die 24 Zimmer sind klein, aber modern und komfortabel; der Service ist sehr freundlich. Zum Frühstück lockt die sonnige Dachterrasse mit Blick über das Häusermeer bis zur Ägäis. Auto am besten auf einem bewachten Parkplatz abstellen.

196 B2 Çarşı, Ali Baba Sokağı, 48400
0252 3 16 79 89, www.asminhotel.com

Baia Bodrum €€/€€€

Das große Resort-Hotel mit weitläufigem Gelände befindet sich in einer Feriensiedlung auf Bodrums Halbinsel. Die Zimmer wirken kühl und modern; alle haben Meerblick, da sie oberhalb des Strandes an einem Hang liegen. Die Annehmlichkeiten umfassen ein Fitnessstudio, ein Spa, ein Wellness-Center, eine Bowling-Bahn und zwei Pools. Für Kinder gibt es Wasserrutschen und in der Hochsaison einen Club.

196 B2 Gundogan Beldesi, 48400
0252 3 87 92 93; www.baiahotels.com

BAFA GÖLÜ (BAFA-SEE)

Hotel Silva Oliva €€

Das kleine Hotel mit 30 Zimmern ist ein strahlendes Beispiel für den umweltbewussten Tourismus in der Türkei. Die Aufmachung ist traditionsgemäß in Stein und Holz gehalten. Es hat einen wunderschönen Ausblick auf den See und einen Strand zum Sonnenbaden und Schwimmen. Die Zimmer sind einfach eingerichtet, es gibt eine große Terrasse und einen Aufenthaltsraum mit Holzfeuer im Winter.

196 B/C3 Cakalici Mevkii 1-10, Pınarcık Köyü, Milas 48200 0252 5 19 10 72; www.hotelsilvaoliva.com

Wohin zum ... Essen und Trinken?

Preise
für ein Drei-Gänge-Menü (ohne Getränke):
€ unter 10 Euro **€€** 10–15 Euro **€€€** über 15 Euro

KUŞADASI

Restaurant Club Caravanserail €€€

Eine Karawanserei aus dem 17. Jh. wurde zu einem Hotel umgebaut, das über ein ausgezeichnetes Restaurant verfügt. Die Küche ist europäisch und exquisit. Der Genuss der erlesenen Gerichte wird durch die aufmerksame Bedienung noch erhöht. Besonders zu empfehlen sind die Fischgerichte und Desserts.

196 B4 Hotel Club Caravanserail, Atatürk Bulvarı 1, Kuşadası 0256 6 41 15 April–Okt. tägl. 12–15.30 und 18.30 bis 21.30 Uhr

Planet Yucca €€

Im Planet Yucca werden die Küchen unterschiedlicher Länder

vermischt: Traditionelle türkische Gastfreundschaft bringt Gerichte aus Mexiko, Italien, China und Indien auf den Tisch. Dennoch finden Sie auch türkische Standardgerichte auf der Karte. Dies ist eine gute Alternative für Familien und Gruppen mit unterschiedlichen Geschmäckern. Außerdem gibt es jeden Abend Livemusik bis spät in die Nacht.

196 B4 Saglik Caddesi 65
0256 6 12 07 69; www.planetyucca.com
tägl. 8–1 Uhr

SELÇUK

Nisann Evlerı €/€€

Dieser entzückende Landgasthof ist eine wahre Entdeckung und der Blick über die Landschaft ist Ihre erste Belohnung. Die kleine Speisekarte ist auf die gute Qualität lokaler Zutaten bedacht, die sorgfältig zubereitet werden. Dazu gehören eine leckere Linsensuppe, langsam gebratene Lammkeule oder Hühnchen aus der Region. Es gibt darüber hinaus eine interessante Weinkarte mit einer guten Auswahl an heimischen Weinen. Da dies ein kleines Restaurant mit nur sechs Tischen ist, empfiehlt sich eine Reservierung.

196 C4 Şirinçe, Selçuk (folgen Sie den Schildern am Eingang von Şirinçe)
0232 8 98 23 08 tägl. 18–22 Uhr

PAMUKKALE

Kaya's €/€€

Lassen Sie sich von der etwas touristischen Aufmachung nicht schrecken – die beste Küche von Pamukkale findet man in der entspannten Atmosphäre dieser Restaurant-Bar. Zu fairen Preisen kann man sich auf einer von Weinlaub beschatteten Terrasse mit köstlichen *mezeler* stärken. Außerdem gibt es eine gute Auswahl an offenen Weinen.

197 E3/4 Atatürk Caddesi 3, Pamukkale
0258 2 72 29 35 tägl. 9–23 Uhr

AFRODISIAS

Hotel Aphrodisias €€

Unterkünfte in der Nähe der archäologischen Stätte sind begehrt; das Hotel Aphrodisias hat daher eine Art Monopolstellung inne, wodurch die Qualität der Küche aber nicht beeinträchtigt wird. Die Forellen werden aus Zuchtfarmen bezogen, die Hähnchen stammen aus Freilandhaltung. Probieren Sie auch die ausgezeichneten Suppen mit Linsen oder Joghurt und Reis.

197 D/E3 Hotel Aphrodisias, Karacasu Caddesi, Afrodisias 0256 4 48 81 32
tägl. 12–15 und 18.30–21 Uhr

BODRUM

Denizhan €€/€€€

Etwas weiter weg an der Straße nach Turgutreis und Yalikavak liegt das Denizhan. Es ist seit Ende der 1990er-Jahre das beste Restaurant für Kebab und Grillfleisch in der Region. Das Fleisch kommt aus der Stadt Bandirma, die in der ganzen Türkei für ihre guten Produkte bekannt ist. Das Lokal hat einen Speisesaal mit angenehmem Ambiente für die kälteren Monate. Im Sommer bietet sich die Terrasse an.

196 B2 Konacik, Bodrum 0252 3 63 76 74; www.denizhan.com ganzjährig

Restaurant Gemibaşı €€

Ignorieren Sie die aufgeputzten und kostspieligen Fischrestaurants am Hafen, und gehen Sie in das waschechte Restaurant Gemibaşı. Hier sitzt man im Freien und kann die köstlichsten Meeresfrüchte der Stadt genießen. Die Speisen werden auf den Punkt gekocht, die Bedienung ist aufmerksam und der Kaffee hervorragend. Falls Sie bei einem mittäglichen Spaziergang hier vorbeikommen, reservieren Sie gleich Ihren Tisch für den Abend.

196 B2 Neyzen Tevfik Caddesi, Bodrum
0252 3 16 12 20; www.gemibasi.com
Mai–Sept. tägl. 12.15–23 Uhr; Okt.–April Di–So 12.30–15 und 19–22.30 Uhr

Wohin zum ... Einkaufen?

KUŞADASI

Kuşadası ist der größte Hafen für Kreuzfahrtschiffe an der türkischen Küste. In zahlreichen großen Geschäften, die sich an der Küste und um die alte Karawanserei konzentrieren, werden hochwertige Teppiche (u. a. aus kostbarer Seide) verkauft, die selbstverständlich ihren Preis haben. Besonders schöne Stücke findet man im **Bazaar 54** an der Atatürk Caddesi (Tel. 0256 6 12 72 59). Ebenso zahlreich sind **Juweliergeschäfte** vertreten, die traditionellen Schmuck und Designerstücke von hoher Qualität anbieten. Viele von ihnen sind autorisierte Fachhändler für Markenartikel. Kuşadası ist darüber hinaus für seine **Lederwaren** (vor allem Taschen und Bekleidung) bekannt. Sie werden in großer Fülle in den Läden in den kleinen Straßen angeboten, die sich durch das Basarviertel ziehen. Die Qualität der Waren ist sehr unterschiedlich; achten Sie auf die Güte der Handarbeit. Beachten Sie auch, dass es in Kuşadası zahlreiche Anbieter für **Imitate von Designerprodukten** (vor allem Uhren, Schmuck und Kleidung) gibt. Bei T-Shirts, Socken und Unterwäsche sind diese Imitate von durchaus guter Qualität. Dienstags und freitags findet in Kuşadası ein traditioneller **Wochenmarkt** statt.

Wegen der zahlreichen Touristen kann man in Kuşadası bei vielen Händlern mit Euro bezahlen.

SELÇUK

Gegenüber dem Eingang zur Johannes-Basilika haben sich einige **Teppichhändler** angesiedelt; viele weitere findet man in den Seitenstraßen des Ortes. Zum Kundenfang werden Schlepper eingesetzt, die Provisionen für ihre Tätigkeit erhalten. Sie nähern sich potenziellen Kunden bevorzugt vor dem archäologischen Museum (➤ 103).

BODRUM

In den engen Straßen der Altstadt reihen sich Boutiquen aneinander, in denen traditionelle Kleidung und Schmuck verkauft wird; das Stöbern kann so zu einem Vergnügen werden. Wer interessante und ungewöhnliche Mitbringsel sucht, kann in einer Anzahl von Geschäften fündig werden, in denen mit **Sammlerobjekten** aus dem 20. Jahrhundert gehandelt wird, z.B. mit Kupfertöpfen und anderen Haushaltswaren sowie kleinen geschnitzten Fensterrahmen.

Ebenso wie in Kuşadası kann man in Bodrum wegen der Vielzahl der Touristen oft in **Euro** bezahlen.

TÜRKISCHES KUNSTHANDWERK

Der Tempel des Apollon in Didyma (➤ 110f) ist von vielen **Teppichläden** umgeben, deren Besitzer manchmal übereifrig um Kundschaft werben; die Preise sind hoch, sodass man sich aufs Feilschen verstehen sollte. Frauen am Bafa-See (➤ 171ff) fertigen schöne Spitzen- und Häkelarbeiten an. Falls Sie in der Gegend übernachten, können Sie die Frauen an warmen Abenden vielleicht bei der Handarbeit sitzen sehen.

Im landeinwärts gelegenen kleinen Ort **Milas** (zwischen Kuşadası und Bodrum) gibt es jeden Dienstag den authentischsten **Wochenmarkt** der Region. Milas ist ein Ort des **Teppichhandwerks**; die Teppiche sind für ihre Erdfarben bekannt, in denen alle Schattierungen von Hellbraun, Sandfarben und Terrakotta vorkommen. In den Läden entlang der Hauptstraße nach Kuşadası werden sie angeboten.

Wohin zum … Ausgehen?

Die kulturellen Veranstaltungen der Region stehen meist mit dem Theater von Ephesos (➤ 92) und der Metropole Izmir (➤ 78) in Verbindung. Die Internationalen Sommerfestspiele von Izmir, bei denen Künstler von internationalem Rang vor allem klassische Musik präsentieren, finden alljährlich zwischen Mitte Juni und Mitte Juli statt. In der Touristeninformation in Izmir (1344 Sokağı 2, Pasaport, Tel. 0232 4 83 51 17) erhält man Auskunft.

KUŞADASI

Nachtleben

Türkische Folklore bietet die an der Uferpromenade gelegene **Karawanserei** (➤ 113). In der Barlar Sokak, der »Kneipengasse«, in der Altstadt konzentriert sich das Nachtleben des Ortes und in der Hauptsaison geht es hier hoch her. **Ecstacy** (Tel. 0256 6 12 22 08), **Jimmy's Irish Bar** (Tel. 0256 6 12 13 18), **Café Seyhan** (Tel. 0256 6 14 79 85) und **Authentic** (Tel. 0256 6 12 13 18) sind die beliebtesten Bars und überall werden die aktuellen Charts bis zum frühen Morgen gespielt. Die Touristeninformation findet man in der Liman Caddesi 13 (Tel. 0256 6 14 11 03).

Aquaparks und Schiffstouren

Nach staubigen antiken Ruinen verspricht der Aquapark **Adaland** eine willkommene Erfrischung. Er liegt 5 km von Kuşadası entfernt in Çam Limanı (Tel. 0256 6 18 12 52; www.adaland.com; tägl. Mai–Okt.). Hier können Sie auch mit Delfinen schwimmen. Südlich von Kuşadası findet man am Strand Long Beach ein weiteres Spaßbad, das **Aqualand** (Tel. 0256 6 33 12 52; www.longbeachaquacenter.com, Mai–Sept.), ebenso wie das **Aquafantasy** in Pamucak Beach (Tel. 0256 8 33 11 11; www.aquafantasy.com; Mai–Okt.).

Von Kuşadası aus werden Tagesausflüge zur griechischen Insel **Samos** angeboten. Eine Fahrt dauert ca. 90 Minuten und muss am Vortag gebucht werden. Fahrscheine bekommt man in mehreren Reisebüros am Hafen.

BODRUM

Nachtleben

Das legendäre Nachtleben von Bodrum spielt sich zum größten Teil in den internationalen Bars und Clubs in der Altstadt und an der Marina ab. Neben dem **Newold Club** (➤ 100), einem stimmungsvollen Mix aus moderner Lounge und traditioneller Taverne, findet man hier zugleich Nobeldiskos und kleine Musikkneipen. So oder so – die Nächte in Bodrum sind lang!

Schiffstouren

Am Tag spielt sich das Leben der Stadt hauptsächlich auf dem Wasser ab. Bodrum ist ein ausgezeichneter Ausgangspunkt für Bootsfahrten – wahlweise zum **Golf von Gökova** oder zur griechischen Insel **Kos**, die in Küstennähe liegt.

Wer gern von Fahrplänen unabhängig ist, kann eine Yacht oder ein türkisches Segelschiff (*gület*) für einen Tag oder länger mieten und die türkische Küste auf eigene Faust erkunden. Die Preise sind Verhandlungssache und hängen von der Größe und Ausstattung des Bootes, der Anzahl der Passagiere und der gewünschten Fahrtdauer ab. Der Anbieter **S&J Travel Yachting** (➤ 97) vermietet traditionelle Holzboote. Informationen vorab unter: www.sjyachting.com.

Alljährlich im Oktober findet in Bodrum die Segelregatta um den **Bodrum Cup** statt, bei der man Profi-Segler in Aktion sehen kann.

Lykische Küste

Kleine Erlebnisse

Über den Wipfeln wohnen …

Verbringen Sie eine Nacht in einer **Baumhauspension** in Olympos (➤ 174), z.B. Kadir's Top Tree Houses (www.kadirstreehouses.com).

Auf ein Schwätzchen

Von Arykanda (➤ 179) aus einen Abstecher ins Örtchen **Gökbük** machen und bei einem Glas Çay mit dem Dorfältesten plaudern.

Selbst is(s)t der Gast

Auf dem **Fischmarkt in Fethiye** (➤ 131) Meeresfrüchte erstehen und in den angrenzenden Restaurants zubereiten lassen.

Erste Orientierung

Von Marmaris im Westen bis nach Antalya im Osten erstreckt sich die lykische Küste, die als die facettenreichste und ursprünglichste Landschaft des Landes bekannt ist. Der wilde Küstenstreifen wird von Gebirgszügen von schwindelerregender Höhe begrenzt und ist mit unberührten Pinienwäldern bewachsen. An manchen Orten fallen Kalksteinklippen steil ins Meer hinab und werden in Buchten vom klaren Wasser umspült.

Eine enge Straße windet sich durch die Berge hindurch zu kleinen, am Weg aufgereihten Ortschaften. Der Pauschaltourismus hat Breschen in die äußeren Gebiete der Region geschlagen, aber wegen der weiten Entfernung zu den Flughäfen von Antalya im Osten und Dalaman im Westen ist die Region noch nicht zu einem Ziel des Massentourismus geworden. Vor allem Individualreisende und Liebhaber des Segelsports haben die friedliche Beschaulichkeit der lykischen Küste für sich entdeckt.

In der Antike siedelten die Lykier in dieser Gegend, die als letzte Region Kleinasiens an das Römische Reich fiel. Sie waren vermutlich um 1400 v. Chr. aus Kreta gekommen und gründeten hier ein eigenständiges, wohlhabendes Reich. Ihre Hinterlassenschaft sind die monumentalen Felsengräber, die in die senkrecht abfallenden Klippen gehauen wurden und die man entlang der lykischen Küste in großer Zahl finden kann. Einige von ihnen wurden auf Unterbauten in großer Höhe errichtet, andere liegen zum Teil unter der Wasseroberfläche. Die schönsten dieser Grabbauten sind in Myra und Dalyan zu sehen.

Die lykische Küste besitzt wenige, dafür aber außergewöhnlich schöne Badestrände. Die schönsten von ihnen findet man an der Lagune von Ölüdeniz, die fast ein Opfer des boomenden Tourismus geworden ist, und bei Istuzu (mit dem Boot auf dem Fluss Dalyan zu erreichen; teils Naturschutzgebiet).

Von Schlammbädern verspricht man sich eine gesundheitsfördernde Wirkung

Segler zieht es besonders ins malerische Kaş

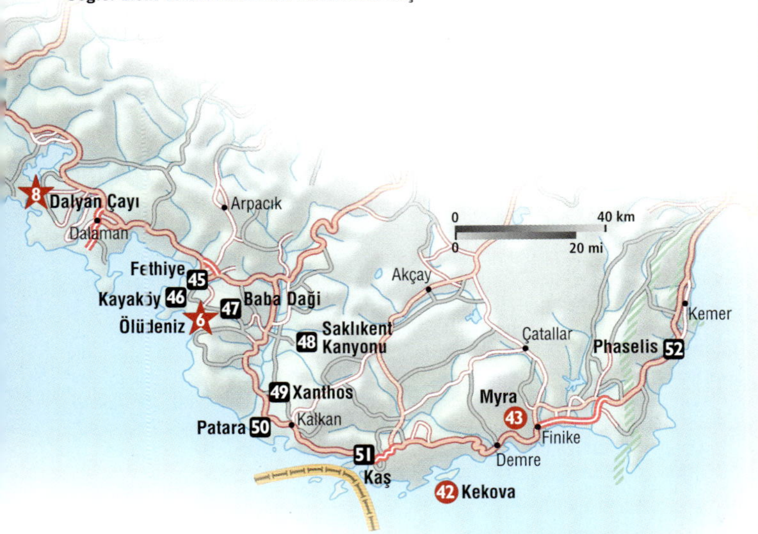

TOP 10

Nicht verpassen!

Nach Lust und Laune!

In vier Tagen

Wer die Abwechslung liebt, wird eine Fahrt entlang der lykischen Küste als besonders reizvoll erleben. Die Auswahl an Möglichkeiten für Aktivitäten und Ruhepausen ist groß. Man kann am Strand faulenzen oder sich sportlich betätigen.

Erster Tag

Vormittags und nachmittags

Fahren Sie nach 8 **Dalyan** (Abb. oben, ➤ 124), wo Sie per Boot um 10.30 Uhr zu einer Tagestour aufbrechen. Dazu gehören eine Flussfahrt, die Besichtigung der antiken Stätte von Kaunos, ein Aufenthalt am 7 km langen Strand von Istuzu und die Möglichkeit, ein gesundheitsförderndes Schlammbad zu nehmen sowie in einem Süßwassersee zu baden.

Abends

Bummeln Sie durch die autofreie Hauptstraße von Dalyan, und essen Sie in einem der Restaurants am Flussufer zu Abend. Übernachten Sie in einer traditionellen *pansiyon*. Wahlweise können Sie in südöstlicher Richtung nach 45 **Fethiye** (➤ 131) weiterfahren, von wo es nur ein Katzensprung zu den Sehenswürdigkeiten des folgenden Tages ist.

Zweiter Tag

Vormittags

Das verlassene griechische Dorf 46 **Kayaköy** (Abb. rechts; ➤ 131) liegt in den Hügeln oberhalb von Fethiye. Brechen Sie am frühen Morgen dorthin auf. Wenn es heiß zu werden beginnt, ist es Zeit, zum Strand nach 6 **Ölüdeniz** (➤ 122) zu fahren, wo man Wassersport treiben kann oder ein ruhiges Plätzchen findet.

Nachmittags

Verlassen Sie Ölüdeniz in Richtung der lykischen Felsengräber, die man am Steilhang über der Stadt Fethiye findet. In Fethiye selbst können Sie vor dem Abendessen einen Einkaufsbummel durch moderne Geschäftsstraßen machen.

Dritter Tag

Vormittags
Von Fethiye fahren Sie in südlicher Richtung auf der Küstenstraße 400 zur eindrucksvollen 48 **Saklıkent-Schlucht** (➤ 132), zur antiken Stätte 49 **Xanthos** (➤ 133) und nach 50 **Patara** (➤ 133), dessen 20 km langer Strand von Meeresschildkröten zum Nisten aufgesucht wird. Im Dorf **Gelemiş** nahe Patara können Sie zu Mittag essen; das traditionelle dünne Brot mit einer Vielfalt köstlicher Füllungen *(gözleme)* wird dort von kurdischen Frauen in eigenen kleinen Restaurants zubereitet.

Nachmittags
Fahren Sie weiter zum reizvollen Badeort 51 **Kaş** (➤ 133), wobei Sie entlang der Küstenstraße die herrliche Aussicht auf bewaldete Hügel und abrupt ins Meer abfallende Steilhänge genießen können. Erkunden Sie das kleine Stadtzentrum von Kaş, und kehren Sie zum Abendessen in eines der hervorragenden Restaurants ein.

Vierter Tag

Vormittags
Fahren Sie eine kurze Strecke landeinwärts durch duftende Pinienwälder zum kleinen Dorf Üçağiz, wo Sie zu einer Bootstour zur Insel 42 **Kekova** (➤ 126) aufbrechen können. Das Schiff macht Station im Ort **Kale Köy** (Simena), in dem es hübsche Straßen, eine kleine Festung und Cafés zu entdecken gibt, die sich für ein Mittagessen empfehlen. Anschließend fahren Sie mit dem Boot weiter zur »versunkenen Stadt« von Kekova.

Nachmittags
Fahren Sie weiter zum modernen Städtchen **Kale** (auch unter dem Namen Demre bekannt), an dessen nördlichem Rand die antiken Ruinen von 43 **Myra** (➤ 128) liegen. Kehren Sie ins Stadtzentrum von Kale zurück, wo Sie die byzantinische Nikolaus-Kirche besichtigen können, in der das Grab des Noel Baba (des heiligen Nikolaus) verehrt wird. Fahren Sie in östlicher Richtung zum Küstenort Kemer oder weiter ins 90 Autominuten entfernte Antalya (➤ 144).

6 Ölüdeniz

Die Landschaft um den Ort Ölüdeniz gehört zweifellos zu den schönsten Gegenden der Türkei. Der leuchtend goldene Sand des Strandes umschließt eine azurblaue Lagune. Diese liegt im Schutz von Bergen, die mit duftenden Pinien bewaldet sind. Der Ortsname Ölüdeniz bedeutet »totes Meer«, was sich aber einzig auf die Stille bezieht.

Das Bild der unberührten Lagune ist auf Tausenden von Postern um die Welt gegangen, und so war der Ort eines Tages gezwungen, sich auf die Bedürfnisse zahlreicher Urlauber einzustellen. Die Balance zwischen touristischer Entwicklung und den Anforderungen des Naturschutzes ist bis heute nicht gefunden. Offiziell ist die Lagune ein Naturschutzgebiet, dessen schützende Grenze sich jedoch nur bis zur westlichen Spitze des Strandes erstreckt. Der östliche Teil (Belcekız-Strand), das angrenzende enge Tal und die darüber liegende Hochebene wurden für die touristische Erschließung freigegeben. Die daraufhin entstandenen unvermeidlichen Touristendörfer – eine Ansammlung kleiner Hotels, Pensionen und billiger Lokale – beeinträchtigen zwar nicht die schönsten Gebiete der Bucht; die un-

Der Name Ölüdeniz (»totes Meer«) bezieht sich auf die stille Wasserfläche an dem von der Sonne verwöhnten Strand

berührte Wildnis, die es vor 30 Jahren noch gab, ist jedoch verloren gegangen.

Noch immer bietet die Bucht einen überwältigenden Anblick. Im klaren, seichten, türkisfarbenen Wasser dringt das Sonnenlicht bis auf den Meeresgrund und wird von den Kieselsteinen reflektiert – ein Bild, wie man es auch an der türkischen Küste selten findet. In der Vor- oder Nachsaison ist es möglich, das Panorama einigermaßen ungestört zu genießen und nur die Geräusche von Insekten und Vögeln zu hören.

Wer es aktiver mag, findet an der östlichen Seite des Strandes Sportangebote.

Drachenfliegen in Ölüdeniz

KLEINE PAUSE

Fürs Abendessen empfiehlt sich das Restaurant **Şadirvan** (€€) in Ovacık (5 km von Ölüdeniz in Richtung Fethiye). Gegrillte Forelle und Wildgeflügel sind Spezialitäten des Hauses. Es ist bei einheimischen Familien beliebt.

197 E1/2 ✉ 12 km südlich von Fethiye ⌚ Strand und Lagune: 8–20 Uhr; Nationalpark: Parkplatz Mai–Okt. 8–20 Uhr; Nov.–April 9–17 Uhr 🚌 Bus von Fethiye, alle 10 Minuten (9–18 Uhr) Nationalpark 4,50 YTL; Parkplatz 7 YTL

Touristeninformation
✉ Ölüdeniz Caddesi 32, Ölüdeniz ☎ 0252 6 17 04 38

BAEDEKER TIPP

- An der nördlichen Küste der Lagune findet man mehrere **kleine Sandstrände**, die im Gegensatz zu den äußeren Strandabschnitten nicht steinig sind. Um dorthin zu gelangen, nehmen Sie die Straße rechts vom Eingang zum Nationalpark; von dort sind die ersten Strände 1 km entfernt, der am weitesten entfernte Strand 5 km.
- Ein gekennzeichneter **Fußweg** führt vom nördlichen Ufer der Lagune über die Hügel zum verlassenen Dorf Kayaköy (► 131). Durchschnittlich geübte Wanderer benötigen für die streckenweise recht steile Strecke etwa 90 Minuten. Auf dem Weg gibt es keine Getränke zu kaufen.

8 Bootstour auf dem Dalyan Çayı

Eine Bootsfahrt auf dem Fluss Dalyan führt Sie durch Schilfgürtel, an außergewöhnlichen lykischen Felsengräbern vorüber und zur antiken Stadt Kaunos. Der Tagesausflug lässt viel Zeit für Ruhepausen, z.B. am Strand von Istuzu oder bei einem wohltuenden Schlammbad in Ilıca. So lassen sich die vielfältigen Möglichkeiten, die man an diesem Teil der türkischen Küste vorfindet, zu einem abwechslungsreichen Tagesprogramm verbinden.

Der Fluss Dalyan wird vom Köyceğiz-See (Köyceğiz Gölü) gespeist und schlängelt sich zwischen hohen Kalksteinfelsen hindurch. An den Ufern des ruhigen Wasserlaufs ist das Röhricht ein bedeutender Lebensraum für Wasservögel, Fische und Amphibien.

Kunstwerke in schwindelnder Höhe

Ausgangspunkt für den Bootsausflug ist das Dorf Dalyan. Kurz nach dem Ablegen des Bootes kommen Sie den in die Klippen gehauenen **Felsengräbern** am nächsten und können die herrliche Sicht auf die reichen Verzierungen der Grabkammern und ihre unwahrscheinliche Lage genießen. Die Gräber stammen aus dem 4. Jahrhundert v. Chr. und sind Meisterwerke der lykischen Steinmetzkunst. Wie die Meister ihre Bauwerke an den senkrecht abfallenden Wänden der Klippen schaffen konnten, wird wohl ein Rätsel bleiben.

Die lykischen Gräber bei Dalyan wurden in die senkrechte Felswand gemeißelt

Die Stadt im Sumpf

Die antike Stadt **Kaunos** ist die nächste Station des Ausflugs. Sie wurde auf der Höhe eines Kalksteinhügels errichtet, von dem sich eine hervorragende Sicht über die Flussmündung und den Strand eröffnet. Die Umgebung von Kaunos gehörte zu den ungesündesten Gegenden des gesamten Römischen Reiches. Die Sumpflandschaft war eine ideale Brutstätte der Malariamücke. Dennoch entwickelte sich Kaunos zu einer blühenden Handelsstadt, in der vor allem mit Sklaven und Salz gehandelt wurde. Ein römisches Theater, Thermen und ein Nymphäum (ein monumentaler Brunnenbau) sind noch vorhanden. Aus byzantinischer Zeit stammen die Befestigungsanlagen und eine Basilika, deren Überreste jedoch spärlich sind. Viel eindrucksvoller ist die Landschaft mit ihrer Tierwelt. In den Sümpfen und Schilfgürteln sind nämlich nicht nur Mücken, sondern auch Störche, Reiher, Flamingos sowie Schildkröten und andere Reptilien beheimatet.

Schildkrötenschau

Der Bootsausflug führt anschließend zum offenen Meer. Der nächste Haltepunkt ist der Strand von **Istuzu** – mit einer Länge von 7 km ein prachtvoller Anblick. Die ausgedehnten Wanderdünen bewegen sich in westlicher Richtung und drohen die Mündung des Flusses ins Meer zu blockieren. Istuzu ist als Schutzgebiet für die am Strand nistenden Meeresschildkröten (➤ 28f) ausgewiesen.

Heilsamer Schlamm

Im Anschluss an den Aufenthalt in Istuzu geht es nach einer Kehrtwende zurück durch die Sumpflandschaft nach **Ilıca**, wo man sich bei einem Schlammbad entspannen kann. Diesen Bädern wird nachgesagt, dass sie heilsam bei rheumatischen Erkrankungen sind und stimulierend auf die Manneskraft wirken sollen. Die meisten Besucher, die in der Hochsaison in Scharen in den Ort kommen, genießen die entspannende Wirkung dieser Kuranwendung. Bei Ihrer Rückkehr nach Dalyan können Sie sich bei einem kühlen Bad im **Köyceğiz-See** erfrischen, in dem zahlreiche Fischarten zu Hause sind.

KLEINE PAUSE

Die **Sunray Lounge** in Dalyan (die letzte Bar rechts in der Hauptstraße) eignet sich gut zur Erholung nach einem langen Tag. Ansonsten finden sich überall Fischrestaurants.

---

197 D2 · 65 km westlich von Fethiye · tägl. Bootsfahrten: Abfahrtszeit 10.30 Uhr, Rückkehr nach Dalyan 16 Uhr · Busse von Fethiye und Marmaris · Bootsfahrt 30–40 YTL; Kaunos 8 YTL; Moorbad 5 YTL

BAEDEKER TIPP

- Wenn Sie selbstständig nach Dalyan gekommen sind, können Sie an einer Bootsfahrt teilnehmen, die von der **Dalyan-Kooperative** organisiert wird. Diese Touren sind nicht so überlaufen wie die für Touristengruppen organisierten Fahrten. Darüber hinaus bleibt mehr Freiraum für eigene Aktivitäten. Fahrkarten kauft man vorab bei der Kooperative oder bei Fahrtantritt (falls nicht zu viel Betrieb herrscht).
- Nehmen Sie ein **Fernglas** mit. So lassen sich die Felsengräber und die Vogelwelt der Marschen genauer studieren.
- Im Sumpfland um Kaunos gibt es auch heute noch **Mücken**, die aber keine Überträger der Malaria sind. Denken Sie trotzdem an ein Mückenschutzmittel.
- Zwischen April und September nisten mehrere **Storchenpaare** beim Restaurant Ley-Ley 7 km außerhalb des Ortes in Richtung Fethiye.

42 Kekova

Die unbewohnte Insel Kekova (Kekova Adası) bildet mit dem Festland eine Meerenge mit makellosem Wasser und ist von zahlreichen kleinen Eilanden umgeben. Das einst exklusive Segelrevier ist heute leicht zugänglich.

Kekova ist ein schönes Ziel für eine Bootstour

Zwei Orte bieten sich hauptsächlich als Ausgangspunkte für eine Fahrt zur Insel Kekova an: Von Andriake (Çayağzı), ein paar Kilometer südwestlich von Myra gelegen, führen Bootstouren für größere Touristengruppen über das offene Meer; eine Fahrt dauert 40 Minuten.

Eine Alternative ist die Abfahrt von Üçağız, einem hübschen kleinen Fischerdorf am nördlichen Ufer der Bucht.

Über das Meer

Beim Ablegen des Bootes in Üçağız achten Sie auf die zahlreichen lykischen Gräber, die auf aus dem Wasser ragenden Säulen ruhen. Sie gehören zu der großen lykischen

Nekropole **Teimiussa**. Nach einer Fahrt von 15 Minuten Dauer erreichen Sie **Kale Köy** (auch als Simena bekannt), eines der schönsten und bisher noch unberührtesten Dörfer an der türkischen Küste (nicht zu verwechseln mit Kale/Demre, ➤ 128).

Rustikale hölzerne Molen bieten Liegeplätze für die Boote; hinter den Cafés und Restaurants, die das Ufer säumen, sieht man zahlreiche rustikale, weiß getünchte Häuser, die verschachtelt am Hang liegen. In einigen haben sich Teppichhändler eingerichtet, andere sind noch von Familien bewohnt. Hühner und Katzen huschen über den Weg, Frauen und Kinder des Dorfes nähern sich und bieten Spitzen- und Häkelarbeiten oder ihre Dienste als Reiseleiter an. Wie eine Krone überragt eine byzantinische Festung das Dorf; sie wurde von Rittern des Johanniterordens erbaut.

Unter dem Meer

Die Fahrt führt weiter am Nordufer der Insel Kekova entlang nach **Batıkent**, der **versunkenen Stadt** *(batık şehir)*. Man vermutet, dass es sich um eine lykische Siedlung handelt, die vom steigenden Meeresspiegel des Mittelmeers überflutet wurde. Unter der Wasseroberfläche sind eingestürzte Wände und große Terrakottagefäße *(pithoi)* zu sehen, die auf dem Meeresgrund verstreut liegen. Die Insel Kekova kann nicht betreten werden; auf der Bootsfahrt werden Sie aber nahe an die Überreste eines antiken Hafens unterhalb des Wasserspiegels und zahlreicher kleiner Häuser, die an den Uferhängen der Insel erbaut wurden, herangeführt.

KLEINE PAUSE

Fast alle Bootstouren zur Insel Kekova machen mittags im Dorf Kale Köy halt. Es gibt einige hervorragende Restaurants im Ort, die sich für ein Mittagessen anbieten.

---

197 F1 · 30 km östlich von Kaş · Bootsbetrieb tagsüber
unregelmäßige Busverbindungen von Kaş und Myra nach Üçağız
Bootsfahrt 40–50 YTL; Festung frei

BAEDEKER TIPP

- Wenn Sie mit dem Auto nach Üçağız fahren, achten Sie auf Anhalter, die an der nahen Kreuzung auf eine Mitfahrgelegenheit ins Dorf warten. Meistens sind es **Bootskapitäne**, die sich als **Schlepper** betätigen, um Gäste anzulocken.
- Buchen Sie, wenn möglich, eine Tour in einem **Glasbodenboot**, vom dem aus Sie eine schönere Sicht auf die Unterwasserruinen haben.
- Im Dezember 2006 erweiterte die türkische Regierung das Areal der zu schützenden Meeresregion zum **Kaş-Kekova-Naturschutzgebiet**. Es umfasst 3000 ha und schließt den Patara-Strand und dessen Dünen mit ein (➤ 133).
- Bei Andriake liegt eine **römische Ruinenstätte**, die größtenteils noch nicht freigelegt ist. Sehenswert ist der große Kornspeicher, der auf das 2. Jahrhundert datiert wird.

43 Myra

Die lykischen Grabbauten der antiken Stadt Myra gehören zu den faszinierendsten Sehenswürdigkeiten der lykischen Küste. Sie sind darüber hinaus leichter zugänglich als andernorts. Die moderne Stadt Kale (besser bekannt unter dem Namen Demre) ist aus der antiken Siedlung und dem Bischofssitz hervorgegangen.

Myra wurde im 5. Jahrhundert v. Chr. gegründet und entwickelte sich zu einem der bedeutendsten lykischen Häfen. Seine Überreste sind zum größten Teil noch nicht freigelegt, die Sehenswürdigkeiten sind jedoch leicht zu entdecken. Die wichtigste Begräbnisstätte war die sogenannte **Meeresnekropole**, deren Grabbauten in Augenhöhe in das Gestein der senkrecht abfallenden Klippen gehauen wurden. Die Gräber selbst dürfen nicht betreten werden; von einem nahen Aussichtspunkt aus sind ihre feinen Details jedoch gut zu sehen. In der Nähe der Grabbauten liegt eines der kleinsten antiken Theater der Türkei, das recht gut erhalten ist. Von seinem oberen Gewölbegang *(ambulacrum)* eröffnet sich ein schöner Blick auf das Meer. Besondere Beachtung verdient ein aufwendig gestalteter **Fries**, auf dem Theatermasken dargestellt sind; Teile davon liegen über die ganze Stätte verstreut.

Die Fassaden der Grabbauten der Meeresnekropole sind lykischen Wohnhäusern nachempfunden

Im 4. Jahrhundert wurde Myra zu einem christlichen Bischofssitz. Der ortsansässige Nikolaos I. wurde zum ersten Bischof ernannt. Nikolaos war für seine Frömmigkeit bekannt und wurde nach seinem Tod heilig gesprochen, da ihm eine Reihe von Wundern nachgesagt wurde, darunter die Wiedererweckung verstorbener Kinder. In der im 8. Jahrhundert geweihten **Nikolaus-Kirche** (Noel Baba Kilesi) wird das Grab des Heiligen bis heute verehrt. Der Leichnam wurde jedoch im 11. Jahrhundert von Piraten

DER HEILIGE NIKOLAUS

Es ist nicht verwunderlich, dass der heilige Nikolaus sich allgemeiner Beliebtheit erfreut. Eine Legende erzählt von seiner Großzügigkeit, in der er so weit ging, dass er Säcke voller Gold durch die Schornsteine der Armen warf.

St. Nikolaus ist der Schutzheilige der Kinder, der unverheirateten Frauen, der Reisenden, Händler, Gefangenen, der Griechen, der Russen und vieler anderer mehr. Im 17. Jahrhundert brachten holländische Einwanderer ihre Legenden vom »Sinterklaas« mit nach Amerika. Dort wurde daraus allmählich »Santa Claus«.

Da der Namenstag des heiligen Nikolaus (6. Dezember) in die kalte Jahreszeit fällt, wurde ihm die wohlbekannte Gestalt als alter Mann mit pelzgefüttertem warmem Mantel und Schlitten angedichtet.

gestohlen. Die Kirche ist im charakteristischen byzantinischen Stil erbaut. Die kleine Steinkapelle ist von einer Kuppel überwölbt, die mit Terrakottafliesen bedeckt ist.

Statue des Noel Baba vor der Nikolaus-Kirche (Noel Baba Kilesi)

KLEINE PAUSE

An der zur Nikolaus-Kirche führenden Straße findet man die beste *lokanta* der Gegend, das **Ipek Restoran** (Gökyazı Mahallesi). Es ist ein schlichtes und beliebtes Lokal, wo man einfache Gerichte und andere kleine, aber gehaltvolle Speisen bekommt.

Antike Stätten von Myra

197 F1 3 km nördlich von Kale April–Okt. 9–19 Uhr; Nov.–März 9–17 Uhr Cafés (€) bei der Kasse 15 YTL

Nikolaus-Kirche (Noel Baba Kilesi)

197 F1 Stadtzentrum von Kale (Demre) April–Okt. 9–19 Uhr; Nov.–März 9–17 Uhr Busse von Antalya und Kaş nach Kale (Demre) 10 YTL

BAEDEKER TIPP

- Die Nikolaus-Kirche ist zum Schutz vor der Witterung unter einem **unansehnlichen Kunststoffdach** verborgen. Lassen Sie sich aber von einer Besichtigung nicht abhalten – am besten früh am Tag, um dem Besucherandrang auszuweichen.
- Die schönste Tageszeit für das **Fotografieren der Felsengräber** von Myra ist der frühe Vormittag, wenn das Sonnenlicht direkt auf die Fassaden der Grabbauten fällt.
- Eine kaum bekannte Gruppe lykischer Gräber, die sogenannte **Flussnekropole**, liegt nur 500 m abseits der Hauptsehenswürdigkeiten des antiken Myra. Sie entstand ungefähr zur selben Zeit wie die Stadt. Man wendet sich vor der Kasse nach links und an der nächsten Kreuzung erneut nach links. Nach einem Fußweg von wenigen Minuten kommen am Fuß der Klippen die Gräber in Sicht. Besondere Aufmerksamkeit verdient das sogenannte »bemalte Grab«.

Nach Lust und Laune!

44 Marmaris

Marmaris liegt in einer der reizvollsten Gegenden der türkischen Küste. Im Hintergrund einer weiten, feinsandigen Bucht erheben sich grüne Hügel. In der alten Stadt drängen sich weiß getünchte Häuser aneinander. Der Ort wurde als Station der »Blauen Reise« (➤ 97) und als Zentrum des Pauschaltourismus berühmt, aber auch zu einem Opfer seiner Bekanntheit. An der Uferpromenade kann man den Übergang vom Abend zur Nacht besonders gut genießen; es gibt eine Reihe von Bars und Restaurants, von denen man einen schönen Blick auf den Hafen hat, in dem die Holzboote *(guletler)* auf den Wellen tanzen. Überfahrten per Fähre zur nahe gelegenen griechischen Insel Rhodos (➤ Kasten) sind ebenfalls möglich.

Die malerische Altstadt und der Hafen von Marmaris

197 D2

Touristeninformation

Iskele Meydanı 2, an der Hafenpromenade
0252 4 12 10 35 **Busse von Bodrum und Fethiye**

FÜR EINEN TAG NACH GRIECHENLAND

Die Stadt Rhodos ist die Hauptstadt der griechischen Insel Rhodos (Ródos). Die befestigte mittelalterliche Stadt ist in einer weltweit seltenen Vollständigkeit erhalten. Sie ist per Tagesausflug von Marmaris aus leicht zu erreichen. Die Fähren fahren dort täglich im Handelshafen ab (Personalausweis erforderlich).

In Rhodos siedelten sich im Jahre 1309 Kreuzritter des Johanniterordens an. Ursprünglich gehörten sie der Bruderschaft des Hospitals in Jerusalem an, wo sie für die Krankenpflege der Pilger sorgten. Zu ihren Aufgaben gehörte aber auch der Waffendienst, den sie während der Kreuzzüge im Mittelmeerraum ausübten. Die Stadt Rhodos wurde mit einer 4 km langen Stadtmauer und Türmen umgeben. Die Johanniter errichteten auch ein Hospital, in dem heute das **archäologische Museum** der Stadt beheimatet ist (geöffnet Di–Fr 8–19.40, Sa–So 9–15.40 Uhr, Nebensaison bis 14.30 Uhr, Mo geschl., Eintritt 6 €). Von dort führt die »Straße der Ritter«, deren Häuser aus dem 14. Jahrhundert stammen, zum eindrucksvollen **Palast der Hochmeister** (geöffnet Di–Fr 8–19.40, Sa–So 9–15.40 Uhr, Nebensaison bis 14.30 Uhr, Mo geschl., Eintritt 6 €). Schließlich gibt es in Rhodos auch einen alten türkischen **Basar**.

45 Fethiye

Fethiye, die Metropole der lykischen Küste, liegt nicht in unmittelbarer Nähe eines Strandes, was den Vorteil hat, dass man auch keine spärlich bekleideten Sonnenanbeter sieht. In der Stadt gibt es dafür einen malerischen Basar und einige hübsche Restaurants, in denen man im Freien sitzen kann. Zur Nachtzeit zieht es Szenegänger aus den umliegenden Ferienorten Ölüdeniz (► 122f), Hisarönü und Çalış nach Fethiye, aber obwohl es nachts in den Straßen hoch hergeht, ist die Atmosphäre weniger ausgelassen als in anderen Urlaubsorten.

Fethiye liegt im Schutz von Felsen an der südlichen Seite einer weiten Bucht – an der Stelle der lykischen Siedlung Termessos, zu deren Überresten einige oberhalb der Stadt in den Fels gehauene, gut sichtbare Gräber gehören. Das größte und schönste von ihnen ist das Amyntas-Grab. Mit seinen gravierten Säulen und einem Portikus ähnelt es einem griechischen Tempel.

Auf einer der zahlreichen Tagestouren, die in dem Ort angeboten werden, kann man die zwölf in der Bucht von Fethiye (Fethiye Körfezi) liegenden Inseln kennenlernen.

197 E2

Touristeninformation
Iskele Karşısı 1 ☎ 0252 6 14 15 27
Busse von Marmaris und Antalya

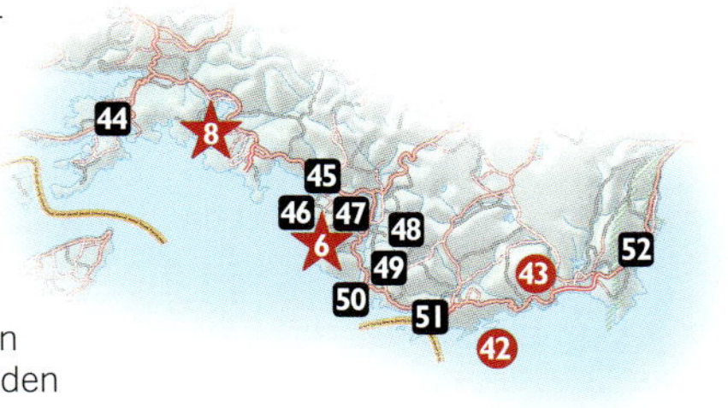

Badespaß am Cleopatra Beach bei Marmaris

46 Kayaköy

Die verlassene mittelalterliche Siedlung war bis in die Zeit der Zwangsumsiedlung im Jahre 1923 (► 19) ein blühendes griechisches Dorf. Seitdem ist alles menschenleer. Am Fuß des Hügels haben sich mehrere Cafés und Geschäfte für Touristen angesiedelt. Je höher man jedoch die kopfsteingepflasterten Gassen hinaufsteigt, umso weiter entrückt erscheint die moderne Welt. Nehmen Sie sich Zeit, die verwitterten Fresken in der Kirche Panaghia Pyrghiotissa zu betrachten (etwa 400 m vom Parkplatz entfernt). Wenn Sie eine Wanderung von Ölüdeniz (► 123, Baedeker Tipp) nach Kayaköy unternehmen, können Sie einem Pfad folgen, der mit rotbraun bemalten Ecksteinen gekennzeichnet ist.

197 E2 · 8 km von Fethiye
ganztägig; Kasse: Mai–Okt. 8.30–18.30 Uhr; Nov.–April 8–17 Uhr · Cafés (€) am Fuß des Hügels · Busse von Fethiye und Ölüdeniz
5 YTL

47 Baba Dağı

Wenn Sie schon immer einmal von einem Berggipfel hinunterspringen wollten, bietet sich am Baba Dağı die Gelegenheit. Allerdings müssen Sie einen Fallschirm anlegen, um den freien Fall zu verlangsamen, und Sie springen in Begleitung eines erfahrenen Lehrers, der Sie zur Erde zurückgeleitet. Die Rede ist vom Drachenfliegen im Tandem. Der Flug vom Gipfel des Baba Dağı zum Strand von Ölüdeniz 1969 m tiefer soll der längste in der Welt der Drachenflieger sein. Sie werden mit einer phänomenalen, weiten Aussicht über die waldigen Hügel und die kleinen, zwischen Felsen versteckten Buchten sowie den Strand und die Lagune von Ölüdeniz belohnt. Empfehlenswert ist der Anbieter Easy Riders (www.easyriderstravel.8m.com).

197 E2 · 7 km von Ölüdeniz, 12 km von Fethiye · 120–150 YTL

48 Saklıkent Kanyonu

Die fast surreal anmutende Landschaft der Saklıkent-Schlucht wurde vom Wasser geformt. An glatten, hohen Kalksteinwänden entlang verläuft ein 18 km langer Bergpfad bis ins Innere des Gebirges Ak Dağları. Mit robusten Wanderschuhen ist die Schlucht auf einer Länge von 2 km begehbar (die nachfolgende Strecke ist für Bergsteiger). Auf den ersten 150 m führt ein Weg an einem Geländer entlang zu einem Restaurant, wo man im Schatten sitzen und der Musik des fließenden Wassers lauschen kann. Wandert man weiter, ist ein Bach zu durchwaten, der aus einer Quelle am Fuß der Klippen entspringt. Der Weg führt dann weitere 15 Minuten an der ausgetrockneten unteren Schlucht entlang.

Am Eingang zur Schlucht gibt es mehrere Restaurants, in denen frische Forellen serviert werden, die aus benachbarten Farmen stammen. In einigen Lokalen sitzt man auf Veranden, die über den Fluss hinausragen – ein schönes Plätzchen zum Ausruhen nach der Wanderung.

197 E1 · 50 km östlich von Fethiye (von der Straße 400 in östlicher Richtung)
Mai–Okt. tägl. 9–19 Uhr, sonst 9–17 Uhr
Cafés in und am Eingang der Schlucht
5 YTL; Schuhe und Helme 5 YTL

Die enge, von strömendem Wasser gegrabene Saklıkent-Schlucht

ABSEITS DER TOURISTENWEGE

Durchqueren Sie den Olympos-Beydağları-Nationalpark (Olimpos Beydağları Sahil Milliparkı) auf der Landstraße von Antalya nach Kumluca in Richtung Süden. Im Herzen des Nationalparks findet man eine prachtvolle Gebirgslandschaft mit Pinienwäldern und kleinen Dörfern und genießt einen schönen Weitblick.

49 Xanthos

Xanthos war eine der glanzvollsten Städte des antiken Mittelmeerraumes und wird in der *Ilias* von Homer erwähnt. In den 1840er-Jahren wurde die Stadt erneut bekannt, der britische Forscher Charles Fellows entdeckte die Ruinenstätte, plünderte die schönsten Überreste und ließ die Funde, darunter einen ganzen Tempel, ins Britische Museum nach London bringen. In neuerer Zeit wurde die Stätte von der Unesco zum Weltkulturerbe erklärt. Die verbliebenen Ruinen befinden sich in einem guten Zustand.

Eine moderne Straße verläuft quer durch das Ruinengelände, das auf einem hohen Felsen über einem Tal liegt. Auf der der Kasse gegenüberliegenden Straßenseite befinden sich ein kompakt gestaltetes Theater, eine römische Agora und eine Rekonstruktion des berühmten Harpyiengrabes, dessen Fries mit Darstellungen geflügelter Frauen (Harpyien) verziert ist, die die Seelen der Toten in Gestalt von Kindern in den Armen tragen (das Original wurde von Fellows nach London gebracht). Hinter der Kasse und von wucherndem Buschwerk umgeben, findet man eine byzantinische Basilika mit einem Mosaikfußboden, ein byzantinisches Kloster und eine lykische Nekropole mit Säulengräbern.

197 E1 63 km südöstlich von Fethiye Mai–Okt. tägl. 9–19 Uhr; Nov.–April tägl. 8–17 Uhr Getränkestand an der Kasse Busse von Fethiye, Patara und Kaş, Haltestellen im Umkreis von 2 km um die Ausgrabungsstätte 5 YTL

Junge Karettschildkröten

50 Patara

An einer Küste, wo in fast jedem Quadratmeter Sand ein Sonnenschirm steckt, wirkt der 20 km lange Strand von Patara erfreulich einsam. Als wichtiger Lebensraum der Unechten Karettschildkröte *(Caretta caretta)* wurde er zum Naturschutzgebiet erklärt und blieb von einer touristischen Erschließung unberührt.

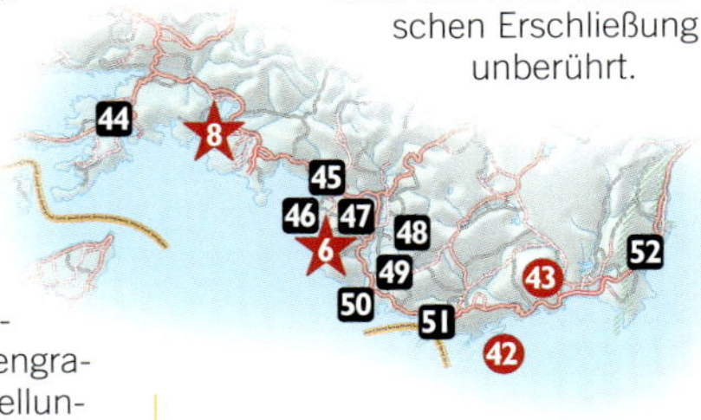

Die Stätte des antiken Patara liegt inmitten von Dünen. Ein deutsch-türkisches Archäologenteam arbeitet hier in den Sommermonaten. Im archäologischen Museum von Antalya (➤ 145) sind zahlreiche der Funde ausgestellt. In Patara selbst sind zwischen Seegrasbüscheln noch ein wundervolles Theater und große Getreidespeicher aus dem 2. Jahrhundert zu sehen.

197 E1 78 km östlich von Fethiye (von der Straße 400 in östlicher Richtung) Mai–Okt. tägl. 8–19 Uhr; Nov.–April tägl. 9–17 Uhr; betreten des Strandes nachts zwischen 20 und 8 Uhr verboten kalte Getränke am Strand Busse von Fethiye und Kaş Sammeleintrittskarte für den Strand und die antike Stätte 5 YTL

51 Kaş

Die Berge des Ak Dağları scheinen die kleine Stadt Kaş dicht ans Ufer zu drängen. Die engen, kopfstein-

JEDE MENGE ABENTEUER

- eine Erkundungstour durch die **Saklıkent-Schlucht** (➤ 132), aber Vorsicht in der starken Strömung des Baches!
- Tretbootfahren in der Lagune von **Ölüdeniz** (➤ 122); Achtung: Am Belcekız-Strand fällt der Meeresgrund unvermittelt ab!
- eine Schlammschlacht in **Ilıca** bei der Bootstour auf dem Dalyan (➤ 124).

gepflasterten Gassen des malerischen Ortes säumen schöne osmanische Häuser. Da Kaş auf halber Strecke zwischen den Flughäfen von Antalya im Osten und Dalaman im Westen liegt und sich darüber hinaus in der Nähe keine Badestrände befinden, ist es kein beliebtes Ziel des Pauschaltourismus und wird stattdessen von Seglern und Individualreisenden bevorzugt.

Im Ort verstreut liegen mehrere lykische Gräber als einzige Überreste der antiken Stadt Antiphellos.

197 F1 Busse von Fethiye und Antalya

Touristeninformation

Cumhuriyet Meydanı 5, an der Uferpromenade 0242 8 36 12 38

52 Phaselis

Die verstreuten Überreste der antiken Stadt Phaselis sind in ihrer Bedeutung nicht mit Ephesos (➤ 90) oder Perge (➤ 152) zu vergleichen, aber angesichts ihrer schönen Lage dennoch durchaus sehenswert. Zwischen den Ruinen befinden sich drei wunderschöne sandige Buchten. Das gesamte Gebiet gehört zum Olympos-Beydağları-Nationalpark (Olimpos Baydağları Sahil Milliparkı). Das eindrucksvollste Bauwerk ist ein römischer Aquädukt, von dem mehrere Abschnitte deutlich erkennbar sind. Eine breite gepflasterte Straße verbindet den Ortskern von Phaselis mit der südlichen Bucht. An der seewärts liegenden Seite steht ein kleines, gut erhaltenes Theater. Beim Schnorcheln in den Buchten sind Überreste von Häfen zu entdecken.

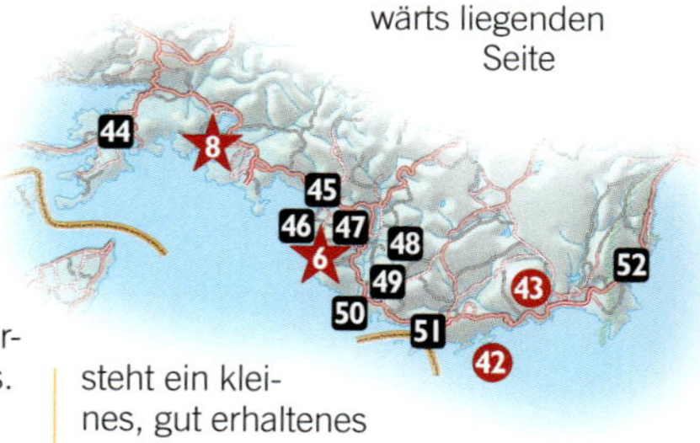

198 B1 47 km südlich von Antalya, an der Straße 400 Mai–Okt. tägl. 9–19 Uhr; Nov.–April tägl. 9–17 Uhr Bus von Antalya 8 YTL

Traditionelle osmanische Architektur in Kaş

Wohin zum … Übernachten?

Preise
für ein Doppelzimmer pro Nacht:
€ unter 85 Euro **€€** 85–150 Euro **€€€** über 150 Euro

MARMARIS

Hotel Golden Key Bördubet €€
In einer Gegend, in der Ruhe hoch im Kurs steht, zeichnet sich dieses exklusive Hotel durch seine herrliche Lage in einer Oase aus kunstvoll angelegten Wassergärten aus. Hotelgäste können per Fahrrad oder Boot zum hauseigenen Strand auf einer Halbinsel fahren, um zu faulenzen oder zu schwimmen.
196 C2 35 km von Marmaris, abseits der Straße nach Datça 0252 4 36 92 30; www.goldenkeyhotels.com April–Okt.

Anemon Hotel €€
Das solide, saubere Stadthotel liegt zentral – nur 100 m vom Strand und Yachthafen –, aber trotzdem abseits des größten Trubels. Es ist mit allem modernen Komfort ausgestattet, dazu gehören Pool, Sauna und Wellnessangebote. Es ist kein Familienparadies für Pauschalurlauber, aber eine gute Wahl für Durchreisende.
196 C2 Kemal Elgin Bulvarı 63, 48700 Marmaris 0252 4 13 30 31; www.anemonhotels.com April–Okt.

DALYAN

Assyrian Hotel €
Das Assyrian Hotel ist ein reizendes kleines Hotel, das ganz aus Holz der Umgebung gebaut wurde. Es verfügt über vielfältige Freizeiteinrichtungen zu Wasser und zu Land, die für Kinder und Erwachsene gleichermaßen reizvoll sind. Darüber hinaus bietet es zwölf Familienapartments.
197 D2 Maraş Mahallesi, 48840 Dalyan 0252 2 84 32 32; www.asurotel.com April–Okt.

FETHIYE

Villa Rhapsody €
Das Hotel im Familienbesitz mit 16 Zimmern befindet sich im Kaya-Tal, in der Nähe von Kayaköy, und ist nach Tagen des Reisens ein ruhiger Zufluchtsort. Von hier führen Wanderwege ins Hinterland. Das Gebäude ist von Gärten umgeben; es gibt einen Pool mit Bar. Im Restaurant bekommen Sie Mittag- und Abendessen.
197 E2 Kayaköy, 48304 Fethiye 0252 6 18 00 42; www.villarhapsody.com

ÖLÜDENIZ

Hotel Meri €€
Das Hotel ist eine ausgezeichnete Wahl für Familien. Es überzeugt mit seinem reizvollen Privatstrand und den komfortablen, klimatisierten, zweckmäßig eingerichteten Zimmern, die einen prachtvollen Blick aufs Meer bieten. Mit einer Seilbahn fährt man zu den Swimmingpools und zum Restaurant an der Lagune hinunter. Vollpension wird allerdings nur in der Saison angeboten.
197 E2 Ovacık, 48304 Fethiye 0252 6 17 00 01; www.hotelmeri.com Mai–Okt.

Oyster Residences €€€
Dies ist eines der letzten Patrizierhäuser der Gegend und wurde von einem Designer eingerichtet. Kühles modernes türkisches Interieur

verleiht dem Anwesen eine luxuriöse Atmosphäre. Die Balkontüren der Zimmer öffnen sich zur holzgetäfelten Veranda mit kostbaren Möbeln. Dazu gibt es einen Pool.
197 E2 Belcekız Mevkii 1 Sokak, Ölüdeniz, 48304 Fethiye 0252 6 17 07 65; www.oysterresidences.com Mai–Okt.

KAŞ

Hotel Hadrian €€

Das Hotel Hadrian, 5 km außerhalb der Stadt auf einer Halbinsel, klebt wie eine Schnecke an den Klippen. Es besitzt einen luxuriösen Swimmingpool; eine Treppe führt zu einer Plattform hinunter, von der man sich zum Schnorcheln ins Meer stürzen kann. Die Küche bietet guten Fisch.
197 F1 Çukurbağ Yarımadası 45, 07580 Kaş 0242 8 36 28 56; www.hotel-hadrian.de April–Okt.

KALKAN

Kalkan Regency Hotel €€

Das modernde mehrstöckige Hotel mit großem Pool befindet sich in Familienbesitz und bietet einen weiten Blick über die Küste. Wie in einem großen Club gibt es einen Raum, in dem Sie Backgammon oder Karten spielen können. Wenn Sie dagegen lieber in der Sonne faulenzen, stehen Ihnen die Veranda und Ihr eigener Balkon zur Verfügung.
197 E1 Kalamar Yölü, Kalkan, 07960 Antalya 0242 8 44 22 30; www.kalkanregency.com.tr/english Mai–Okt.

Wohin zum … Essen und Trinken?

Preise
für ein Drei-Gänge-Menü (ohne Getränke):
€ unter 10 Euro **€€** 10–15 Euro **€€€** über 15 Euro

MARMARIS

Restaurant Ney €€

Im Labyrinth der Straßen, hinter der Burg von Marmaris (► 130) verborgen, liegt das Restaurant Ney, ein wunderbares Beispiel für eine virtuose Mischung aus hervorragender traditionell türkischer Küche, einem überfüllten, aber einladenden Speisesaal und einem warmen, gemütlichen Ambiente.
197 D2 Kale Mahallesi, 26 Sokağı 24 0252 4 12 02 17 tägl. 12–16 und 18.30–24 Uhr; im Winter kürzere Öffnungszeiten

Pınarbaşı Restoran €€

Das familiengeführte Pınarbaşı ist eines der ältesten Restaurants der Marmara-Region. Die Tische sind im üppigen, beinahe tropischen Garten locker unter den Bäumen verteilt. Forellen aus dem heimischen Bach sind eine Spezialität, es gibt eine Auswahl an Meeresfrüchten, und Fleischesser werden das gekochte Lamm lieben. Das Restaurant hat mit den Taxifahrern Festpreise für die Fahrt von/nach Marmaris (13 km) ausgehandelt.
197 D2 Çetibeli Köyü, Marmaris 0252 5 74 70 27 Mitte April bis Anfang Nov. täglich 8–23 Uhr

DATÇA

Ogün's Place €/€€

Ein familiengeführtes Lokal direkt am Strand, das seit 20 Jahren Segler mit frisch zubereiteten Meeres-

früchten, *meze* und Salat versorgt. Es ist ein schlichter, aber entspannter Ort für ein verlängertes Mittagessen, und es gibt Zimmer, die Sie mieten können, wenn Sie länger bleiben wollen.
196 C2 Mesudiye Köyü, Hayit Buku, Datça 0252 7 28 00 23; www.ogunsplace.com Mai–Okt. tägl. 8–23 Uhr

DALYAN

Sini Restaurant €€
Unter den vielen schönen Restaurants in Dalyan ist das Sini besonders für seine türkischen Gerichte bekannt. Probieren Sie *al nazik* – Hackfleisch mit Auberginen, Joghurt und Knoblauch – oder *hünkar bağendi* – gebratenes Lamm mit Gemüse und Käsesauce auf Auberginen. Sie bekommen hier außerdem alle klassischen türkischen Gerichte. Sie können im Garten im Schatten eines uralten Kautschukbaumes essen.
197 D2 Gecit Sokak, Dalyan 0252 2 84 24 97 Mai–Okt. tägl. 8–23 Uhr

FETHIYE

Yasmin Bar €€
Die Yasmin Bar ist bei den Szenegängern von Fethiye als spätnächtlicher Schlusspunkt eines Kneipenbummels beliebt. Das meist jung gebliebene Publikum wird mit melodischem Rock und Country-Blues verwöhnt. Das Haus hat eine schöne Lage.
197 E2 Fethiye, an der Hafenpromenade 0252 6 14 20 80 April–Okt. tägl. 19–2 Uhr

KALKAN

Korsan Marina €€/€€€
Von den drei Restaurants in Kalkan, die alle von derselben Familie geführt werden, ist das Marina das exklusivste. Hier konzentriert man sich auf hervorragende nationale Küche und frische Meeresfrüchte, und wie in vielen türkischen Lokalen ist die Karte umfangreich. Das Marina befindet sich direkt am Hafen im Zentrum des Ortes. Falls Sie schnell satt werden wollen, bietet sich das ganzjährig geöffnete Korsan Kebap an.
197 E1 Am Hafen von Kalkan 0242 8 44 30 76; www.korsankalkan.com April–Okt.

KAŞ

Chez Evy €€
Die Chefin des Hauses, Evy, ist eine Französin, die sich vor 20 Jahren in den Ort, der damals ein kleines Fischerdorf war, verliebt hat. Mittlerweile hat sich die Stadt in Evy verliebt, die die besten Zutaten der Gegend für ihre französisch inspirierte Küche verwendet und an der ganzen Küste für ihre provençalischen Tintenfische berühmt ist. Die delikaten Speisen werden charmant und zu günstigen Preisen serviert.
197 F1 Terzi Sokağı 4, Kaş 0242 8 36 12 53 April–Okt.

Café Mola €
Gesellig geht's in dem kleinen Café Mola zu, das mit »echtem Espresso« wirbt – keine Selbstverständlichkeit in der Türkei. Zu empfehlen ist auch die frische Minzlimonade und das türkische Frühstück, ein perfekter Start in den Tag!
197 F1 Emin Erdem Meydanı 3/B 0242 8 36 19 94 tägl. 8.30–23 Uhr

ÖLÜDENIZ

The White Dolphin €€€
Das zu derselben Familie wie das Oyster Residences (► 135) gehörende Restaurant hat sich als eines der besten in der Gegend um Fethiye etabliert. Von der großen Terrasse blickt man über die Bucht oberhalb von Ölüdeniz. Auf der Karte finden Sie vor allem Fisch und Meeresfrüchte.
197 E2 Kidrak Yölü Uzeri 1, Ölüdeniz 0252 6 17 00 68 tägl. 11.30–23 Uhr

Wohin zum ... Einkaufen?

MARMARIS

Im Basar von Marmaris sind die Verkäufer von Markenimitaten und T-Shirts stark vertreten. Hochwertige Geschäfte gibt es kaum. Die ländliche Umgebung ist berühmt für ihren **Honig** *(çam bah)*.

FETHIYE

Fethiye ist zweifellos die schönste Einkaufsstadt der Region. Es gibt einen hübschen **Basar**, dessen Straßen von Weinlaub beschattet werden und mit hochwertigen **Juwelier-** und **Ledergeschäften** sowie **Läden für Kunsthandwerk** angefüllt sind. Dazwischen liegen einladende Restaurants.

SAKLIKENT

Im Dorf Saklıkent gibt es eine **Teppichkooperative** (Tel. 0532 4 85 76 90). Besucher können sich über die Methoden der Seiden- und Wollherstellung informieren, die natürlichen Färbemittel begutachten und den Frauen an den Webstühlen bei der Arbeit zusehen. Die Kooperative unterhält ein Lager mit Teppichen.

KAŞ

In der charaktervollen kleinen Einkaufsstraße von Kaş ist noch das Flair der Hippiezeit zu spüren. Seite an Seite mit **Antiquitäten- und Trödelläden** drängen sich kleine **Juweliergeschäfte**, in denen man auch Designerstücke erstehen kann, und mindestens 15 **Teppichhandlungen**, in denen man um einen guten Preis feilschen muss. **Freitag** ist Markttag.

Wohin zum ... Ausgehen?

NACHTLEBEN

An der lykischen Küste konzentriert sich das abendliche Unterhaltungsangebot hauptsächlich auf die **Bars und Restaurants** der größeren Badeorte, die den Bedürfnissen der jungen Sommerurlauber entgegenkommen. In kleineren Orten geht es geruhsamer zu.

SPORT & FREIZEITAKTIVITÄTEN

Beliebt sind **Bootstouren** zu den Inseln im Golf von Fethiye. Fahrscheine erhält man an den Booten im Hafen der Stadt.

Von **Marmaris** verkehren Fähren zur Insel **Rhodos** (► 130); daneben werden Tagesausflüge entlang der Küste der Halbinseln Bozburun und Datça angeboten.

Vielfältige sportliche Aktivitäten, z.B. Rafting, Geländewagen-Safaris durchs ausgetrocknete Flussbett, Tauchen und Bootsfahrten, gehören zum Angebot der Veranstalter **Activities Unlimited** (Hisarönü, Fethiye, Tel. 0252 6 16 63 16; www. activities-unlimited-turkey. com), **Compass Yachting** und **Scirocco Travel** (beide Yat Limanı, Körfez, Apt. 9/12, Fevzi Çakmak Caddesi, Fethiye, Tel. 0252 6 12 59 21; www.compassyachting. com). Der **Lykische Weg** ist ein rund 500 km langer Wanderweg an der Küste entlang etwa zwischen Fethiye und Antalya.

FESTIVALS

Wettkämpfe der Ölringer finden in der 1. Septemberwoche in Elmalı statt. Bei den **Ölüdeniz Air Games** Mitte Okt. kann man Paraglider und Ultraleichtflugzeuge sehen.

Türkische Riviera

Kleine Erlebnisse

Meze, Rakı, Live-Musik

Ein unvergesslicher (und langer) Abend in einer der vielen Meyhanes in der **Altstadt von Antalya** (➤ 144) mit Genüssen aller Art.

Noch mehr süßes Leben

Tolles Mitbringsel: eine bunte Auswahl an **Lokum**, dem Lieblingskonfekt der Türken – z. B. vom Basar in Side (➤ 154).

Orientflair schnuppern

In der **Karawanserei Alara Han** (➤ 159) nach allen Regeln der Kunst mit Händlern feilschen – und mit Glück ein Schnäppchen machen.

Erste Orientierung

Das gewaltige Taurus-Gebirge prägt die kontrastreiche Landschaft der türkischen Mittelmeerküste. Die Formationen der bis zu 3000 m hohen Gipfel trennen die Küste von der weiten, trockenen anatolischen Hochebene im Norden, mäßigen die winterlichen Nordwinde und verlängern die warmen Sommer. Im Osten drängen die Berge gegen die Küste und fallen in ausdrucksvollen Klippen zum Meer hin ab, im Westen ziehen sie sich zurück, um einer Ebene Platz zu machen.

Die Berge des Taurus sind auch ein Zentrum für sportliche Freizeitaktivitäten. Die hohen Gipfel sind im Sommer das Ziel geübter Bergsteiger, im Winter ein Tummelplatz von Skifahrern. In den tieferen Lagen wie im Bereich des Köprülü Kanyon gibt es hervorragende Wanderwege und Möglichkeiten zum Wildwasser-Rafting.

Um 1250 v. Chr. wurde die Mittelmeerküste zum Siedlungsgebiet der griechischstämmigen Pamphylier. Im Vergleich zur südlichen Ägäis oder zur lykischen Küste findet man in dieser Region zwar nur wenige Stätten von archäologischer Bedeutung, diese zeichnen sich dafür durch den Grad ihrer Erhaltung (z. B. das Theater von Aspendos) oder ihre reine Größe (wie in Perge und Side) aus. Ihre große Beliebtheit bei Urlaubern aus ganz Europa verdankt die Region aber ihren langen, feinsandigen Stränden.

Das Zentrum der Türkischen Riviera ist die moderne, schnell wachsende Hafenstadt Antalya mit ihrem schönen alten Stadtkern vor der dramatischen Kulisse der hoch aufragenden Berge. Ihr Flughafen ist ein wichtiger Knotenpunkt für Inlands- und internationale Flüge, deren Passagiere sich auf die umliegenden Ferienorte verteilen. Die östlich gelegenen Städte Side und Alanya sind sprunghaft gewachsen. Beide Orte bieten Historie und Strand.

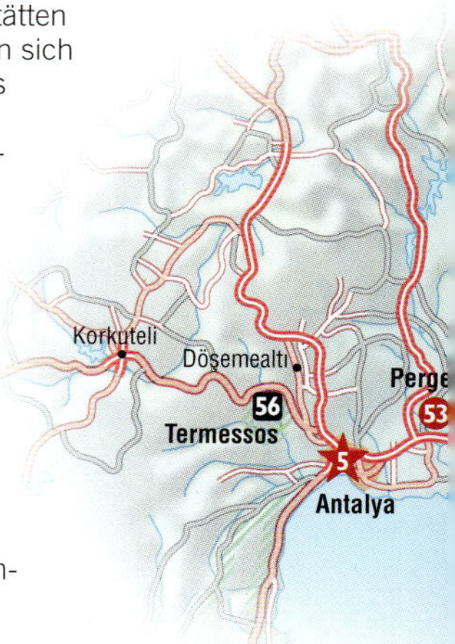

Blick auf die imposante mittelalterliche Burg von Anamur

Im eindrucksvollen Köprülü Kanyon

TOP 10

Nicht verpassen!

Nach Lust und Laune!

In vier Tagen

Von der in einer beeindruckenden Landschaft gelegenen Stadt Antalya reisen Sie in die Berge und von dort weiter in östlicher Richtung durch die Küstenebene, wo antike Stätten zu entdecken sind, bis nach Side, wo Sie übernachten können. Ein sehenswerter Abschluss ist die Zitadelle von Alanya.

Erster Tag

Vormittags

Die gebirgige Landschaft im Nordwesten von 5 **Antalya** (Abb. oben; ➤ 144) ist Teil des Güllük-Dağı-Nationalparks (Güllük Dağı Milliparkı), in dem zwischen Kalkfelsen und duftenden Bäumen die antiken Ruinen von 56 **Termessos** (➤ 158) verborgen sind. Vom Parkplatz führt ein steiler Weg bergan; lassen Sie sich nicht entmutigen, und belohnen Sie sich nach dem Aufstieg mit einem Picknick im Schatten der Bäume, für das Sie die Zutaten in Antalya erworben haben.

Nachmittags

Kehren Sie nach Antalya zurück, und besichtigen Sie das dortige Archäologische Museum (➤ 145). Es beherbergt eine hervorragende Sammlung von Funden aus den bedeutendsten antiken Stätten der Region. Erkunden Sie anschließend die engen Straßen von Kaleiçi, der Altstadt am Hafen.

Zweiter Tag

Vormittags

Sie verlassen Antalya in östlicher Richtung und gelangen zu den eindrucksvollen Ruinen des antiken 53 **Perge** (➤ 152) und danach zum prachtvollen römischen Theater von 9 **Aspendos** (➤ 146). Beide Stätten können an einem Vormittag besichtigt werden. Zum Mittagessen laden mehrere Restaurants am Fluss Köprülü nahe Aspendos ein.

Nachmittags
Eine kurze Fahrt auf der Küstenstraße 400 bringt Sie von Aspendos nach 54 **Side** (➤ 154), wo Sie das Auto abstellen und die archäologische Stätte und die Stadt zu Fuß erkunden können.

Abends
Von einer der Bars am Ufer lässt sich der Sonnenuntergang am besten genießen. Machen Sie danach einen Einkaufsbummel durch den betriebsamen Basar, und stürzen Sie sich ins moderne Nachtleben der Stadt.

Dritter Tag

Vormittags
Nach einem stärkenden Frühstück brechen Sie zum 10 **Köprülü Kanyon** (➤ 150) und zu einer zweistündigen Flussfahrt per Floß oder Kajak durch eine überwältigend schöne Landschaft auf. Zum Mittagessen ist frische Forelle mit Salat in einem der Restaurants am Fluss eine vollwertige und köstliche Wahl.

Nachmittags
An den Ufern des Flusses erheben sich die Berge des Nationalparks Köprülü Kanyon, der ein mehrere Hektar großes Schutzgebiet umfasst. Von den Höhen der felsigen Flusslandschaft eröffnet sich ein weiter Rundblick. Inmitten des Schutzgebietes liegen die Ruinen der antiken Stadt **Selge**.

Vierter Tag

Vormittags
Fahren Sie auf der Küstenstraße 400 in östlicher Richtung nach 55 **Alanya** (➤ 156), wo Sie ein Hotelzimmer für die Nacht buchen sowie die Zitadelle und die Straßen der Altstadt erkunden können.

Nachmittags
Genießen Sie die Nachmittagssonne am Strand, der sich in einem langen Bogen am Ufer der Stadt hinzieht, oder besichtigen Sie die Grotte von Damlataş (Damlataş Mağarası), eine eindrucksvolle Tropfsteinhöhle.

Abends
Die Zeit vor Sonnenuntergang eignet sich für eine Bootsfahrt um die Halbinsel, auf der Sie die Zitadelle von der Seeseite betrachten und die in Höhe des Wasserspiegels liegenden Höhlen entdecken können.

5 Antalya

Die Hafenstadt Antalya ist die Metropole der türkischen Mittelmeerküste. Sie ist der am schnellsten wachsende Ballungsraum des Landes und eine der modernsten und modischsten Städte der Türkei. Antalya liegt an einer weiten Bucht und ist von einer eindrucksvollen Gebirgslandschaft umgeben. Die kleine Altstadt Kaleiçi wurde liebevoll restauriert.

Antalyas Wohlstand ist auf den wirtschaftlich bedeutenden Hafen und den Status der Stadt als Touristenzentrum zurückzuführen. Der Aufschwung zeigt sich vor allem in den Vororten, in denen in den vergangenen 25 Jahren hoch aufragende Apartmentblocks und moderne Einkaufszentren wie Pilze aus dem Boden geschossen sind. Am Ufer der Bucht sind zusätzlich mehrere, teils riesige Luxushotels entstanden. Das Durchschnittsalter der Bevölkerung, die einen vergleichsweise hohen Lebensstandard genießt, ist niedrig.

Abendlicher Bummel in der Altstadt von Antalya

Kaleiçi

Um 140 v. Chr. wurde die Stadt Attaleia gegründet, die Keimzelle des heutigen Antalya. Rund um die Altstadt Kaleiçi (»Zitadelle«) wurde im 9. und 10. Jahrhundert eine 5 km lange Stadtmauer errichtet. In osmanischer Zeit war die Stadt in vier Bezirke gegliedert, die von den Gemeinden der Griechen, Juden und Muslime sowie der herrschenden Schicht der Mameluken bewohnt wurden. In den 1920er-Jahren wurden als Folge des griechisch-türkischen Krieges die griechische Bevölkerung aus der Stadt vertrieben und die Mameluken entmachtet (► 19).

Das Labyrinth der steilen, engen Straßen weckt Erinnerungen an vergangene Zeiten. In einigen restaurierten Wohnhäusern wurden kleine Hotels und schicke Restaurants eingerichtet, die teilweise einen schönen Blick auf den modernen Yachthafen haben. Auf halber Höhe des Stadthügels steht das 38 m hohe **Yivli Minare** (das »gefurchte« Minarett), das der seldschukische Herrscher Alâettin Keykûbat im Jahre 1219 errichten ließ, in dessen Auftrag auch die Karawanserei Alara Han (► 159) entstand. Der sehenswerte marmorne Triumphbogen des **Hadrians-Tores** ist ein Überrest der römischen Stadtmauer und bildet noch heute das Eingangstor zur Altstadt. Es wurde zum Gedenken an einen Besuch des römischen Kaisers im Jahre 130 n. Chr. errichtet.

Antike Schätze

Das **Archäologische Museum von Antalya** befindet sich etwa 3 km westlich der Innenstadt. Fundstücke von allen bedeutenden antiken Ausgrabungsorten der Region, u. a. von verschiedenen Stätten an der lykischen Küste (► 117), wurden für die Sammlung zusammengetragen. Der bedeutendste Bestand stammt aus Perge (► 152). Besonders eindrucksvolle Statuen sind in der **Galerie 4** ausgestellt; die Statuen der Göttinnen und Götter schmückten einst das hellenistische Südtor von Perge. Am Eingang zur **Galerie 6** wird der Besucher von der Statue einer Tänzerin begrüßt, in der zwei verschiedene Marmorarten verarbeitet wurden. Das dunkle Haar und das fließende Gewand kontrastieren mit dem helleren Marmor der übrigen Gestalt. In dieser Galerie steht auch eine Statue der Plancia Magna (► 152, Kasten), die zahlreiche der schönsten Bauwerke Perges durch Spenden förderte. In der **Galerie 8** liegt der Schwerpunkt auf griechisch-orthodoxen Ikonen und Reliquien, die zum Teil einen Bezug zum heiligen Nikolaus (Baba Noel, ► 129) haben. Die Glanzstücke der Ausstellung findet man jedoch in **Galerie 14**, in der mehrere exquisit gestaltete Friese gezeigt werden, die vom Theater in Perge stammen. Die Szenen stellen u. a. griechische und römische Krieger dar, die gegen grimmige Wassergeister kämpfen, sowie den Weingott Bacchus, der auch Schutzgott des Theaters war.

KLEINE PAUSE

Wer beim Spaziergang durch die Altstadt fußlahm geworden ist, sollte sich in die ruhigen, schattigen Gärten des **Karaalioğlu-Stadtparks** zurückziehen, in denen auch Tee serviert wird.

---

198 B2

Archäologisches Museum von Antalya
Cumhuriyet Caddesi · Mai–Sept. Di–So 9–19 Uhr; Okt.–April 8–17 Uhr
Café (€) im Museum · Müze/Liman (Museum/Hafen); Straßenbahn: westwärts bis zur Endhaltestelle · 15 YTL

BAEDEKER TIPP

- Einen Erkundungsgang durch die steilen Straßen der Altstadt (Kaleiçi) beginnt man am besten **auf der Höhe des Stadthügels** und geht von dort zum Hafen hinunter. Am Fuß des Hügels gibt es zahlreiche Cafés und Taxistände.
- Die erste Galerie im Archäologischen Museum ist **prähistorischen Funden** sowie der Zeit der Phryger (6. Jh. v. Chr.) gewidmet und vermittelt interessante Einblicke in die Frühgeschichte der Türkei.
- **Suna-Inan Kiraç**, ein Komplex aus zwei Gebäuden der Altstadt, einem osmanischen Wohnhaus und einer griechisch-orthodoxen Kirche, wurde restauriert und zum Kaleiçi-Museum (Kokatepe Sokağı 25) umgestaltet, in dem auch ein Forschungsinstitut für mediterrane Kulturen untergebracht ist. In den Räumen werden außerdem wechselnde Ausstellungen gezeigt.

9 Aspendos

Das Theater der antiken Stadt Aspendos ist das großartigste Einzelbauwerk des Altertums an der türkischen Mittelmeerküste. Unter der Herrschaft des römischen Kaisers Mark Aurel entstand es in den Jahren 161–180 n. Chr. und wurde auf Veranlassung Atatürks in den 1920er-Jahren restauriert. Das Theater befindet sich heute in einem bemerkenswert guten Zustand und dient im Rahmen der alljährlichen Sommerfestspiele als Konzertbühne.

Das Amphitheater von Aspendos ist hervorragend erhalten

Das imposante, weithin sichtbare Theater ist der überwältigende erste Eindruck von Aspendos, sobald Sie den Parkplatz der Ausgrabungsstätte erreichen. Die hohe äußere Bühnenwand ist hervorragend erhalten.

Man betritt das Theater durch einen der alten Gewölbegänge, die in die Orchestra führen, wobei man einen unmittelbaren Eindruck von den riesigen Ausmaßen des Bauwerks empfängt. Die Sitzplätze *(cavea)* wurden in einem dem klassischen römischen Baustil entsprechenden Halbkreis angelegt und boten in 40 Reihen 20 000 Zuschauern Platz. Nach oben wird der Theaterbau durch eine Gewölbegalerie mit einem weiten Wandelgang *(ambulacrum)* abgeschlossen. Von dort hat man einen ausgezeichneten Blick auf die Vorderseite der Bühnenwand. Sie war mit monumentalen Statuen geschmückt und diente zum Aufstellen von Bühnenbildern.

Bei einer organisierten Gruppentour ist lediglich eine Besichtigung des Theaters vorgesehen. Wer ohne Reisegruppe unterwegs ist, sollte auf den hinter dem Theater liegenden Hügel steigen, von dem man einen schönen Rundblick über den gesamten Theaterkomplex und die übrigen Ruinen der Stätte genießt, vor allem auf den westlich gelegenen Hügel der Oberstadt, auf dem die Ruinen verlassen zwischen Grasbüscheln liegen. Das eindrucks-

BAEDEKER TIPP

- Möglicherweise werden Sie von Schwarzhändlern angesprochen, die Ihnen **»antike Münzen zu Sonderpreisen«** verkaufen möchten, die angeblich in Aspendos gefunden wurden. Dabei handelt es sich um Kopien, denen eine künstliche Patina einen Anschein von Alter geben soll. Die Münzen können durchaus ein nettes Mitbringsel sein, wenn Sie nicht allzu viel dafür bezahlen.
- Das römische Theater ist Schauplatz einiger Veranstaltungen der jährlichen **Sommerfestspiele** von Aspendos mit dem **Opern- und Ballettfestival** (Einzelheiten ➤ 166).

vollste Gebäude ist die Basilika mit ihren 15 m hohen Wänden. Von der südlichen Seite der Anhöhe ist ein langer, gut erhaltener Abschnitt eines Aquädukts zu sehen, über das die Stadt aus den 15 km entfernten Bergen mit Wasser versorgt wurde.

KLEINE PAUSE

Im Sommer ist das Restaurant **Belkis** (im Ort Belkis an der Straße nach Aspendos) ein besonders einladender Ruheplatz nach einer Besichtigung der Ruinenstätte. An Tischen im Freien werden schmackhafte Gerichte der Region zu günstigen Preisen serviert.

198 C2 · 45 km östlich von Antalya · April–Okt. tägl. 9–19 Uhr; Nov.–März 8–17 Uhr · Imbiss auf dem Parkplatz · 15 YTL

Am eindrucksvollsten ist der Blick auf das Theater von ganz oben

Großes Theater

Das römische Theater von Aspendos, 50 km östlich von Antalya, ist eine der am besten erhaltenen – und am längsten genutzten – Theateranlagen der Antike: Seit seiner Renovierung dient es wieder als Festivalkulisse.

❶ **Besterhaltenes Theater:** Kein römisches Theater in der Türkei ist so gut erhalten wie das von Aspendos. Dass der Ort so gut erhalten blieb, ist dem Umstand zu verdanken, dass die unbewohnte Ruinenstadt in islamischer Zeit als Karawanserei genutzt wurde. Erbaut wurde das Theater im 2. Jh. n. Chr. von dem Architekten Zenoi. Das durch einen breiten Umgang zweigeteilte Halbrund der Zuschauerränge umfasst in seinem unteren Teil 20 Ränge mit zehn Treppenaufgängen, im oberen 19 Ränge mit 21 Treppenwegen. Den oberen Abschluss bildet eine Pfeilerarkade mit einem Tonnengewölbe. Zwei Bogengänge führen zu beiden Seiten der Bühne in die Orchestra. Die zweigeschossige Bühnenrückwand war durch schlanke Doppelsäulen gegliedert. Die untere Säulenreihe trug ionische, die obere korinthische Kapitelle. Die den zentralen Bühnenzugang flankierenden beiden Doppelsäulen hatten einen gemeinsamen Giebel. Der Bühnenraum war mit einem an Seilen aufgehängten Holzdach abgedeckt.

Im Theater fanden rund 20 000 Zuschauer Platz

❷ **Keine Verstärker!:** Schauspieler und Musiker auf der Bühne des römischen Theaters benötigen keine Mikros und Lautsprecher, um auf den Rängen gut verstanden zu werden – die Akustik in dem antiken Bauwerk war phänomenal.

Links: Bogengang; rechts: Die Orchestra des Theaters mit Nischen, in denen Statuen standen

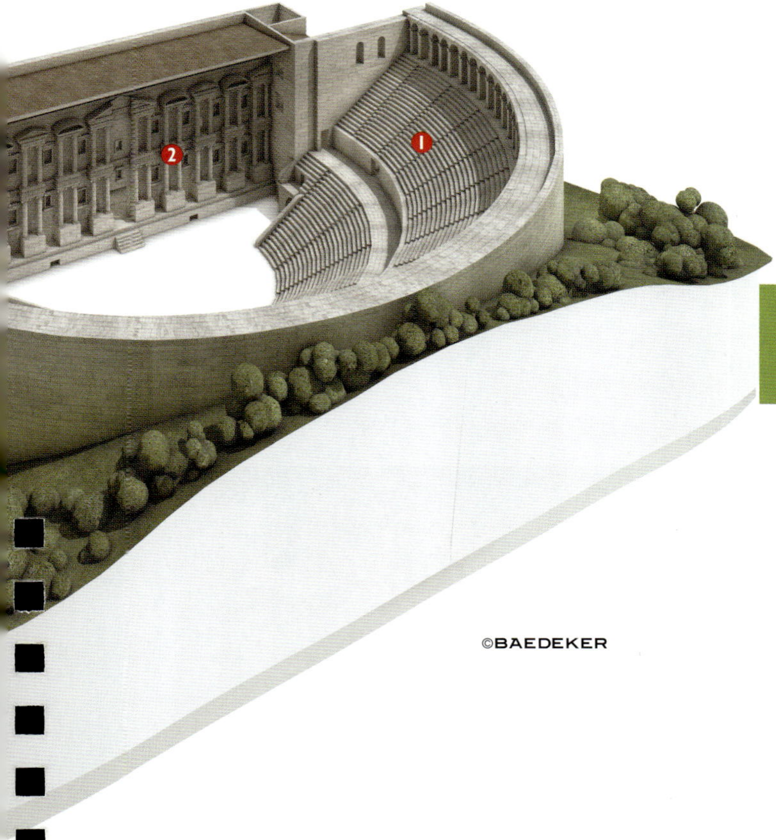

10 Köprülü Kanyon

Die Anspannung der Muskeln beim rhythmischen Bewegen der Ruder, der steigende Adrenalinspiegel, die meerwärts stürmenden, schäumenden Wassermassen – das ist Rafting auf dem Fluss Köprülü: eine dynamische Herausforderung, jedoch nicht zu anspruchsvoll für Anfänger. Nebenbei erlebt man eine wunderbare Landschaft.

Der Fluss windet sich von den Ausläufern des Taurus-Gebirges durch eine Schlucht, die als Nationalpark (Köprülü Kanyon Milliparkı) unter Naturschutz steht, und mündet in ein grünes Flusstal ein. Zwischen Mai und Oktober werden täglich Rafting-Touren angeboten. Eine Pauschaltour, in der auch Hin- und Rückfahrt zum Hotel und ein Mittagessen enthalten sind, kann man in Antalya oder Side buchen. Wer eigenständig anreist, findet aber auch direkt vor Ort Rafting-Angebote.

In der Schlucht

Von der Küstenstraße 400 fährt man landeinwärts zu den Talstationen der einzelnen Anbieter. Dort kann man das Auto abstellen und mit den Transportmitteln der Veranstalter weiterfahren. Andernfalls fährt man an der rechten Flussseite etwa 48 km weiter zur oberen Rafting-Basis, von der aus die Tour startet. Dort wird man mit Trockenanzug und Helm ausgestattet und wählt ein Boot aus. In den großen Booten haben bis zu 15 Personen Platz; ein qualifizierter Führer nimmt selbstverständlich an der Fahrt teil. Bei der Vorbereitung herrscht eine emsige Betriebsamkeit. Es werden Lieder gesungen und Erinnerungsfotos geschossen.

Am Ausgangspunkt der Tour reichen die Pinienwälder bis ans Ufer heran, doch sobald sich das Flusstal weitet, sieht man links und rechts kleine Bauernhöfe. Auf dem fruchtbaren Boden der Felder wird Mais, Kohl und Sesam angebaut. In den höheren Lagen ragen zu beiden Seiten des Flusses steile Felsen bis zu einer Höhe von 20 m auf,

Urlaub aktiv: Rafting auf dem Köprülü

BAEDEKER TIPP

- Bevor Sie eine Rafting-Tour buchen, prüfen Sie den Umfang Ihrer **Reisekrankenversicherung** bzw. den **Versicherungsschutz des Veranstalters**. Rafting zählt zu den gefährlichen Sportarten, obwohl Unfälle selten sind.
- Eine **eigene Anreise** zum Naturschutzgebiet hat Vor- und Nachteile. Ein Vorteil ist, dass man von Zeitplänen unabhängig ist und das höher gelegene Gebiet des Nationalparks auf eigene Faust erkunden kann. Der Nachteil besteht darin, dass man für die Tour in einem großen Boot auf eine ausreichende Teilnehmerzahl angewiesen ist und daher möglicherweise auf weitere Interessenten warten muss. Wer sich ausschließlich für Wildwasser-Rafting interessiert, sollte eine etwas teurere Tour im Voraus buchen, die in Side oder Antalya beginnt.
- Sollten Sie sich entschließen, den Fluss vom Ausgangspunkt der Rafting-Touren stromaufwärts zu wandern oder die Straße nach Selge zu laufen, dann **nehmen Sie viel Wasser und eventuell Trockenfrüchte und Nüsse mit**, denn es gibt auf der Strecke keine Möglichkeit zum Einkehren

die flussabwärts allmählich flacher werden. Auf einer Rafting-Tour bleibt genügend Zeit, die Szenerie zu bewundern, solange Sie sich nicht auf die Stromschnellen konzentrieren müssen.

Auf dem Wasser

Wer sich für Rafting nicht begeistern kann, sollte eine geruhsamere Fahrt per Kanu oder Kajak unternehmen. Eine solche Tour dauert zwischen zwei und vier Stunden inklusive Schwimmen und Mittagessen, das traditionsgemäß aus gegrillten Forellen besteht.

KLEINE PAUSE

An den Flussufern finden sich zahlreiche Restaurants, in denen man sich mit gegrillten Forellen und erfrischenden Getränken versorgen kann.

IN ENTLEGENE HÖHEN

Eine elegante römische Brücke (links der Hauptstraße) markiert die obere Grenze der Rafting-Stationen. Oberhalb dieser Grenze erstreckt sich das völlig unberührte Gebiet des Nationalparks Köprülü Kanyon (Köprülü Kanyon Milliparkı), in dem Pinien auf schroffen Felsen wachsen und die Luft schwer ist vom Duft wilder Kräuter. Oberhalb der römischen Brücke führt ein markierter Fußweg auf einer Länge von 13 km in die Schlucht hinein. Bei einer Autofahrt genießt man einen schönen Rundblick über das Tal. Nach 7 km erreicht man das Dorf Altınkaya. Das kleine Bauerndorf ist die Stätte der antiken Stadt Selge.

---

198 C2

Köprülü Kanyon
48 km abseits der Küstenstraße 400; 96 km von Antalya, 74 km von Side · Rafting-Touren tägl. 9–16 Uhr (Start ca. 11 und 14 Uhr) · Restaurants (€€) · 30 YTL

Raftingveranstalter Medraft
Medraft Elitdibi mevkii Köprülü Köyü, Manavgat/Antalya
0532 3 36 24 24, www.medraft.com.tr

Selge
198 C2 · 55 km abseits der Küstenstraße 400; 7 km von den oberen Rafting-Basisstationen · Mai–Okt. tägl. 8–18, Nov.–April 8–17 Uhr · 4 YTL

53 Perge

Die Stadt Perge erlebte ihre Blütezeit unter römischer Herrschaft. Die antike Stätte ist eine der am vollständigsten erhaltenen Ausgrabungsstätten ihrer Art an der türkischen Mittelmeerküste. Die Ruinen zahlreicher öffentlicher Bauwerke und die schieren Ausmaße der Stadt legen ein eindrucksvolles Zeugnis von ihrer einstigen Bedeutung ab.

Das erste Bauwerk, das beim Eintritt ins Auge fällt, ist das im 2. Jahrhundert n. Chr. erbaute **Theater** (gegenüber der Kasse). Vom Parkplatz (➤ Baedeker Tipp) kommend, sollten Sie dieses Bauwerk zuerst besichtigen, denn obwohl es nicht so eindrucksvoll wie das Theater von Aspendos (➤ 146) ist, verdienen die fein gestalteten Friese, mit denen die Bühnenwand des Theaters verziert ist, besondere Beachtung. In mehreren Szenen werden der Weingott Bacchus (der griechische Dionysos), seine mythische Geburt und seine Jugend dargestellt. Einer der Friese zeigt den überschwänglichen Lebensgenuss sowie den lüstern rasenden Bacchus und seine weibliche Gefolgschaft bei einer wilden, trunkenen Festlichkeit. Auf der rechten Seite des Theaters liegt das **Stadion**. Die große Arena hat eine Länge von 234 m, eine Breite von 34 m und wurde mit frei stehenden terrassierten Sitzplätzen für 12 000 Zuschauer ausgestattet. In den Arkaden unter den Terrassen waren Läden und Lagerräume untergebracht.

GRAB- UND DENKMAL

Vor dem römischen Stadttor liegt das Grab der Plancia Magna, die Ruhestätte der Tochter eines Gouverneurs von Perge. Diese förderte mit ihren Spenden zahlreiche öffentliche Bauwerke der Stadt. Als einer der wenigen Frauen in antiker Zeit wurde ihr ein Ehrenamt als Hohepriesterin verliehen.

Die marmorne Kolonnadenstraße führt zum Alten Tor

Romantische Ruinen

Hinter dem Eingang zum Ruinengelände geht man durch das **römische Stadttor**, Teil einer schlichten Stadtmauer, von dem sich eine gute Sicht auf das ein-

Perge war in der römischen Kaiserzeit eine bedeutende Stadt

drucksvolle Alte Tor aus hellenistischer Zeit eröffnet. Auf der linken Seite des Stadttors wurden **römische Thermen** freigelegt. Den Badenden der Antike standen unterschiedlich temperierte Räume zur Verfügung: das kalte *frigidarium*, das warme *tepidarium* und das heiße *caldarium*. Die Fußböden wurden mit funktional wirkenden schwarzweißen Mosaiken ausgelegt. Gegenüber befindet sich die römische **Agora** aus dem 4. Jahrhundert. Das hellenistische **Alte Tor** mit seinen Backsteintürmen ist das eindrucksvollste Bauwerk von Perge. Durch den in der Mitte der Straße verlaufenden **Marmorkanal** leitete man Wasser zur Erfrischung der Passanten. Gespeist wurde der Kanal von einem großen Brunnen am oberen Ende der Straße. Auf halber Strecke überquert ihn eine **Brücke**, die ein Wechseln der Straßenseite ermöglichte. Von den Läden der Straße sind Mosaikfußböden erhalten.

198 B2 · 15 km östlich von Antalya · April–Okt. 9–19, Nov.–März 8–17.30 Uhr · Getränkestand bei der Kasse · Bus von Antalya nach Aksu, von dort 2 km Fußweg · 15 YTL

BAEDEKER TIPP

- Der **Parkplatz** liegt inmitten der Ausgrabungsstätte. Fahren Sie zunächst zur Kasse gegenüber dem Theater und dann um das Stadion herum zum Parkplatz. Zur Besichtigung des Stadions und des Theaters folgen Sie einem durch das Stadion führenden Fußweg. Das römische Stadttor und die übrigen Sehenswürdigkeiten liegen in etwa 300 m Entfernung auf der anderen Seite des Parkplatzes.
- Ein Besuch des **Archäologischen Museums von Antalya** (► 145) ist sehr empfehlenswert; dort sind die reichen Statuenfunde zu sehen, mit denen die Straßen, Brunnen und öffentlichen Gebäude von Perge einst geschmückt waren.
- Abseits der Säulenstraße findet man Spuren zahlreicher **noch nicht freigelegter Ruinen**, die im hohen Gras verborgen sind. Vom Hügel hinter dem großen Brunnenbau können Sie die Akropolis von Perge erkunden.

54 Side

In der Verbindung einer antiken Ruinenstätte mit einem modernen Touristenzentrum stellt die Stadt Side einen erstaunlichen Einzelfall an der türkischen Küste dar. Dass die Stadt diese an sich unvereinbaren Eigenschaften vereint, ist bemerkenswert. Dass ihr das so gut gelingt, verdient Anerkennung.

Die antike Stadt wurde im 7. Jahrhundert v. Chr. auf einer kleinen Halbinsel am Golf von Antalya angelegt und entwickelte sich in römischer Zeit zu einer blühenden Hafenstadt. Durch den Sklavenhandel wurde sie zum Zentrum des Handels in Pamphylien. Seit dem 11. Jahrhundert verfiel die Stadt jedoch und erwachte erst in den 1920er-Jahren zu neuem Leben, als sich muslimische Fischer aus Kreta nach dem erzwungenen Bevölkerungsaustausch zwischen Griechenland und der Türkei (► 19) ansiedelten.

Stadtrundgang

Folgt man der einzigen Straße in die Stadt, gelangt man zu den **Stadtmauern**, von denen das moderne Side nur 500 m entfernt ist. Auf der rechten Seite liegen Überreste einer antiken Säulenstraße, die zur **Agora** auf der linken Seite führte. Sie war der Schauplatz des Sklavenmarktes, dem die Stadt ihren Wohlstand verdankte. Ein erstaunliches Bauwerk sind die Überreste einer öffentlichen **Latrine**, aus deren 24 Sitzplätzen man schließen kann, wie hoch die Römer die Geselligkeit schätzten.

In den römischen Thermen, die von der Agora über eine moderne Straße zu erreichen sind, ist heute das **Archäologische Museum** von Side untergebracht, das eine Sammlung schöner Statuen von nahe gelegenen Fundorten beherbergt. Die Straße führt weiter zum monumentalen alten **Stadttor**, an dem man allerdings auf den modernen Straßenverkehr achten sollte. Dahinter liegt auf der rechten Seite der öffentliche Parkplatz und auf der linken das **Theater**. Mit seiner völlig frei stehenden Arena ist es ein ungewöhnliches Bauwerk, da die griechischen und römischen Theater meist am Hang errichtet wurden.

Der Zugang zu den modernen Stadtvierteln ist für den Autoverkehr eingeschränkt, sodass man in den breiten Einkaufsstraßen, die zum Hafen hinunterführen, relativ ungestört spazieren gehen kann. Es gibt einen typisch türkischen **Basar**, wo Schmuck, Lederwaren, Teppiche und vieles mehr zu haben sind und man den lebhaften Wortgefechten der Händler lauschen kann.

Am Hafen wenden Sie sich nach links und erreichen nach 100 m die Ruine des **Apollon- und Athena-Tempels**. Fünf Säulen und einige Teile des Hauptgesimses wurden kürzlich wieder aufgerichtet; sie sind außergewöhnlich gut erhalten und von einzigartiger Schönheit. Im Licht der untergehenden Sonne wirken sie beinahe wie vergoldet.

Ab acht Uhr abends sind die Straßen von Side für Autos gesperrt. Nach Einbruch der Dunkelheit, gibt sich die Stadt modernen Vergnügungen hin. Das Neonlicht erwacht zum Leben, und dröhnende Musik vertreibt die Stille – die nächtliche Party dauert bis in die frühen Morgenstunden.

Die vornehmen Säulen des Apollon- und Athena-Tempels

KLEINE PAUSE

Ein stärkendes Mahl lässt man sich am Ende des Tages am besten im Restaurant **The End**, einem preiswerten Fischrestaurant an der Liman Caddesi (► 165), servieren.

198 C2

Touristeninformation
Side Yolu Üzeri, 1 km nördlich der Stadteinfahrt links 0242 7 53 12 65
Busse von Antalya und Alanya

Apollon- und Athena-Tempel
an der Hafenpromenade
frei zugänglich frei

Theater
an der Einfahrt zur modernen Stadt
Mitte April–Mitte Okt. 9–19.30 Uhr; sonst 8–17.30 Uhr 10 YTL

Archäologisches Museum
in den Agora-Thermen
Di–So 9–19.30 Uhr
10 YTL

BAEDEKER TIPP

- Lassen Sie Ihr Auto nicht in der näheren Umgebung von Side stehen; es wird kostenpflichtig abgeschleppt. Parken Sie (gegen eine geringe Gebühr) auf dem **städtischen Parkplatz.**
- Das Theater und den Apollon- und Athena-Tempel sollten Sie **bei Dunkelheit** besichtigen; sie werden abends angestrahlt. So können Sie die Ruinen unter dem Sternenhimmel bewundern, bevor Sie sich in einem der Restaurants zu einem Abendessen niederlassen.
- Ein kleiner **straßenbahnähnlicher Bus** verbindet die abseits gelegenen Hotels mit dem Stadtzentrum.

55 Alanya

Elf Kilometer feinsandige Strände rund um Alanya haben die Stadt zu einem beliebten Urlaubsziel der Pauschaltouristen gemacht. Auf einem gewaltigen, 250 m hohen Felsen thront eine prachtvolle mittelalterliche Zitadelle.

Badespaß an einem der Strände bei Alanya

Das Seebad Alanya mit seinen zahllosen Cafés und Restaurants, Bars und Diskos, Geschäften und Basaren garantiert den Tausenden von Touristen, die jedes Jahr in den Ort kommen, ein unbeschwertes Urlaubsvergnügen. Die moderne Stadt, die eine großstädtisch-geschäftige Atmosphäre ausstrahlt, erstreckt sich entlang der Küste, die in westlicher und östlicher Richtung von niedrig gebauten Hotels gesäumt wird. Die Hauptgeschäftsstraße **Damlataş Caddesi** wirkt mit ihren Hotels, Bürohäusern und Straßencafés wie ein großstädtischer Boulevard.

Befestigungsanlagen

Die Zitadelle, die im 13. Jahrhundert unter der Herrschaft der Seldschuken entstand, ist eine eingehende Erkundung wert. Mit 150 Türmen und 7 km langen Wällen, die sich an den Hängen des Hügels entlang- und zum Wasser hinunterwinden, schützte sie einst sowohl ihre Besatzung wie die Bewohner des Ortes. Auf dem Gipfel ließ der seldschukische Herrscher Alâettin Keykûbat 1226 die **Innere Festung** (Iç Kale) erbauen. Von den zinnengekrönten Befestigungen genießt man einen atemberaubenden Ausblick auf in der Nähe des Hafens liegende osmanische Wohnhäuser der Siedlung Ehmediye, die zum Teil noch bewohnt sind. Zahlreiche hübsche Cafés säumen den steilen Spazierweg, für den man sich genügend Zeit nehmen sollte.

Seit 1226 bewacht der **Rote Turm** (Kızıl Kule) den Hafen von Alanya. In seinem Inneren wurde ein kleines ethnografisches Museum eingerichtet; der Ausblick von der oberen Plattform ist allerdings sehenswerter. Heute wacht der

BAEDEKER TIPP

- Die **Hauptstraße** windet sich auf einer Länge von 5 km zur Zitadelle hinauf. Auf dem Weg kann man in einem der zahlreichen Cafés eine Pause einlegen. Wahlweise kann man auch mit einem Taxi oder *dolmuş* hinauffahren. Nahe der Touristeninformation in der Damlataş Caddesi fahren jeweils zur vollen Stunde **Busse** zur Zitadelle ab.
- Wenn Sie ein **Taxi** zur Inneren Festung (Iç Kale) nehmen, lassen Sie sich nicht auf den Vorschlag des Fahrers ein, Sie in Ehmediye bei einem Café abzusetzen; von dort sind es zum Eingang der Festung noch zehn Minuten zu Fuß.
- Besichtigen Sie die Zitadelle wegen des Lichts **am Morgen**.

Turm über die unzähligen Ausflugsboote, mit denen man die vielen Höhlen besichtigen kann, die auf dem Niveau des Wasserspiegels am Fuß der Zitadelle liegen. Die schönste Tageszeit für einen solchen Bootsausflug ist der späte Nachmittag, wenn das Innere der Höhlen von der Sonne beleuchtet wird. Die größte Höhle, die **Damlataş-Grotte** (Damlataş Mağarası, »Höhle der tropfenden Steine«), ist auch auf dem Landweg zugänglich, und zwar vom südlichen Ende des westlichen Strandes. Die Tropfsteinhöhle birgt einen faszinierenden Schmuck aus Stalaktiten und Stalagmiten.

KLEINE PAUSE

In Ehmediye, unterhalb der Zitadelle, finden Sie zahllose schöne **Cafés und Bars**.

Machtvoll thront die Festung über der Stadt

199 D1 137 km östlich von Antalya, 62 km östlich von Side
Busse von Antalya und Side

Touristeninformation
Damlataş Maşarası Yanı, Damlataş Caddesi 1
0242 5 13 12 40

Innere Festung (Iç Kale)
auf dem Gipfel des Festungshügels
April–Okt. Di–So 9–19 Uhr; Nov. bis April 8–17 Uhr
zahlreiche Cafés (€) innerhalb der Zitadelle
stündlich; Haltestelle an der Ecke Içkale Caddesi/ Damlataş Caddesi 10 YTL

Roter Turm (Kızıl Kule)
an der Hafenpromenade April–Okt. 9–19 Uhr; Nov.–März 8–17 Uhr 4 YTL

Bootsausflug zu den Grotten
Hafen von Alanya tägl. 9 Uhr bis zur Abenddämmerung 20–35 YTL

Damlataş-Grotte (Damlataş Mağarası)
Damlataş Caddesi tägl. 10–19 Uhr
4,50 YTL

Nach Lust und Laune!

56 Termessos

Die antike Ruinenstätte Termessos ist eine bedeutende Sehenswürdigkeit, allerdings nicht leicht zu erreichen. Der Ort liegt in über 1000 m Höhe im gebirgigen Güllük-Dağı-Nationalpark (Güllük Dağı Milliparkı) nördlich von Antalya – selbst Alexander der Große sah von einer Eroberung des entlegenen Ortes ab. Zum Nationalpark fahren keine öffentlichen Verkehrsmittel, und wer mit dem Auto unterwegs ist, hat vom Parkplatz (9 km hinter der Kasse) zu Fuß einen 20-minütigen Aufstieg zur Ruinenstätte zu bewältigen.

Die Mühe wird jedoch durch den Anblick imposanter Ruinen belohnt. Allein deren Lage inmitten von Felsen, Pinien und dichtem Buschwerk ist sehenswert. Das mächtige Hadrians-Tor nahe dem Parkplatz markiert den Beginn des Erkundungsganges. Auf der linken Seite führt ein Pfad, die einstige Königsstraße, an einzelnen befestigten Wällen entlang und zum ersten Plateau hinauf, wo man nach etwa 20 Minuten (vom Eingang aus) ein Gymnasion und Thermen erreicht. Nach weiteren fünf Minuten gelangt man auf ein zweites Plateau mit den Überresten einer Agora, einem gut erhaltenen Ratssaal *(bouleuterion)* und mehreren Tempeln. Das eindrucksvollste Bauwerk ist das Theater, das nach einem letzten Aufstieg nach fünf Minuten in Sicht kommt. Ein natürlicher Fels bildet den Hintergrund für die in den Stein gehauenen Sitzreihen. Ein Einschnitt auf der rechten Seite lenkt den Blick hinunter auf die Vororte von Antalya und die lykische Küste.

198 B2 ✉ 27 km nordwestlich von Antalya im Güllük-Dağı-Nationalpark (Güllük Dağı Milliparkı) April–Okt. tägl. 9–19 Uhr; Nov.–März 8–17 Uhr Café an der Kasse (9 km von der Ruinenstätte entfernt) 5 YTL

AUF SAFARI

Packt Sie die Lust, die gewohnten Asphaltstraßen zu verlassen und in unerschlossene Waldgebiete der Mittelmeerküste vorzudringen? Dann nehmen Sie an einer Geländewagen-Safari teil, die man in Antalya, Side oder Alanya buchen kann. Bis zu zehn offene Geländewagen schlängeln sich meist durch ein ausgetrocknetes Flussbett. Eine Tour dauert zwei bis drei Stunden oder auch einen ganzen Tag und führt durch ländliche Gebiete und Dörfer, die abseits der üblichen Touristenwege liegen (Veranstalter, ➤ 166).

57 Wasserfälle von Manavgat (Manavgat Şelâlesi)

Es gibt imposantere Wasserfälle auf der Welt, aber die kühle Luft am 3 m hohen Manavgat Şelâlesi ist eine Erfrischung, wenn man aus den heißen Küstengebieten kommt. Man kann von Side zu einer Bootsfahrt auf dem Fluss Manavgat starten oder vom Ort Manavgat auf dem Landweg mit Auto

Die Wasserfälle von Manavgat sind von Side aus ein nahes Ausflugsziel

oder *dolmuş* zu den Wasserfällen fahren. Dort ist ein kommerzielles Besucherzentrum entstanden (folgen Sie in Manavgat den Hinweisschildern mit der Aufschrift »Şelale«). Es gibt aber auch abgelegene Restaurants und versteckte Plätze an den Ufern, die sich durch besondere landschaftliche Schönheit auszeichnen. Wer die Einsamkeit sucht, sollte den Ort an Wochenenden meiden; die Wasserfälle sind bei türkischen Familien als Naherholungsgebiet beliebt.
198 C2 **8 km nordöstlich von Side** **April–Okt. tägl. 9–19 Uhr; Nov.–März tägl. 9–17 Uhr** **Busse von Side und Manavgat** **7 YTL**

58 Alara Han

Die seldschukische Karawanserei *(han)* aus dem 13. Jahrhundert liegt am Übergang einer alten Handelsroute über einen Fluss. Für ihre vollständige Restaurierung übernahm ein Architektenbüro die Kosten und erhielt im Gegenzug die Nutzungsrechte für die neue Sehenswürdigkeit (ein in der Türkei bislang einzigartiges Projekt). Besucher können nun die Steinwälle und das monumentale Eingangstor bewundern, das einst von Händlern genutzt wurde.

Tagsüber ist das Alara Han ein Museum, in dem man sich über das Alltagsleben in einer Karawanserei informieren kann; daneben gibt es einen Laden und ein Café, und von der Bar auf dem Dach eröffnet sich eine prachtvolle Aussicht auf eine genuesische Burg, die sich über dem Tal erhebt. An drei Abenden in der Woche wird eine »Türkische Nacht« mit Tanz und traditionellen Speisen veranstaltet (Buchungen über die Touristeninformation in Antalya, Tel. 0242 2 38 51 44). Die Preise sind hoch, aber da es sich um ein interessantes Konzept handelt, ist es einen Besuch wert.

DREI SCHÖNE PLÄTZE FÜR EIN PICKNICK

- zwischen Felsen und Pinien in **Termessos** (➤ 158)
- an der schäumenden Brandung bei der Burg von **Anamur** (➤ 160)
- am Ufer des Flusses **Köprülü** (➤ 150)

199 D2 ✉ 43 km von Side, 39 km von Alanya, 5 km landeinwärts von der Küstenstraße 400; www.alarahan.com.tr 🕓 tägl. 9–23 Uhr 🍴 in der Karawanserei (€–€€€) 🖐 frei; »Türkische Nacht« 50–60 YTL

59 Burg von Anamur (Mamure Kalesi)

Die Festung von Anamur ist mit ihren Türmen, einem Wassergraben und zinnengekrönten Wällen der Inbegriff einer mittelalterlichen Burg. Im 3. Jahrhundert wurde die Stätte erstmals von den Römern befestigt; zahlreiche spätere Herrscher, darunter Armenier, Kreuzritter und Seldschuken, fügten eigene Stilelemente hinzu. Ihre endgültige Gestalt erhielt die Burg um 1400. Bis ins 20. Jahrhundert hinein wurde sie in einem guten Zustand erhalten, denn sie diente dem Osmanischen Reich als Trutzburg gegen die britischen Truppen, die die nahe Insel Zypern besetzt hatten. Heute stellt sie eine malerische Kulisse für türkische Spielfilme dar, für die man gern einheimische Bauern von ihren Feldern weg als Statisten engagiert.

Innerhalb der Mauern der Burg von Anamur steht eine alte Moschee

Drei Innenhöfe liegen innerhalb der Hauptwälle. In der Mitte des zweiten Innenhofs steht eine Moschee aus dem 17. Jahrhundert. Von den Wällen und Ecktürmen hat man einen schönen Blick über die Küste. Am Morgen ist das Licht zum Fotografieren am günstigsten. Bei Nacht ist die Burg hell erleuchtet.
199 E1

Touristeninformation
✉ Otogar Binası Caddesi
☎ 0324 8 14 50 58 🕓 ganztägig; Kasse: April–Okt. 8–19.30 Uhr; Nov.–März 8–17 Uhr 🍴 Restaurants (€–€€) auf der anderen Seite der Hauptstraße
🚌 Bus von Anamur nach Alanya
🖐 3 YTL

SPIEL UND SPASS

- Piratenspiele in der **Burg von Anamur** (➤ oben)
- Rafting auf dem Fluss **Köprülü** (➤ 150; für Kinder ab acht Jahren)
- eine Fahrt quer durch die Landschaft in einem **Jeep** (➤ 158, Kasten)

Etwas weiter weg

60 Kapadokya

Von der Küste ist Kappadokien, dessen einzigartige, von Wind und Wasser geformte Landschaft von erstaunlicher Schönheit ist, eine ganze Tagesreise entfernt. Der Besuch darf auf einer Reise durch die Türkei nicht fehlen. Die Erosion formte aus dem weichen Tuffgestein bizarre, schornsteinähnliche Kegel und Säulen, die zu Hunderten in der weiten Landschaft aufragen. Frühe Christen wählten das Hügelland als Refugium. Die Wandgemälde in den Behausungen zählen zu den bedeutendsten Sammlungen frühchristlicher Kunst und wurden von der Unesco zum Weltkulturerbe erklärt.

Mittelpunkt der Region ist das **Göreme-Tal**, heute ein Nationalpark, zu dem auch das gleichnamige Freilichtmuseum und der Ort Göreme gehören. Der Museumsbezirk mit Tuffkegeln und Höhlenkirchen ist ein kleines Abbild der Region. Eine Wanderung durch den Bezirk kann leicht mehrere Stunden dauern. Die schönsten Fresken sind in der Elmalı Kilise (»Apfelkirche«), der Karanlık Kilise (»Kirche der Dunkelheit«) und der etwas weiter entfernten Tokalı Kilise (»Buckelkirche«) zu sehen.

Nur 3 km nordöstlich vom Museumsbezirk Göreme befindet sich ein weiteres Freilichtmuseum im Tal

Tuffsteinsäulen in der surrealen Landschaft des Göreme-Tales

EIN WENIG GESTEINSKUNDE
Die eindrucksvollen Landschaften von Kappadokien sind vor Jahrmillionen durch Vulkanismus entstanden. Eine dünne, harte Schicht erkalteter Lava bzw. Basalt lagerte sich auf einer tieferen Schicht aus weichem, porösem Tuffstein ab. Im Verlauf von Millionen von Jahren verwitterte der Basalt, sodass die darunter liegende Tuffsteinschicht der Erosion durch Wind und Regen ausgesetzt war. Einzig die von einer schützenden »Kappe« aus Basalt bedeckten Tuffsteinsäulen und -kegel blieben erhalten.

von **Zelve**. In dem verlassenen Dorf gab es vom 9. bis 12. Jahrhundert eine blühende christliche Mönchsgemeinschaft, die ein prächtiges Kloster in die Felsen grub.

Etwa 4 km südwestlich von Göreme ragt in **Üçhisar** eine 65 m hohe Felsspitze auf, in der sich ein Labyrinth von miteinander verbundenen Höhlenwohnungen befindet.

Bei einer Wanderung durch die Region wird man feststellen, dass die Höhlen in den Tuffsteinpyramiden noch heute oft als Wohn- oder Lagerraum genutzt werden. Viele von ihnen stehen auf fruchtbarem Boden, auf dem die Trauben für die berühmten Weine von Kappadokien gedeihen. Die Verbindung aus menschlichen Behausungen und fantastischen Naturphänomenen macht den besonderen Reiz Kappadokiens aus.

200 C4 Verbindungen von allen größeren Städten der Türkei (teilweise nicht direkt) nach Nevşehir und Ürgüp (von dort weitere Transportmöglichkeiten)

Freilichtmuseum Göreme
2 km vom Dorf Göreme
tägl. 8.30–19 Uhr Bus vom Dorf Göreme
16 YTL, Karanlık Kilise 8 YTL extra

Freilichtmuseum Zelve
3 km vom Dorf Göreme
April–Okt. tägl. 8.30–19 Uhr; Nov.–März 8.30–17 Uhr Bus vom Dorf Göreme
10 YTL

UNTERWEGS IN KAPPADOKIEN
Preiswerte dreitägige **Bustouren** führen zu den Hauptsehenswürdigkeiten der Region. Die Touren starten von allen größeren Küstenorten. Einige Veranstalter bieten fünftägige Touren von der ägäischen Küste aus an.

- Auf einer **Wanderung durch Kappadokien** lässt sich die Region am besten entdecken. Im Dorf Göreme stehen Führer zur Verfügung (ein empfehlenswerter Anbieter ist **Hiro Tour** am Busbahnhof, Tel. 0384 2 71 25 42).
- Bei einer **Ballonfahrt** gewinnt man unvergessliche Eindrücke von den Landschaften der Region. Vierstündige Touren, bei denen man eine Stunde in der Luft verbringt, werden von **Cloud 9** angeboten (50108 Nevşehir, Tel. 0384 2 71 24 42; www.kapadokyaballoons.com).
- Das 70 km vom Göreme-Tal entfernte **Peristrema-Tal** bei Ihlara ist eine grüne Schlucht, durch die der Fluss Melendiz Suyu fließt. Die Landschaft allein ist eindrucksvoll. An den Hängen zwischen den Dörfern Belisırma und Ihlara sind zahlreiche Höhlenkirchen zu entdecken.

Wohin zum ... Übernachten?

Preise
für ein Doppelzimmer pro Nacht:
€ unter 85 Euro **€€** 85–150 Euro **€€€** über 150 Euro

ANTALYA

Hotel Alp Paşa €/€€

Ein stilvolles altes Stadthaus im Herzen der Altstadt Kaleiçi wurde mitsamt seiner antiquarischen Einrichtung liebevoll restauriert.

198 B2 Hesapçı Sokağı 30, Kaleiçi, Antalya 0242 2 47 56 76; www.alppasa.com

Sheraton Antalya Voyager €€

Wer sich umfassend verwöhnen lassen möchte, ist in dem futuristischen, effizient geführten Haus am Konyatı-Strand am richtigen Platz. Das Hotel Sheraton Antalya Voyager ist von einem prächtigen Park umgeben, besitzt einen Swimmingpool mit Wasserfall und liegt nur fünf Gehminuten vom Strand entfernt. Der Aufenthalt ist zwar kostspielig, lässt dafür aber keinen Wunsch offen.

198 B2 Yüz Yıl Bulvarı, 07050 Antalya 0242 2 49 49 49; www.sheraton.starwoodhotels.com

Atelya Art Hotel €

So reizvoll die steilen, engen Straßen und Gassen der Altstadt sind, so erstickend heiß kann es dort im Sommer werden; diese *pansiyon* wirkt daher umso einladender. Tritt man aus dem schlichten Haus ins Freie, wird man von einem Innenhof mit Jasminduft empfangen. Das Haus wurde liebevoll restauriert und um einen etwas eleganteren Anbau erweitert. Die Zimmer sind gepflegt und luftig.

198 B2 Barbaros Mahallesi, Cıvelek Sokağı 21, Kaleiçi Antalya 0242 2 41 64 16; www.atelyahotel.com

Hotel Doğan €

Als Pension wurde das Haus vor rund 25 Jahren gegründet; mittlerweile ist daraus ein ausgewachsenes Hotel geworden, das sich auf drei geschmackvoll umgestaltete historische Gebäude der Altstadt ausgedehnt hat. Die Zimmer sind klimatisiert und sehr komfortabel; die schönsten bieten einen Blick auf den prachtvollen Hotelgarten mit duftenden Sträuchern und plätscherndem Wasser. Von den oberen Zimmern sieht man auf den Hafen.

198 B2 Memerli Banyo Sokağı 5, Kaleiçi 07100, Antalya 0242 2 41 88 42 / 2 47 46 54; www.doganhotel.com

SIDE

Turquoise Hotel €€

Wenn der Preis keine Rolle spielt und Side selbst nicht auf dem Besuchsprogramm steht, ist das Turquoise Hotel die richtige Adresse. Es liegt 3 km außerhalb der Stadt am Rand eines Waldes. Der Gast wird mit verschwenderischem Luxus empfangen. Eine unbegrenzte Auswahl an Pools und Bars, sogar ein Poloplatz und ein 200 m langer Privatstrand stehen zur freien Verfügung. Das Hotel bildet eine völlig selbstgenügsame Welt für sich.

198 C2 Sorgun Mevkii, Side 0242 7 56 93 30; www.turquoise.com.tr

Hane €/€€

Das vergleichsweise preiswerte Strandhotel hat manche Vorzüge zu bieten. Der Strand ist ebenso gepflegt wie die Zimmer mit Klimaanlage, und im angrenzenden Park hält man sich gerne auch längere Zeit auf. Zum Angebot gehört eine Vielfalt von Freizeitaktivitäten und Wassersportmöglichkeiten. Die lebhafte Stadt Side liegt etwa 6 km entfernt.

198 C2 Kumköy Mevkii, 6 km von Side
0242 7 56 04 13; www.hanehotels.com

ALANYA

Pascha Bay Hotel €€
Dies ist ein hervorragender Rückzugsort und ein perfektes Hotel für Familien. Es gibt ein großes Schwimmbecken, den Strand und das Meer, um sich zu vergnügen. Die Zimmer sind hell und mit Kochnischen ausgestattet. Außerdem stehen zwei Restaurants zur Auswahl. Das Hotel ist ein TUI-Vertragspartner.

199 D1 Konakli, 07490 Alanya
0242 5 10 00 00; www.paschabay.com.

KAPPADOKIEN

Yunak Evlerı €€€
Dieses ausgefallene Anwesen verbindet sechs Höhlen in einem natürlichen Amphitheater mit einer griechischen Villa aus dem 19. Jahrhundert. Die 30 Zimmer spiegeln die lange Geschichte der Region wider und sind mit typischen Antiquitäten und osmanischen Teppichen ausgestattet. Auf modernen Komfort muss man hier dennoch nicht verzichten. Jedes Zimmer hat einen CD-Player und CDs gibt es leihweise vom Haus. Die Zimmer haben alle eine Veranda mit Blick auf die schöne Landschaft.

200 C4 Yunak Mahallesi, 50400 Ürgüp
0384 3 41 69 20; www.yunak.com

Wohin zum ... Essen und Trinken?

Preise
für ein Drei-Gänge-Menü (ohne Getränke):
€ unter 10 Euro **€€** 10–15 Euro **€€€** über 15 Euro

ANTALYA

Dönerciler Çarşısı €
Diese belebte Straßenkreuzung beherbergt eine Menge günstiger Döner- und Pide-Stände und ist als der »Döner-Markt« bekannt. Unter einem Dach aus bunten Regenschirmen sind Sie hier von türkischen Familien, Studenten und Liebespaaren umgeben. Es bieten sich gute Gelegenheiten, mit Einheimischen ins Gespräch zu kommen. Keiner der Stände ist wirklich herausragend, aber für einen kurzen und günstigen Abstecher zum Essen lohnt es sich immer.

198 B2 Kreuzung von Cumhuriyet und Atatürk Caddesi tägl. 8–1 Uhr

Gül €€
Dieses Restaurant in türkisch-deutscher Hand wird von Stammgästen aus dem Ort und von im Ausland lebenden Türken besucht, erfreut sich aber auch steigender Beliebtheit bei Touristen. Auf der Karte finden Sie traditionelle Gerichte, die gut zubereitet und auch günstig sind. Das Essen wird im hübsch gefliesten Innenhof serviert, wo Bäume Schatten spenden.

198 B2 Kocatepe Sokağı 1, Kaleiçi
0242 2 43 22 84 tägl. 11–24 Uhr

LeMan Kültür €/€€

Kunst, Cartoons und Karikaturen – die Besitzer des LeMan stellen in ihrem kunterbunten Gartencafé südlich vom Hadrianstor (► 144) ihre eigenen Werke aus und servieren außerdem Hamburger, Pizza und kalte Drinks. Ganz so, wie Antalyas junges Szenepublikum wünscht, mit dem man hier in zwangloser Atmosphäre in Kontakt kommt.

198 B2 Atatürk Caddesi 44, Antalya 0242 2 43 74 73, www.lmk.com.tr tägl. 9–24 Uhr

Restaurant Hasanağa €

Zu Preisen, die den Geldbeutel kaum erleichtern, bietet das Restaurant Gerichte an, die sich auf der Waage bemerkbar machen könnten. Auf der Speisekarte findet man das Beste der traditionellen türkischen Küche, darunter eine erstaunliche Auswahl an Vorspeisen *(mezeler)* und hervorragende gefüllte Tintenfische. Lassen Sie sich vom Kellner ein Gericht erklären, das Ihnen verlockend vorkommt; er wird sich über Ihr Interesse freuen und Ihnen vielleicht eine Spezialität empfehlen.

198 B2 Mescit Sokağı 15 (neben der Imaret Camii), Antalya 0242 2 47 13 13 tägl. 11.30–22.30 Uhr

SIDE

Ayışığı €€

Der Name bedeutet übersetzt »Mondlicht«, und so kann man hier unter freiem Himmel bei Kerzenlicht am Wasser oder im grünen Garten essen. Das ist perfekt für ein romantisches Dinner, aber hierher kommen keinesfalls nur Paare. Die Karte bietet Fisch und eine Reihe europäischer Gerichte. Auch Vegetarisches und einige warme und kalte *meze* bekommen Sie hier.

198 C2 Barbaros Caddesi 49 0242 7 53 14 00 Mai–Okt. täglich 11–1 Uhr

The End €€

Wie in türkischen Fischrestaurants üblich, wählt der Gast auch im The End aus dem tiefgekühlt ausgestellten Fang des Tages. Im Gegensatz zu anderen Fischrestaurants werden aber auch Fleischgerichte angeboten. Das *Osmanlı kebap* (Rindfleisch mit Knoblauch-Tomaten-Sauce und Käse) findet reißenden Absatz – ein köstliches Gericht, für das man einen robusten Magen braucht. Es gibt auch (ziemlich teuren) Hummer.

198 C2 Liman Caddesi, Side 0242 7 53 20 05; www.theendside.com tägl. durchgehend

ALANYA

Eski Ev €€

Das Eski Ev ist ein seit vielen Jahren bestehendes Restaurant und bietet leckeres türkisches Essen in angenehmer Umgebung. Die Tische stehen im Garten des alten Hauses, das dem Restaurant seinen Namen gab. Vermutlich werden Sie eher zwischen türkischen Gästen mit Sinn für gutes Essen sitzen als zwischen anderen Touristen. Da das Eski Ev auch ein Café ist, können Sie alternativ tagsüber auf eine Tasse Kaffee und einen Snack vorbeischauen. Dies ist ein gelungener Ort für eine Unterbrechung vom Sightseeing oder Feilschen auf dem Markt.

199 D1 Dalmataş Caddesi 44 0242 5 11 60 54 tägl. 11–22 Uhr

Red Tower Brewery Restaurant €€

Seit 2004 braut das Red Tower sein eigenes Bier und ist damit eine von vielen kleinen Brauereien in der Türkei. Neben gutem Bier gibt es amerikanische Speisen, wie Burger, und einige türkische Gerichte. Kehren Sie für eine Erfrischung oder auch zum Essen ein.

199 D1 Iskele Caddesi 80 0242 5 13 66 64; www.redtowerbrewery.com tägl. 11–1 Uhr

Wohin zum ... Einkaufen?

ANTALYA

In der malerischen Altstadt gibt es hochwertige Teppichhandlungen, zwischen denen sich preisgünstigere Souvenirläden angesiedelt haben. In den Altstadtgassen wird das Stöbern zum Genuss. An der **Cumhuriyet Caddesi** findet man den **Basarbezirk** (verlassen Sie die Altstadt am Glockenturm in westlicher Richtung), eine Fußgängerzone, in der es von Läden wimmelt.

SIDE

Hier findet man ein lebhaftes Einkaufsparadies mit einer Fülle von Juwelier- und Ledergeschäften und vereinzelten Angeboten von Designerimitaten. 15 km westlich von Side wartet in der Hauptstraße eine **Teppichkooperative** (Anadolu Carpet Belkis Beldesi, Serik, Tel. 0242 7 35 74 83).

ALANYA

Das Einkaufsviertel, das sich abseits der **Damlataş Caddesi** bis zum Hafen hinunter und um den Busbahnhof erstreckt, ist nicht so malerisch wie in Side, und nach echt türkischen Erzeugnissen wird man länger suchen müssen. In der Siedlung **Ehmediye** innerhalb der Zitadelle wird mit Tischwäsche aus Spitzen und Leinen gehandelt, die sowohl in Handarbeit als auch fabrikmäßig hergestellt wird.

ALARA HAN

In der Karawanserei Alara Han (➤ 159) befindet sich ein Geschäft mit **echt türkischen Produkten**, darunter Kelims und Keramik.

Wohin zum ... Ausgehen?

KULTURVERANSTALTUNGEN

Antalya ist das kulturelle Zentrum, häufig in Verbindung mit dem Theater von Aspendos. Im Oktober finden alljährlich die **Filmfestspiele von Antalya** statt.

Auf dem Programm des **Opern- und Ballettfestivals** im Juni stehen internationale Werke, die von erstrangigen Künstlern dargeboten werden, sowie Experimentelles. Das **Folklorefestival** im Juli bietet Musik und Tanz. Zur Kartenreservierung sollte man sich an die Touristeninformation in Antalya (Cumhiyet Caddesi, Özel Idare Altı 2, Tel. 0242 2 38 51 44) wenden.

In der Karawanserei Alara Han (➤ 159) finden regelmäßig **folkloristische Abende** mit Abendessen und Getränken statt.

FREIZEITAKTIVITÄTEN

Die Palette reicht von Rafting über Geländewagen-Safaris bis hin zu Wandern und Bergsteigen. Veranstalter ist die **Kesit Tourism and Travel Agency** (Çağlayan, 2007 Sokak 7, Antalya, Tel. 0242 3 23 14 14; www.kesit.com).

Antalya bietet eine große Bandbreite an Wassersportaktivitäten im BeachPark westlich der Stadt. **AquaLand** (Tel. 0242 2 49 09 00; www.beachpark.com.tr) hat diverse Wasserrutschen, und im benachbarten **DolphinLand** (Kontakt über das AquaLand) kann man mit Delfinen schwimmen.

Weiter östlich in Manavgat sind zwei Wasserparks: **Water Planet** (Tel. 0242 5 27 51 65, www. waterplanet.com.tr) und **Club Alibey Aquapark** (Tel.: 0372 9 48 76 22; www.clubalibeymanavgat.com.tr).

Spaziergänge & Touren

1 DAS ALTE ISTANBUL

Spaziergang

LÄNGE: 4,5 km **DAUER:** 5 Stunden
(inkl. Besichtigung der Hauptsehenswürdigkeiten)
START: At Meydanı (Hippodrom), Stadtteil Sultanahmet 191 C4
ZIEL: Eminönü-Platz am Goldenen Horn 190 C3

Der Spaziergang durch das alte Istanbul vermittelt lebhafte Eindrücke vom faszinierenden Treiben der Stadt, ohne allzu weit von den Hauptsehenswürdigkeiten wegzuführen. Daneben bietet er Gelegenheit, das byzantinische und osmanische Erbe Istanbuls eingehend zu studieren.

1–2

Auf dem Platz **At Meydanı** befand sich in römischer Zeit das Hippodrom (die Pferde- und Wagenrennbahn) von Konstantinopel. In byzantinischer Zeit wurde die Arena vergrößert, sodass 100 000 Menschen darin Platz fanden, und während der Kreuzzüge schließlich zerstört. Auf dem Platz zwischen Sultan-Ahmed-Moschee (Sultanahmet Camii, Blaue Moschee, ➤ 52) und dem Museum für türkische und islamische Kunst (Türk ve Islam Eserleri Müzesi) befindet sich ein Ziergarten. Wenden Sie sich von hier aus in nördlicher Richtung zum unteren Ende der **Divan Yolu Caddesi**, der Hauptschlagader des Stadtteils Beyazıt.

2–3

Überqueren Sie die Straße, und halten Sie sich links. Nach 300 m stoßen Sie auf die **Türbe des Sultans Mahmut II.** (gest. 1838), ein imposantes weißes Marmorgrab, das von weiteren osmanischen Gräbern flankiert wird. Verlassen Sie den Friedhof auf der rechten Seite, und gehen Sie auf der Divan Yolu Caddesi weiter. Nach 200 m sehen Sie das traditionsreiche Café **Cennet**, wo kleine Speisen serviert werden.

Im weiteren Verlauf der Divan Yolu Caddesi fällt Ihnen vermutlich zuerst die Straßenbahnhaltestelle **Çemberlitaş** ins Auge und dann das gleichnamige Denkmal. Kaiser Konstantin I. ließ die Säule im Jahr 330 errichten, als er Konstantinopel zur Hauptstadt des Römischen Reiches bestimmte. Die Kupferreifen, von denen sich der türkische Name Çemberlitaş (»bereifter Stein«) ableitet, wurden dem Monument etwa 100 Jahre nach dem Bau hinzugefügt, um es vor Erdbeben zu schützen. Ein schwerer Brand, der den Stadtteil 1779 verwüstete, machte auch vor der Säule nicht Halt. Heute ist sie durch Schwärme von Tauben, denen sie als Sitzplatz dient, der Verunstaltung ausgesetzt. Nach rechts geht es weiter zum Çemberlitaş-Platz mit dem Çemberlitaş-Hamam (Vezirhan Caddesi 8, ➤ 24) aus dem 16. Jahrhundert und dann zur **Nuruosmaniye-Moschee** (Nuruosmaniye Camii), die unter Sultan Mahmut I. in den Jahren 1748–55 erbaut wurde.

3–4

Der Baustil der Moschee ist bemerkenswert und weicht durch seine barocken Züge von der herkömmlichen Schlichtheit der islamischen Architektur ab. Durchqueren Sie den schattigen Innenhof der Moschee, und Sie gelangen zum

Großen Basar (Kapalıçarşı). Widerstehen Sie der Versuchung, einen Einkaufsbummel zu machen, und kehren Sie stattdessen zum Çemberlitaş-Platz zurück, um Ihren Spaziergang fortzusetzen.

4–5

Zurück auf dem Çemberlitaş-Platz wenden Sie sich nach rechts zur **Yeniçeriler Caddesi**, die nach 700 m auf den **Beyazıt Meydanı** mündet, den belebtesten Platz des Viertels Beyazıt. Auf dem weiten, offenen Platz wird jeden Samstag ein großer, lebhafter Markt abgehalten. Auf der Ostseite des Beyazıt Meydanı erhebt sich die **Beyazıt-Moschee** (Beyazıt Camii), die älteste osmanische Moschee Istanbuls, die in den Jahren 1501–06 entstand und in ihrem Baustil dem Gewölbesystem der Hagia Sophia nachempfunden ist.

Hinter der Moschee liegt der Markt für antiquarische Bücher, **Sahaflar Çarşısı** (► 65). Vom Beyazıt Meydanı gehen Sie in westlicher Richtung (parallel zur Yeniçeriler Caddesi) weiter zum **Kalligrafiemuseum** (Hat Sanatları Müzesi), das in einer ehemaligen *medrese* eingerichtet wurde. Zur kleinen Sammlung des Hauses gehören seltene Koranausgaben und reich verzierte Ausschnitte osmanischer Manuskripte in arabischer Schrift (geöffnet nur dienstags und mittwochs).

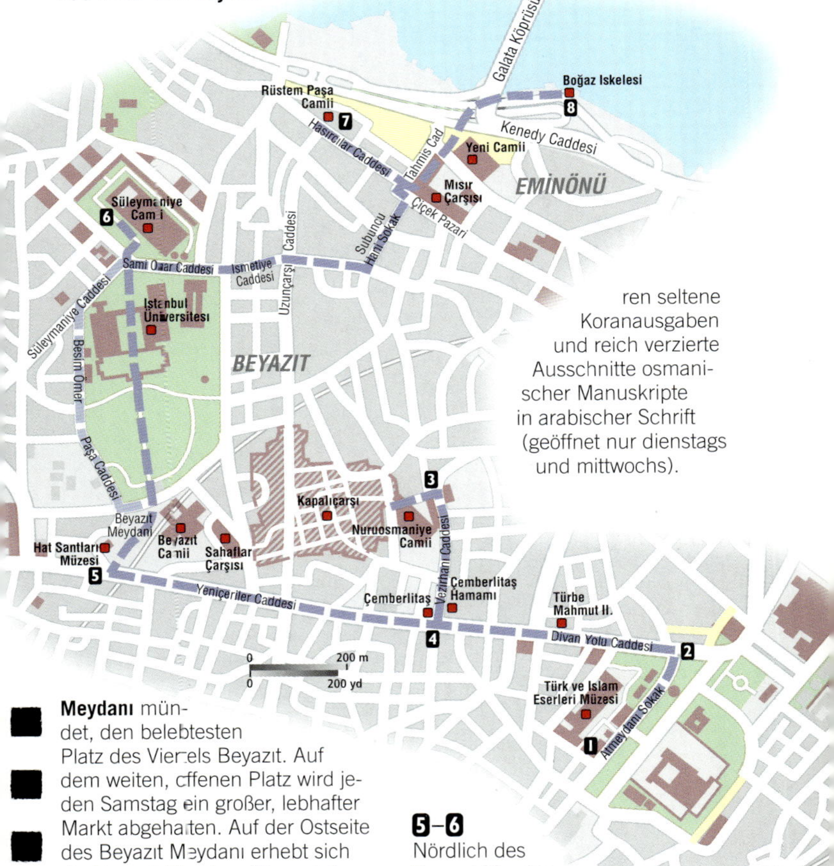

5–6

Nördlich des Beyazıt Meydanı beginnt das Gelände der alten **Universität** (Istanbul Üniversitesı). Das Hauptgebäude wurde 1866 an der Stelle des Palastes Mehmets II.

Die Divan Yolu Caddesi im Viertel Beyazit

(des Eroberers von Konstantinopel) errichtet und diente zunächst als Kriegsministerium. In den 1920er-Jahren wurden die Ministerien in die neue Hauptstadt Ankara verlegt und in den frei gewordenen Gebäuden die erste türkische Hochschule der Neuzeit eingerichtet.

Durch ein ornamental verziertes Eingangstor gelangt man auf den von türkischen Studenten in westlicher oder islamischer Kleidung bevölkerten Campus.

Nördlich der Universität erhebt sich die **Süleyman-Moschee** (Süleymaniye Camii, ➤59), nach deren Besichtigung sich ein Besuch im Restaurant **Darüzziyafe** mit seiner köstlichen osmanischen Küche anbietet. Es liegt innerhalb des Moscheekomplexes an der Şıfane Caddesi.

Am Wochenende ist der Campus geschlossen; zur Moschee gelangt man dann, indem man durch die Besim Ömer Paşa Caddesi, die erste Straße auf der linken Seite der Universität, geht und nach rechts in die Süleymaniye Caddesi abbiegt.

6–7

Vom Hügel der Moschee geht es bergab in einen der ältesten Stadtteile Istanbuls, dessen Straßenlabyrinth einst das Handelszentrum von Byzanz war. Noch heute ist es mit kleinen Werkstätten und Läden angefüllt und von einer bunten Schar von Einheimischen belebt, die sich geschäftig mit Handkarren und Einkaufstaschen durch die Menge schieben. Die beachtenswerten steinernen Arkaden über den Ladenfronten sind zum Teil 600 Jahre alt.

Der direkteste Weg durch das Viertel führt über die Sami Onar Caddesi und die **Ismetiye Caddesi** an der südöstlichen Ecke der Süleyman-Moschee. An der Kreuzung zur Uzunçarşı Caddesi gehen Sie geradeaus weiter und anschließend nach links über die Sabuncu Hanı Sokak zum **Ägyptischen Basar** (Mışır Çarşısı, ➤58). Wenden Sie sich nach links, dann an der Ecke des Basars nach rechts, und biegen Sie in die erste Straße (Hasırcılar Caddesi) links ein. Sie gehen auf die kleine **Rüstem-Paşa-Moschee** (Rüstem Paşa Camii) zu, die 1561 nach einem Entwurf des Baumeisters und Architekten der Süleyman-Moschee, Sinan, erbaut wurde. Wegen ihrer prachtvollen Fayencen auf Tausenden von Iznik-Kacheln gehört sie zu den schönsten Moscheen der Stadt.

7–8

Durchqueren Sie nun den Ägyptischen Basar. Sie gelangen zum Eminönü-Platz, der von der um 1660 erbauten **Neuen Moschee** (Yeni Camii) beherrscht wird. Eine Unterführung führt vom Platz unter einer vierspurigen Autobahn hindurch zu den Fähranlegeplätzen des Stadtteils Eminönü, wo der Spaziergang endet.

2 BAFA-SEE & HERAKLEIA

Tour

LÄNGE: 105 km **DAUER:** 6–8 Stunden (inkl. Besichtigungen)
START: Kuşadası 196 B4
ZIEL: Kap kırı mit den Ruinen von Herakleia 196 C3

Der Bafa-See (Bafa Gölü) entstand, als der Golf von Latmos durch Schwemmsand vom Meer getrennt wurde. Von Kuşadası (► 107) kommend, dringt man in ein Gebiet vor, das ein längst vergangenes Bild der Türkei heraufbeschwört. Seit über 3000 Jahren ist die Region besiedelt, und noch immer sind Pferde und Esel gegenüber den motorisierten Verkehrsmitteln in der Überzahl. In dieser Gegend wird man keine Popmusik aus Strandbars, sondern die heiseren Stimmen von Krähen und das Summen von Insekten vernehmen.

1–2
Von Kuşadası fahren Sie auf der Straße D 515 in Richtung Söke. Während Sie die stetig wachsenden Vororte des Ferienortes hinter sich lassen, kommen allmählich die Hügel der Dilek-Halbinsel (► 108) und das vor der Küste gelegene Samos in den Blick.

2–3
In **Söke** folgen Sie den Wegweisern nach Bodrum. Nehmen Sie die Ringstraße, um das Stadtzentrum zu umgehen, dessen Besichtigung sich kaum lohnt und dessen Straßen in einem schlechten Zustand sind. Am Ausgang der Stadt liegt eine leuchtend grüne Moschee.

3–4
Gleich nach der Moschee biegen Sie rechts in die beschilderte Straße nach Priene und Milet ein. Die Gegend wird nun wesentlich ländlicher, und auf der linken Seite beginnt sich die Ebene des Flussdeltas zu dehnen. Vom Namen des Flusses **Menderes** leitet sich die Bezeichnung für die Windungen von Flussläufen oder die geschwungenen Linien in der Kunst und Architektur (Mäander) ab. Das Delta des Flusses ist ein landwirtschaftlich genutztes Gebiet, in dem zwei Feldfrüchte vorherrschen: Baumwolle und Sonnenblumen. Im Sommer blickt man über ein weites sonnengelbes Blütenmeer; im September und Oktober wird die Baumwolle geerntet. Hinter dem Dorf **Güllübahçe** führt eine Abzweigung rechts Richtung Priene (► 108).

Erntezeit in den Baumwollfeldern an der Mündung des Flusses Menderes

4–5

Von Güllübahçe kommend, biegen Sie nach 9 km links in die Straße nach Didyma (Didim) ein, die in südlicher Richtung durch die Ebene des Flussdeltas führt. Rechts erstrecken sich Salztonebenen bis zum Meer; sie sind ein wichtiger Lebensraum für Zugvögel wie Störche, Flamingos und die heimischen Reiherarten. Die Gegend wurde als Nationalpark **Dilek Yarımadasi/Büyük Menderes Deltası Milliparkı** ausgewiesen.

55 km von Kuşadası entfernt, überqueren Sie den Menderes. In südlicher Richtung können Sie dabei die Reste des antiken **Milet** (➤ 109f) sehen, dessen Ruinen im Schlamm des Flusses versanken.

5–6

Auch wenn Sie nicht zu einer Besichtigung der antiken Stätte anhalten möchten, folgen Sie dem Hinweisschild nach Milet. Sie befahren eine Seitenstraße, die direkt auf das größte Bauwerk des antiken Ortes, das **Theater**, zuführt.

Bei der Weiterfahrt sehen Sie die **Ilyas-Bey-Moschee** (Ilyas Bey Camii), deren Glanz seit Langem verblasst ist. Die im 15. Jahrhundert erbaute Moschee, vor allem die aufwendig gestaltete Gebetsnische *(mihrab)* aus Marmor, ist dennoch eine eingehende Besichtigung wert. Kehren Sie dann auf die

Ländliches Leben am Bafa-See – unberührt vom Wandel der Zeit

Hauptstraße zurück, und biegen Sie an der Kreuzung nach links ab, um Ihre Fahrt fortzusetzen.

6–7

Wenn Sie das Dorf Akköy erreichen, können Sie entweder geradeaus nach **Didyma** (mit dem Tempel des Apollon, ➤ 110) weiterfahren und nach einer Besichtigung auf demselben Weg zu Ihrer Hauptroute zurückkehren, oder gleich nach links zum Bafa-See abbiegen.

Biegen Sie an der Kreuzung der Straße B525 rechts in Richtung Milas/Bodrum ab. Die Straße steigt an und führt durch bewaldete Hügel. Auf der Hälfte der Strecke können Sie im Ceri Café einkehren und einen Tee mit Blick auf den **Bafa-See** genießen. Die Straße führt mehrere Kilometer am Seeufer entlang.

Ein Meer von Sonnenblumen in der Menderes-Ebene

7–8
Am Südufer entfernt sich die Straße B525 vom See; von diesem Punkt aus sind es noch 5 km zum Dorf **Bafa**. Von dort folgen Sie dem Wegweiser in Richtung Kapıkırı, indem Sie links abbiegen.

Die antike Stadt Herakleia, das Ziel Ihrer Fahrt, liegt 10 km von Bafa entfernt. Das mit Steinbrocken übersäte Gelände zwischen dem See und Bafa wäre eine vollkommene Mondlandschaft – wenn es auf dem Mond kleine Bauernhöfe gäbe. Ställe und Unterstände für Kühe lehnen sich an große Felsblöcke, in der Nähe werden kleine Felder bestellt.

Das Dorf **Kapıkırı** döst zwischen den antiken Ruinen der hellenistischen Festung **Herakleia** dahin, die – teils vom Wasser des Sees bedeckt – unterhalb des Berges Latmos liegt. Der Ort wurde im 5. Jahrhundert v. Chr. gegründet und erlebte seine Hochphase in der hellenistischen Zeit. Später versandete er und teilt damit das Schicksal vieler antiker Stätten der Region. Sehr wenige Gebäude wurden professionell ausgegraben, sie sind weit verstreut und zum Teil im Gestrüpp versteckt. Eine Besichtigung empfiehlt sich deshalb mit einem der Führer aus dem Dorf.

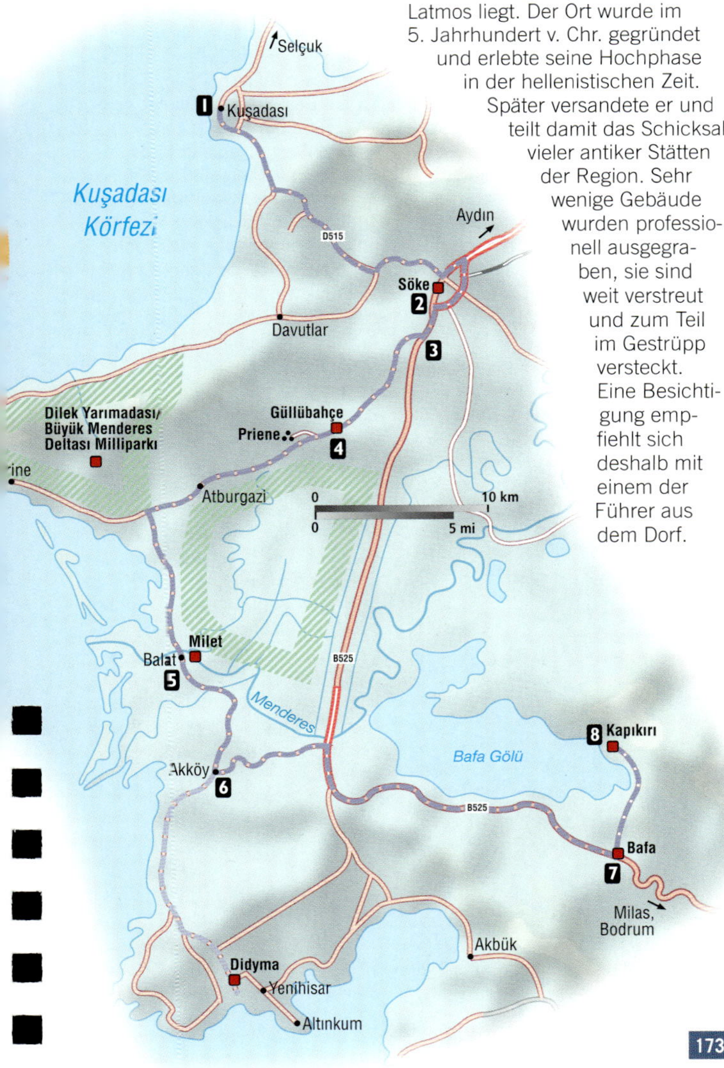

3 VON OLYMPOS ZUR CHIMAIRA

Wanderung

LÄNGE: 14 km **DAUER:** 4 Stunden (inkl. Besichtigungen)
START: Olympos 198 B1
ZIEL: Chimaira (von dort zurück nach Olympos zum Auto) 198 B1

Das Erdgasfeuer der Chimaira brennt seit der Antike und erfüllt den Schauplatz mit einer magischen Aura. Der Spazierweg von Olympos dorthin führt Sie an einem der südlichsten Punkte der lykischen Küste an einem langen, feinsandigen Strand entlang und an hohen, pinienbewachsenen Bergen vorüber. Dieser Küstenabschnitt ist durch ausdrucksvolle Hügelketten von der Hauptstraße getrennt und heute Teil des Olympos-Beydağları-Nationalparks. Bis vor Kurzem fand kaum ein Tourist den Weg hierher. Heute ist man in Olympos während der Hochsaison nicht mehr ungestört, denn der Ort ist eine beliebte Zwischenstation für Bootsausflüge, die vom nahe gelegenen Badeort Kemer ausgehen. Außerhalb der Saison ist die Gegend noch immer eine Welt für sich.

Zum Ausgangspunkt Ihres Spaziergangs folgen Sie dem Schild mit der Aufschrift »Olympos 11/Adrasan (Çavuşköy) 15«, das an der Küstenstraße 400 nach Olympos weist (Achtung: Es gibt zwei Abzweigungen, die sehr nah beieinander liegen). Stellen Sie Ihr Auto auf dem Parkplatz von Olympos ab. Falls die Kasse besetzt ist, müssen Sie dort Eintrittskarten kaufen.

1–2

Halten Sie sich auf dem Hauptweg, und durchwandern Sie die antike Stätte. Die lykische Stadt **Olympos** wurde an einem Fluss in einer schmalen Schlucht angelegt. Zahlreiche noch nicht freigelegte Ruinen liegen unter der üppigen Vegetation verborgen. Am Ufer sind einige lang gestreckte Lagerhäuser zu sehen. Das monumentale Marmortor eines zerstörten Tempels ist mit Gras überwachsen (folgen Sie dem Hinweisschild »Mabet« vom Hauptweg nach links).

In dem unerschlossenen Gelände können Sie sich wie ein Entdeckungsreisender fühlen. Beobachten Sie Vögel, Insekten, Lurche

Das Tor des Mabet-Tempels von Olympos inmitten üppiger Vegetation

und Reptilien, beispielsweise Eidechsen, Schildkröten und Frösche. Die Ruinenstätte ist ein Lebensraum verschiedenster Arten.

Die bedeutendste Gottheit von Olympos war Hephaistos, der Gott des Feuers und der Schmiedekunst, was angesichts der Lage in der Nähe eines Erdgasfeuers kaum verwunderlich ist.

2–3
Von der Schlucht kommen Sie direkt auf den **Strand von Olympos** zu, einen Nistplatz der Meeresschildkröten, der durch seine Weite und Ungestörtheit beeindruckt. Er erstreckt sich über mehrere Kilometer und wird lediglich von einem ins Meer ragenden Felsenriff begrenzt. Gehen Sie am Strand entlang, bis Sie die *pansiyon* Yavuz erreichen.

3–4
Von dort laufen Sie etwa 100 m weit landeinwärts, wobei Sie den Parkplatz von Olympos und ein Flussbett (1,5 km von der antiken Stätte entfernt) überqueren, und erreichen das Dorf **Çıralı** mit kleinen Restaurants und Bars, die teilweise am Strand liegen. Hier können Sie sich mit Getränken für den Weitermarsch versorgen. Auch auf dem Rückweg zum Parkplatz von Olympos kommen Sie hier vorbei.

4–5
Im Dorf Çıralı stehen gelbe Wegweiser in Richtung »Chimaera«. Von der Hauptstraße wenden Sie sich nach rechts, durchqueren das Dorf und passieren eine Moschee am rechten Wegrand.

5–6
Sie kommen an kleinen Bauernhöfen und Zitrushainen vorüber und gelangen nach 2 km zu einer Abzweigung nach links mit einem gelben Hinweisschild. Von dort erreichen Sie nach 20 Minuten Ihr »Basislager« für den weiteren Aufstieg, den Parkplatz der Chimaira (Kasse: April–Okt. tägl. 9–19 Uhr; sonst 9–17 Uhr. Der Zugang ist auch außerhalb dieser Zeiten möglich). An einem Erfrischungsstand können Sie Ihre (notwendigen!) Getränkevorräte ergänzen.

6–7
Nach einem steilen Aufstieg von 30 Minuten Dauer kommen die **Flammen** des Erdgasfeuers in Sicht. Der Weg ist nicht zu verfehlen, stellenweise jedoch rutschig und von Baumwurzeln durchzogen, die zu Stolperfallen werden können.

Die Flammen der Chimaira entzünden sich am Erdgas, das zwischen den Felsen entweicht

In der Antike waren die leuchtenden Flammen vom Meer her sichtbar; Seeleute hielten sie für das Feuer speiende Ungeheuer Chimaira.

Ungefähr 30 Flammen flackern zwischen den Felsen, die höchste von ihnen lodert 50 cm hoch. Achten Sie darauf, wohin Sie Hände und Füße setzen, da nicht alle Flammen deutlich zu sehen sind. Von den Flammen geht ein Gasgeruch aus, der aber zu schwach ist, um als Warnung zu dienen. Bei Nacht kommen die Flammen natürlich am wirkungsvollsten zur Geltung. Einige Besucher sollen hier bei Dunkelheit spirituelle Erlebnisse haben.

Denken Sie bei einem nächtlichen Aufenthalt daran, dass Sie über den sehr steilen und schmalen Weg zurückgehen müssen. Es ist also notwendig, eine Taschenlampe mitzunehmen oder sich in die Obhut eines Fremdenführers zu begeben.

7–8

Kehren Sie nach dem Abstieg zum Hauptweg zurück. Anstatt zum Dorf Çıralı zurückzugehen, können Sie sich nach links wenden und den Rückweg auf der Strandstraße oder am Strand selbst zurücklegen; dabei haben Sie einen schönen Rundblick auf die bergige Umgebung. Sie erreichen den Strand nach 1,5 km bzw. zehn Minuten Fußmarsch. Von dort sind es 2 km zum Dorf und 3,5 km zur Ruinenstätte von Olympos.

Der lange Strand von Olympos

4 GRÜNER SEE & ELMALI

Tour

LÄNGE: 235 km
DAUER: 8 Stunden (inkl. Besichtigungen)
START/ZIEL: Kaş 197 F1

Eine Fahrt von Kaş zur Stadt Elmalı führt Sie durch eine Gegend der lykischen Küste, die selten von Touristen besucht wird. Die Route verläuft durch Hügelketten, die gegen die Küste drängen, durchquert die hohen Gebirgszüge der Beydağları und mündet schließlich in die weite, fruchtbare Elmalı-Ebene, deren Landschaft sich wesentlich von der des Küstengebiets unterscheidet.

Für eine Fahrt zum Grünen See benötigen Sie ein Auto mit Allradantrieb; nervöse Fahrer (und Beifahrer) werden vielleicht angesichts dieser Notwendigkeit auf die gesamte Tour verzichten wollen, doch die anderen Straßen sind mit einem gewöhnlichen Mietwagen ausgezeichnet zu bewältigen.

1–2

Von Kaş führt die **Küstenstraße 400** nach Osten in Richtung Antalya und steigt steil an den Hängen der an die Küste drängenden Gebirgsausläufer hinauf.

2–3

Nach 11 km erreichen Sie einen Kreisverkehr und folgen dem Wegweiser in Richtung »Elmalı/Antalya«. Die Straße führt nun bergab und verläuft in einer Reihe von engen Zickzackkurven durch einen duftenden Pinienwald. Nach vorn öffnet sich die Sicht auf eine weite Ebene. Das Dorf **Kasaba** liegt in einem fruchtbaren Tal, das im Mai und Juni, zur Zeit der Reife und Ernte des Weizens, am schönsten anzusehen ist. Später im Jahr liegt das Land brach, und Ziegenherden durchstreifen die Felder auf der Suche nach übrig gebliebenem Stroh.

Nach 37 km klettert die Straße in die Gebirgslandschaft der **Ak Dağlar** hinauf. Die Pinien des Tieflandes werden von Hochlandarten abgelöst, und am 1560 m hohen **Karaovabeli-Pass** (Karaovabeli Geçit) überschreiten Sie die Schneegrenze. Von dort blickt man auf den Gipfel des kargen, 3015 m hohen Uyluk Dağı, der noch im Frühsommer mit Schnee bedeckt ist. Sie fahren nordwärts durch das Tal Richtung Gömbe.

Für einen Tee sollte unterwegs immer mal wieder Zeit bleiben...

3–4

Nach 52 km passieren Sie einen Stausee, und nach etwa 60 km biegen Sie links nach **Gömbe** ab, wenn Sie zum Grünen See (➤ 180, Kasten) weiterfahren möchten. Für diese Strecke ist unbedingt ein Fahrzeug mit Allradantrieb erforderlich.

4–5

Fahren Sie auf der Hauptstraße weiter nach **Elmalı**. Die Stadt liegt in einer weiten Ebene, die von ausgedehnten Obstplantagen bedeckt ist. Der Name der Stadt bedeutet etwa »Ort der Äpfel«, und während im Mai der Duft der Apfelblüten Ihre Fahrt begleitet, können Sie im Oktober die Apfelernte hautnah miterleben. Wenn Sie im Herbst in der Region unterwegs sind, achten Sie auf die mit Äpfeln hoch beladenen Lastwagen – herabfallende Äpfel sind schwer genug, um Ihr Auto zu beschädigen.

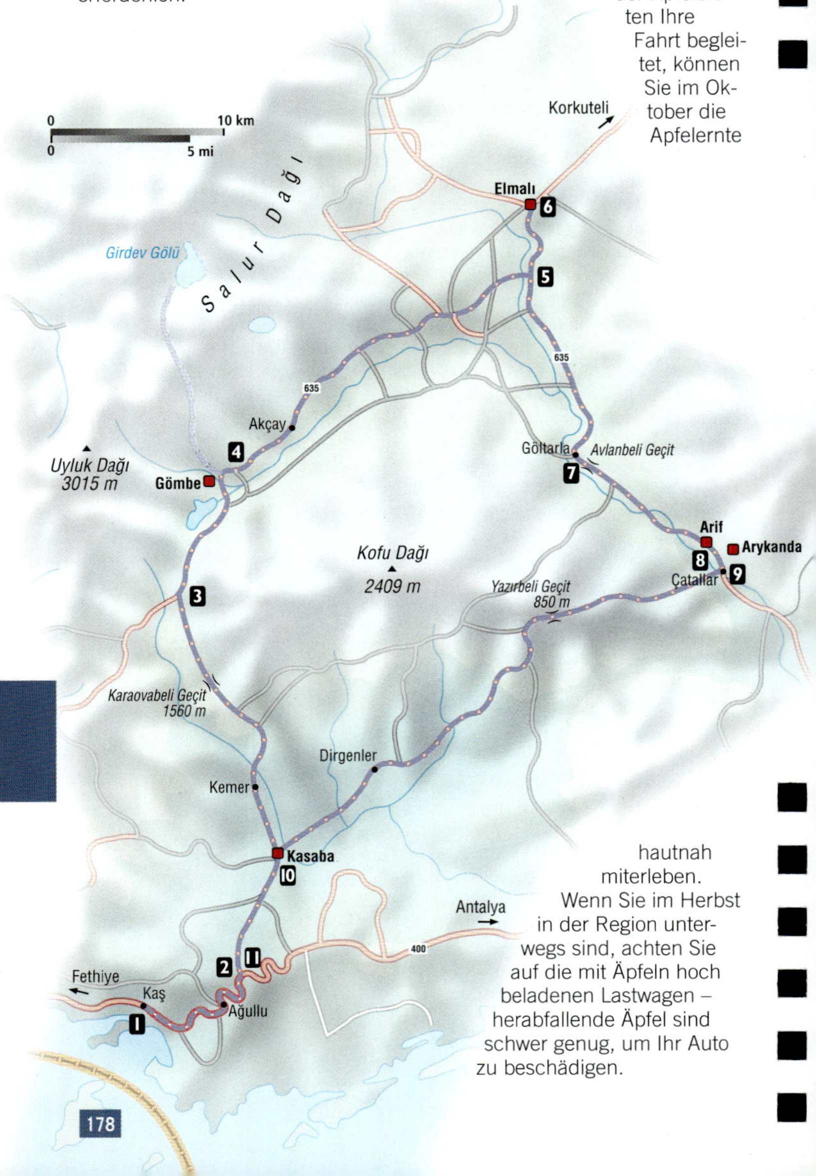

5–6
In 23 km Entfernung von Gömbe erreichen Sie die Straße 635. Biegen Sie links ab; nach Elmalı sind es von dort noch 7 km. Auf dem Weg zur Altstadt durchqueren Sie modernere Viertel der Stadt, über der der Elmalı Dağ aufragt. Stellen Sie das Auto in der Nähe der im 17. Jahrhundert erbauten Ömer-Paşa-Moschee (Ömerpaşa Camii) ab, um einen Spaziergang durch die nördlich gelegene Altstadt zu machen. Kopfsteingepflasterte Straßen führen Sie zu zahlreichen Häusern aus osmanischer Zeit, die meist noch von Familien bewohnt sind. Möglicherweise erregt Ihre Ankunft die Aufmerksamkeit der Einheimischen – vor allem der Kinder, die selten Fremde zu Gesicht bekommen.

Wenn Sie Elmalı in der ersten Septemberhälfte besuchen, können Sie Wettkämpfe im türkischen Ringen erleben. Dieser Sport hat eine 600 Jahre alte Tradition und zieht Kämpfer aus dem ganzen Land an.

6–7
Sie verlassen Elmalı auf derselben Route. Sobald Sie die Abzweigung nach Gömbe erreichen, fahren Sie auf der Straße 635 in Richtung Finike/Kaş weiter. Nach 20 km lassen Sie die Ebene hinter sich und überqueren den **Avlan-Pass** (Avlanbeli Geçit).

Die Ömer-Paşa-Moschee (Ömerpaşa Camii) aus dem 17. Jahrhundert in Elmalı

7–8
Nach weiteren 34 km erreichen Sie das Dorf **Arif**. Eine Abzweigung auf der linken Seite führt nach 100 m über eine Reihe enger Kurven zur Stätte des antiken **Arykanda**, die zwar keine bedeutenden Ruinen aufweist, wegen der überaus eindrucksvollen Landschaft rund um

Die antike Ruinenstätte Arykanda inmitten einer eindrucksvollen Berglandschaft

die archäologische Stätte jedoch einen Besuch wert ist: Die Ruinenstätte liegt 750 m über dem Tal und wird von imponierenden, über 3000 m hohen Gipfeln überragt.

Auf der Akropolis der antiken Siedlung, die 4000 Jahre lang bestand und ihre Blütezeit zwischen 200 v. Chr. und der Frühzeit des Christentums erlebte, sind einige Ruinen erkennbar; ein Theater und eine Basilika befinden sich in höheren Lagen des Burghügels.

8–9
Kehren Sie zur Hauptstraße zurück, und fahren Sie in südlicher Richtung weiter. Nach 4 km erreichen Sie eine Abzweigung nach rechts, die nach Kaş zurückführt.

9–10
Die Fahrt führt auf einer stellenweise holprigen Straße durch eine felsige Landschaft zum 850 m hohen **Yazır-Pass** (Yazırbeli Geçit). In dieser Gegend werden Sie vermutlich nur Wildziegen begegnen. Hinter dem Pass dehnt sich vor Ihnen das Tal aus – gesprenkelt mit Gewächshäusern, in denen vor allem Tomaten gezogen werden. Nach 46 km erreichen Sie das Dorf Kasaba.

10–11
In **Kasaba** biegen Sie links ab und folgen der Straße, bis Sie wieder auf den Kreisverkehr zukommen, wo Sie die zweite Abzweigung in Richtung der Küstenstraße nehmen und nach Kaş zurückfahren.

ABSTECHER ZUM GRÜNEN SEE

Der **Grüne See** (Girdev Gölü) liegt 15 km von Gömbe entfernt. Die Straße nach Gömbe führt hinter einer Flussbrücke direkt ins Dorf. Kurz vor dem Ortseingang passieren Sie eine auf der rechten Seite stehende farbenprächtige Moschee. Etwa einen Kilometer hinter der Flussbrücke verzweigt sich die Straße, und Sie halten sich rechts. Die ansteigende Straße führt an mehreren Gehöften vorüber; nach zwei Kilometern endet der Asphaltbelag. Von dort sind es noch zehn Kilometer, die auf steinigen Sandwegen zurückzulegen sind. Die Route führt durch ein baumloses Tal zum See; es ist eine karge Landschaft mit Geröllfeldern, die höchste Anforderungen an Ihre Fahrkünste stellen wird.

Der »Grüne See« ist genau genommen eine feuchte Senke. Da er keine Zuflüsse besitzt, kann er im Spätsommer vollkommen ausgetrocknet sein. Wenn die Senke Wasser führt, sind die Spiegelungen der Berge und des Himmels auf der Wasserfläche ein erhebender Anblick. An den Ufern stehen robuste kleine Hütten. Sie dienten in früherer Zeit als Unterkünfte für Hirten.

Die beschwerliche Route zum Grünen See ist nur von Fahrzeugen mit Allradantrieb zu bewältigen

Praktisches

Praktisches

REISEVORBEREITUNGEN

WICHTIGE PAPIERE

● Erforderlich
○ Empfohlen
▲ Nicht erforderlich

	Deutschland	Österreich	Schweiz
Pass/Personalausweis	●	●	●
Visum	▲	●	▲
Weiter- und Rückflugticket	●	●	●
Impfungen (Tetanus und Polio)	○	○	○
Krankenversicherung (➤ 186, Gesundheit)	○	○	○
Reiseversicherung	○	○	○
Führerschein (national) zum Mieten eines Autos	●	●	●
Kfz-Haftpflichtversicherung (für das eigene Auto)	●	●	●
Fahrzeugschein (für das eigene Auto)	●	●	●

REISEZEIT

Temperaturen an der türkischen Westküste

Hauptsaison — Nebensaison

JAN	FEB	MÄRZ	APRIL	MAI	JUNI	JULI	AUG	SEPT	OKT	NOV	DEZ
13°C	14°C	17°C	21°C	25°C	30°C	34°C	34°C	31°C	26°C	19°C	14°C

Sonnig — Wechselhaft — Regnerisch — Bewölkt

Die angegebenen Temperaturen entsprechen den durchschnittlichen Tageshöchstwerten des jeweiligen Monats. Die lange Hochsaison an den türkischen Küsten dauert von Anfang April bis Ende Oktober. Zu Beginn und zum Ende der Hochsaison sind die Temperaturen milder, und die Regenwahrscheinlichkeit ist höher; die Strände und Sehenswürdigkeiten sind nicht so überlaufen wie zu anderen Zeiten. Die Angebote für Wildwasser-Rafting (➤ 150) und Jeep-Safaris (➤ 158) können wegen der geringeren Nachfrage eingeschränkt sein.

Im Hochsommer (Ende Juni bis Anfang September) können die Temperaturen auf über 30°C ansteigen; in Istanbul und Kappadokien wird es sehr heiß. Die Küstenorte sind daher bevorzugte Urlaubsziele, saisonbedingt ausgelastet und oft überlaufen.

INFORMATION VORAB

Websites

www.turizm.gov.tr
www.tourismturkey.org
www.kultur.gov.tr
www.ibb.gov.tr

In Deutschland

Türkisches Fremdenverkehrsamt (Informationsabteilung des Generalkonsulats)
Tauentzienstraße 9–12
10789 Berlin
☎ 030 2 14 37 52

Türkisches Generalkonsulat
Baseler Straße 37
60329 Frankfurt
☎ 069 23 30 81

ANREISE

Mit dem Flugzeug: Von Frankfurt/Main, Berlin, Hamburg, Düsseldorf und München kann man im Linienverkehr direkt nach Istanbul und Izmir fliegen. Nach Antalya gibt es von zahlreichen Flughäfen aus Flugverbindungen.
Preise: Die Preise für Flüge erreichen in den Monaten April bis Oktober ihren höchsten Stand. Last-Minute-Angebote sind im Vergleich mit den regulären Preisen günstiger. Über die vielfältigen Angebote für Pauschalreisen sollte man sich in einem Reisebüro oder bei einem speziellen Reiseveranstalter informieren.
Mit dem Auto: Bei einer Anreise mit dem eigenen Wagen ist eine Überfahrt mit der Autofähre von Italien zu empfehlen. Fährverbindungen gibt es von Venedig nach Izmir und von Brindisi nach Çeşme. Bei einem Aufenthalt in der Türkei von bis zu drei Monaten ist beim Grenzübertritt der nationale Führerschein, der Fahrzeugschein und der Pass (in den das Auto eingetragen wird) vorzulegen und eine Haftpflichtversicherung nachzuweisen. Die internationale Versicherungskarte muss von der Versicherungsgesellschaft für die Türkei für gültig erklärt werden; andernfalls ist an der Grenze eine Versicherungspolice zu erwerben.

ZEIT

Die Differenz zur Mitteleuropäischen Zeit (MEZ) beträgt + 1 Stunde (**osteuropäische Zeit**). Zwischen Ende März und Ende Oktober gilt die Sommerzeit (+ 1 Stunde).

WÄHRUNG UND GELDWECHSEL

Die **Landeswährung** ist die Neue Türkische Lira (YTL). 2005 wurde die türkische Währung abgewertet und neue Banknoten und Münzen wurden eingeführt. Scheine gibt es zu 1, 5, 10, 20, 50 und 100 YTL. Eine Lira entspicht 100 Kurus. Im Umlauf sind Münzen zu 1, 5, 10, 25, 50 Kurus und 1 Lira.
Wechselkurse 1 € entspricht ca. 2,86 YTL.
Geldwechsel: Banken und Wechselstuben erheben unterschiedlich hohe Umtauschgebühren (bis zu vier Prozent), nach denen man sich vorab erkundigen sollte. Bewahren Sie die Quittungen auf; sie müssen möglicherweise bei der Ausreise vorgelegt werden.
Kreditkarten: Die gängigen Kreditkarten (Visa, Mastercard, American Express etc.) werden in den großen Städten und Touristenzentren akzeptiert. Dort kann man auch an Geldautomaten mit Kredit- oder Bankkarte Geld abheben.
Sperrung von EC-/Kreditkarten: Für **Deutschland:** +49 11 61 16 (gilt auch für Handykarten, Online-Banking-Zugänge und die elektronische Identitätsfunktion von Personalausweisen); für **Österreich:** +43 1 717 01 45 00; für die **Schweiz:** +41 44 6 59 69 00 (Swisscard), +41 44 8 28 35 01 (UBS Card Center), +41 44 2 00 83 83 (VISECA), +41 44 8 28 32 81 (Postfinance)

Türkisches Generalkonsulat
Karlsplatz 3
80335 München
☎ 089 59 49 02

In Österreich
Türkisches Fremdenverkehrsamt
Singerstraße 2/8
1010 Wien
☎ 01 5 12 21 28
www.turkinfo.at

In der Schweiz
Türkisches Fremdenverkehrsamt
Talstraße 82
8001 Zürich
☎ 01 2 21 08 10
www-tuerkei-info.ch

DAS WICHTIGSTE VOR ORT

FEIERTAGE

1. Januar	Neujahr
23. April	Unabhängigkeitstag und Tag der Kinder
1. Mai	Tag der Arbeit und Solidarität
19. Mai	Atatürk-Gedenktag und Tag der Jugend
30. August	Tag des Sieges
29. Oktober	Tag der Republik

Bewegliche Feiertage: Islamische Feiertage werden in den meisten Teilen der Türkei eingehalten, wirken sich aber nicht auf die Öffnungszeiten von Geschäften oder Institutionen aus. Der Ramadan (türk. Ramazan) verschiebt sich jedes Jahr um etwa 11 Tage nach vorn: 17. Juni bis 16. Juli 2015, 7. Juni bis 6. Juli 2016.

ÖFFNUNGSZEITEN

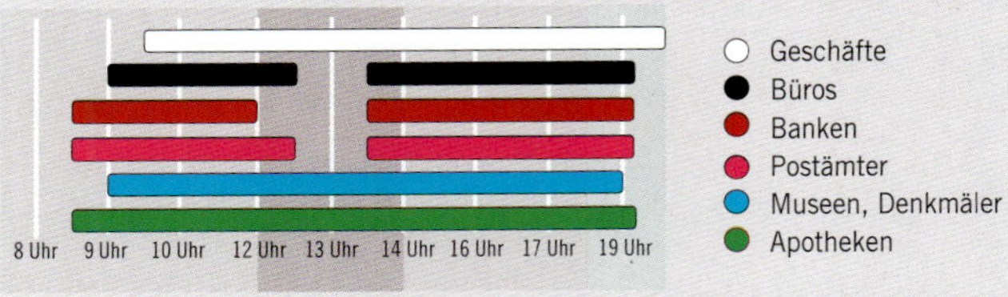

☐ tagsüber ☐ mittags ☐ abends

In touristischen Zentren sind die **Geschäfte** täglich bis 22 Uhr oder länger geöffnet. **Banken** sind am Wochenende geschlossen. **Postämter**: Hauptpostämter sind von Montag bis Samstag von 8 bis 24 Uhr und Sonntag von 9 bis 19 Uhr geöffnet. Postämter in kleineren Orten schließen in der Regel mittags für eine Stunde und sind sonntags geschlossen. **Museen** sind montags geschlossen. Die meisten **archäologischen Stätten** sind im Winter tägl. von 8.30 bis 17 Uhr, im Sommer täglich von 8.30 bis 18 Uhr geöffnet.

TRINKGELD

Ein Trinkgeld ist immer willkommen. Aufschläge sind in Rechnungsbeträgen nicht automatisch enthalten. Grundsätzlich gilt:

Restaurant/Taxi/Stadtführer	10 %
Barkeeper	Kleingeld
Zimmermädchen	1 YTL pro Tag
Gepäckträger	1 YTL
Garderobe/Toilette	Kleingeld

ELEKTRIZITÄT

Die Netzspannung beträgt 230 Volt (50 Hz).

Die Stromversorgung ist gelegentlich unterbrochen. Ein spezieller Adapter ist nicht erforderlich.

ZEITUNTERSCHIED

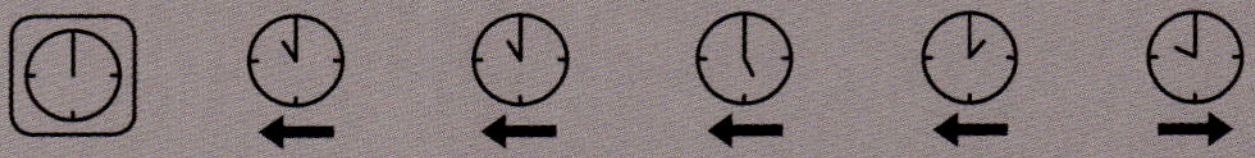

Türkei	MEZ	Berlin	New York	Los Angeles	Sydney
12 Uhr	11 Uhr	11 Uhr	5 Uhr	1 Uhr	22 Uhr

IN KONTAKT BLEIBEN

Post: Postämter findet man in allen größeren Städten und Urlaubsorten. Sie sind mit der schwarzen Aufschrift »PTT« auf gelbem Grund gekennzeichnet. Dort kann man auch telefonieren und (in einigen größeren Ämtern) Geld umtauschen. Briefkästen sind ebenfalls gelb.

Telefonieren: In den öffentlichen Telefonzellen kann man ausschließlich mit Telefonkarten telefonieren. Diese bekommt man in Postämtern, an Kiosken und bei einigen Einzelhändlern. Von modernen öffentlichen Telefonapparaten in Istanbul und anderen größeren Touristenzentren kann man internationale Gespräche per Direktwahl mit Telefon- oder Kreditkarten führen. Bei Schwierigkeiten steht in den Hauptpostämtern eine Handvermittlung zur Verfügung, die man nach Beendigung des Gesprächs bezahlt.

Internationale Vorwahlen:

Deutschland	**0049**
Österreich	**0043**
Schweiz	**0041**

Mobilfunk: Die meisten Handys sind in der Türkei problemlos einsetzbar. Gebühren werden auch fällig, wenn man angerufen wird. Es lohnt sich daher, eine Prepaid-Karte *(hazır kart)* zu kaufen. Die größten Mobilfunkanbieter sind Turkcell, Telsim und Aria, wobei Turkcell das bessere Netz hat

WLAN: Mittlerweile verfügen nahezu alle Hotels und Restaurants über ein gut funktionierendes WLAN-Netz, das allenfalls in den Abendstunden etwas lahmt. Und dann kommt es immer wieder zu Restriktionen seitens der Regierung.

SICHERHEIT

Die Türkei ist eines der sichersten Reiseländer. Geringfügige Straftaten kommen jedoch vor, vor allem in Touristengebieten. Beachten Sie folgende Hinweise:

- Lassen Sie Wertsachen und wichtige Papiere im Hotelsafe aufbewahren.
- Tragen Sie nicht mehr Geld bei sich, als Sie unbedingt benötigen.
- Lassen Sie im Auto oder am Strand keine Wertsachen herumliegen.
- Gehen Sie bei Nacht nur durch gut beleuchtete Straßen.
- Steigen Sie nur in ein Taxi, das als solches gekennzeichnet ist.
- Polizisten tragen blaue Uniformen. In größeren Urlaubsorten gibt es eine zusätzliche Touristenpolizei; dort versteht man Englisch oder Deutsch.

Polizei:
☏ 155 von jedem Telefon

POLIZEI 155
VERKEHRSPOLIZEI 154
BEREITSCHAFTSPOLIZEI (JANDARMA) 156

FEUERWEHR 110
WALDBRANDNOTRUF 177

KRANKENWAGEN 112

GESUNDHEIT

Krankenversicherung: Zwischen der Türkei und Deutschland, Österreich und der Schweiz besteht ein Sozialversicherungsabkommen. Eine Reisekrankenversicherung empfiehlt sich. Überprüfen Sie Ihren Versicherungsschutz, wenn Sie eine gefährliche Sportart ausüben.

Zahnarzt: Behandlungen müssen bar bezahlt werden. Damit geleistete Zahlungen von Ihrer Krankenversicherung erstattet werden können, brauchen Sie eine Quittung. Die meisten türkischen Zahnärzte sprechen Englisch.

Wetter: Die Sonne hat besonders im Sommer (Juli bis September) viel Kraft. Ein Sommertag hat durchschnittlich zwölf Sonnenstunden. Verwenden Sie eine Sonnenschutzcreme mit hohem Lichtschutzfaktor, tragen Sie am Strand oder bei Besichtigungen einen Hut.

Medikamente: In allen größeren Städten und Urlaubsorten finden Sie schnell eine Apotheke (*ezcane*), die bei kleineren Beschwerden wie einem Sonnenbrand oder verdorbenem Magen weiterhilft. Eine Reihe von Medikamenten ist rezeptfrei erhältlich. Privat geführte Krankenhäuser sind meist gepflegt und gut ausgestattet.

Trinkwasser: In großen Städten und Urlaubsorten ist der Genuss von Leitungswasser unbedenklich. Es kann allerdings stark gechlort sein. Mineralwasser ist überall zu kaufen.

ERMÄSSIGUNGEN

Kinder: Viele Hotels bieten ermäßigte Übernachtungen für Kinder an. Der Eintritt zu historischen Stätten ist stets verbilligt.

Studenten: Inhaber eines internationalen Studentenausweises (ISIC) erhalten Ermäßigungen in Museen und archäologischen Stätten. Ein verbilligter Interrail-Pass ist für Europäer unter 26 Jahren erhältlich.

EINRICHTUNGEN FÜR BEHINDERTE

In der Türkei gibt es kaum spezielle Einrichtungen für Touristen mit Behinderungen. Erkundigen Sie sich vor der Buchung über die Ausstattung des gewünschten Hotels. Moderne Museen verfügen über Rampen für Rollstuhlfahrer.

KINDER

Kinder sind überall willkommen und werden besonders in Restaurants sehr freundlich empfangen. Auf Speisekarten findet man aber selten Kinderteller. Besondere Attraktionen für Kinder sind im Buch durch oben stehendes Logo gekennzeichnet

TOILETTEN

Öffentliche Toiletten sind oft gegen eine geringe Gebühr zugänglich. In Restaurant-Toiletten ist nicht immer Toilettenpapier vorhanden. Auf dem Land besteht die Toilette oft nur aus einem Loch im Boden.

ZOLL

Die Ausfuhr von Souvenirs, die ganz oder teilweise aus bedrohten Tierarten gefertigt sind, ist illegal bzw. erfordert eine Sondergenehmigung.

KONSULATE IN ISTANBUL

Deutschland
☎ 0212 3 34 61 00

Österreich
☎ 0212 3 63 84 10

Schweiz
☎ 0212 2 83 12 82

IMMER ZU GEBRAUCHEN

Ja **Evet**
Nein **Hayır**
Guten Tag (informell) **Merhaba**
Auf Wiedersehen **Allaha ısmarladık**
(als Antwort:) Güle güle
Wie geht es Ihnen? **Nasılsınız?**
Geht es Ihnen gut? **İyi misiniz?**
Bitte **Lütfen**
Danke **Teşekkür ederim; sağ ol**
Vielen Dank **Çok teşekkür ederim**
Entschuldigung **Özür dilerim**
Es tut mir (sehr) leid **(Çok) üzgünüm**
Keine Ursache/Gern geschehen **Bir şey değil**
Haben Sie nicht noch etwas ...? **Daha ... bir şeyiniz yok mu?**
Wie viel? **Ne kadar?**
Ich hätte gern ... **... istiyordum**

WEITERE NÜTZLICHE AUSDRÜCKE

Guten Morgen/Guten Tag, gnädige Frau/mein Herr **Günaydın, hanımefendi/beyefendi**
Guten Tag **İyi günler**
Guten Abend **İyi akşamlar**
Gute Nacht **İyi geceler**
Es geht mir (sehr) gut, danke
(Çok) iyiyim, teşekkür ederim
Es geht so **Şöyle böyle**
Prost/Zum Wohl **Şerefe**
Wie heißen Sie? **Adınız ne?**
Wer? **Kim?**
Was? **Ne?**
Wann? **Ne zaman?**
Warum? **Niçin?**
Wie? **Nasıl?**
Wie viel? **Ne kadar?**
Geöffnet **Açık**
Geschlossen **Kapalı**

NACH DEM WEG FRAGEN

Wo ist ...? **... nerede?**
... der Strand? **Plaj nerede?**
... die Bank? **Banka nerede?**
... die Bushaltestelle? **Otobüs durağı nerede?**
... das Postamt? **Postane nerede?**
... das Krankenhaus? **Hastane nerede?**
... das Hotel? **Otel nerede?**
... das Meer? **Deniz nerede?**
... das Telefon? **Telefon nerede?**
... die Toilette? **Tuvalet nerede?**
Nach links **Sola**
Nach rechts **Sağa**
Geradeaus **Doğru**

IM NOTFALL

Hilfe! **İmdat!**
Können Sie mir helfen?
Bana yardım edebilir misiniz?
Sprechen Sie Deutsch/Englisch? **Almanca/İngilizce konuşmasını biliyor musunuz?**
Ich spreche kein Türkisch
Türkçe konuşmasını bilmiyorum
Rufen Sie bitte schnell einen Arzt?
Hemen bir doktor çağırır mısınız, lütfen?
Kann ich Ihr Telefon benutzen?
Telefonunuzu kullanabilir miyim?
Polizei **Polis**
Krankenwagen **Ambülans**

REISE

Flughafen **Havaalanı**
Hafen **Liman**
Busbahnhof **Otogar**
Bus **Otobüs**
Taxi **Taksi**

IM RESTAURANT

Kann ich für sieben Uhr einen Tisch vorbestellen?
Saat yedi için bir masa ayırtabilir miyim?
Einen Tisch für zwei Personen, bitte
İki kişilik bir masa, lütfen
Wir haben vorbestellt **Yer ayırtmıştık**
Wir haben nicht vorbestellt **Yer ayırtmamıştık**
Können wir auf einen freien Tisch warten?
Boş bir masa için bekleyebilir miyiz?

ZAHLEN

0	**sıfır**	12	**on iki**	30	**otuz**	120	**yüz yirmi**
1	**bir**	13	**on üç**	31	**otuz bir**	200	**iki yüz**
2	**iki**	14	**on dört**	32	**otuz iki**	300	**üç yüz**
3	**üç**	15	**on beş**	33	**otuz üç**	400	**dört yüz**
4	**dört**	16	**on altı**	40	**kırk**	500	**beş yüz**
5	**beş**	17	**on yedi**	50	**elli**	600	**altı yüz**
6	**altı**	18	**on sekiz**	60	**altmış**	700	**yedi yüz**
7	**yedi**	19	**on dokuz**	70	**yetmiş**	800	**sekiz yüz**
8	**sekiz**	20	**yirmi**	80	**seksen**	900	**dokuz yüz**
9	**dokuz**	21	**yirmi bir**	90	**doksan**	1000	**bin**
10	**on**	22	**yirmi iki**	100	**yüz**		
11	**on bir**	23	**yirmi üç**	110	**yüz on**		

Müssen wir lange warten? **Çok beklememiz gerekiyor mu?**
Können wir hier/dort Platz nehmen? **Buraya/Oraya oturabilir miyiz?**
Können wir auch draußen essen? **Dışarıda da yiyebilir miyiz?**
Haben Sie eine Speisekarte auf Deutsch? **Almanca/İngilizce yemek listesiniz var mı?**
Darf ich um die Speisekarte/ Weinkarte bitten? **Yemek listesini/ Şarap listesini rica edebilir miyim?**
Die Rechnung, bitte **Hesap, lütfen**

SPEISEKARTE

alkollü içkiler **alkoholische Getränke**
alkolsüz içkiler **alkoholfreie Getränke**
aperitif **Aperitif**
balık yemekleri **Fischgerichte**
çorba çeşitleri **Suppen**
et yemekleri **Fleischgerichte**
etsiz yemekler **vegetarische Gerichte**
ızgara **Grillgerichte**
kahvaltı **Frühstück**
KDV dahil **inklusive Mehrwertsteuer**
menü **Speisekarte/Menü**
meyvalar **Obst**
mezeler **Vorspeisen**
salatalar **Salate**
sebze yemekleri **Gemüsegerichte**
servis dahil **Bedienung im Preis enthalten**
servis hariç **Bedienung nicht im Preis enthalten**
sıcak/soğuk yemekler **warme/kalte Gerichte**
şarap listesi **Weinkarte**
tatlılar **Süßspeisen**

alabalık Forelle
armut Birne
ayran Joghurtgetränk
ayşekadın fasulyesi grüne Bohnen
bakla dicke Bohnen; Saubohnen
baklava Blätterteiggebäck mit Honigsirup und Pistazien oder Nüssen
balık Fisch
beyaz şarap Weißwein
bezelyer Erbsen
biber Paprika
biftek Steak
bira Bier
bisküvi Keks; Biskuit
böbrek Niere
börek Pastete; Blätterteiggebäck
bulgur geschroteter Hartweizen
cacık Joghurtcreme mit Knoblauch und Gurkenstückchen
ceviz Walnuss
ciğer Leber
çay Tee
çerkez Huhn; Hähnchen
çikolata Schokolade
çilek Erdbeere
çoban gemischt
çorba Suppe
çöpsıs kleine Fleischstückchen, meist am Spieß
dana eti Kalbfleisch
dil Zunge
dil balığı Seezunge
domates Tomate
domuz eti Schweinefleisch
dondurma Eiscreme
döner kebap Fleisch am Drehspieß
ekmek Brot
elma Apfel
erik Pflaume
et Fleisch
fasulye (grüne) Bohnen
fırında im Ofen gebraten
hamsi Sardelle
havuç Mohrrübe
hindi Pute; Truthahn
ıspanak Spinat
ıstakoz Hummer
ızgara gegrillt; vom Grill
iç pilav Reisfüllung
istiridye Auster
kahve Kaffee
kalkan balığı Steinbutt
karabiber schwarzer Pfeffer
karides Garnele
karışık gemischt
kebap gebratenes Fleisch (in der Regel Fleischstückchen)
keçi Ziege
kereviz Sellerie
kestane Kastanie
kırmızı biber roter Pfeffer
kırmızı şarap Rotwein
kıyma Hackfleisch
koyun eti Hammelfleisch
köfte Fleischbällchen
kuzu eti Lammfleisch
lahana Kohl
lahana dolması gefüllter Kohl
levrek Seebarsch
limon Zitrone
lokum würfelförmige Süßigkeit aus Zucker und Reismehl mit Honig
maden suyu Mineralwasser
mantar Pilz
mısır Zuckermais
midye Muschel
muz Banane
omlet Omelett
ördek Ente
pancar Rote Bete
patates Kartoffel
patates kızartması Pommes frites
patlıcan Aubergine
patlıcan musakkası Auflauf mit Auberginen
peynir Käse
pırasa Lauch; Porree
pide warmer Brotfladen mit Belag
pilav Reis (als Gericht)
piliç Brathähnchen
pirzola Kotelett
portakal Orange
rakı Anisschnaps
ringa balığı Hering
roka Rauke
salata Salat
salatalık Gurke
sardalya Sardine
sarımsak Knoblauch
sebze Gemüse
sığır eti Rindfleisch
su Wasser
süt Milch
şarap Wein
şeftalı Pfirsich
tarçın Zimt
tas kebabı geschmortes Lammfleisch
tavada gebraten
tavşan Hase
tavuk Huhn
tuz Salz
tuzsuz ungesalzen
un Mehl
uskumru Makrele
üzüm Weintraube
vanilya Vanille
yengeç Krabbe; Krebs
yoğurt çorbası Joghurtsuppe
yumurta Ei
zeytin Olive

Reiseatlas

Kapiteleinteilung: siehe vordere Umschlaginnenseite

Legende

- O-31 Autobahn mit Nummer
- E 75 Schnellstraße mit Nummer
- 400 Fernstraße mit Nummer
- Straße asphaltiert
- Nebenstraße befestigt
- Straße nicht befestigt
- Piste (nur Geländewagen)
- Fußweg
- Straße in Bau
- Straße in Planung
- Straße für Kfz gesperrt
- Tunnel
- Eisenbahn
- Fähre, Schiffsverbindung
- Staatsgrenze
- Nationalpark; Naturpark
- Militärisches Sperrgebiet
- Internationaler Flughafen
- Regionaler Flughafen
- Flugplatz
- Moschee; Kloster; Kirche, Kapelle
- Burg, Festung, Kastell; Ruine
- Sehenswürdigkeit
- Archäologische Stätte
- Turm; Leuchtturm
- Badestrand; Golfplatz
- Wasserfall; Höhle
- Berggipfel; Pass, Joch
- Karawanserei; Grenzübergang
- Campingplatz; Aussichtspunkt
- 1 TOP 10
- 26 Nicht verpassen!
- 22 Nach Lust und Laune!

1 : 1.850.000

0 — 50 — 100 km

0 — 25 — 50 mi

A
B
C
D
E
1
2
3
KULAKSIZ
KURTULUŞ
CUMHURIYET
HASKÖY
TAKSIM
Dolmabahçe Sarayı 22
GÜMÜŞSUYU
Dolapdere Caddesi
21
BEYOĞLU
Taksim Meydanı
Tak-i-Zafer Cad.
Tarlabaşı Bulvarı
Demirhisar Cad.
Kasımpaşa Hasköy Yolu Melez Sk.
Bahriye Caddesi
Recep T. Erdoğan Stadyumu
Caddesi
TEPEBAŞI
KABATAŞ
BALAT
Balat Vapur İskelesi Cad.
Sıraselviler Cad.
18 Kariye Camii Müzesi
KASIMPAŞA
Havuz Kapısı Cad.
İstiklal
Boğazkesen Cad.
Necatibey Caddesi
19
Boğaziçi
Haliç
KARAGÜMRÜK
FENER
Abdülezel Paşa Cad.
ŞİŞHANE
Saydam
Defterdar Yokuşu Sk.
CİHANGİR
MPAŞA
Yolcuzade İskender Cad.
TÜNEL
20 Galata Kulesi
Kemeraltı Cad.
Necatibey Caddesi
ÇARŞAMBA
Fevzi Paşa Cad.
Yavuz Selim Cad.
Haliç Cad.
Atatürk Köprüsü
KARAKÖY
14 Istanbul Modern
ÜSKÜDAR
UNKAPANI
Tersane Cad.
Karaköy Meyd.
Üsküdar Harem Sahil Bulvarı
ZEYREK
Ragıp Gümüşpala Cad.
Galata Köprüsü
Akşemsettin Cad.
Fevzi Paşa Cad.
İslambol Cad.
FATİH
KÜÇÜKPAZAR
Bozdoğan Kemeri
EMİNÖNÜ
Akdeniz Cad.
Adnan Menderes Bulvarı
Macar Kardeşler Cad.
Atatürk Bulvarı
Süleymaniye Camii 17
Mısır Çarşısı 16
Kennedy (Sahil Yolu) Caddesi
MİNİ
ÇAPA
ŞEHZADEBAŞI
Sirkeci Garı
SİRKECİ
Süleymaniye Cad.
CAĞALOĞLU
Topkapı

Istanbul
0 1000 m
0 1000 yd
Marmara Denizi
Süleymaniye Camii 17
Mısır Çarşısı 16
EMİNÖNÜ
Kennedy (Sahil Yolu) Caddesi
Sirkeci Garı
SİRKECİ
Topkapı Sarayı 12
13 Arkeoloji Müzeleri
ŞEHZADEBAŞI
Atatürk Bulvarı
Şehzadebaşı Cad.
Süleymaniye Cad.
İstanbul Üniversitesi
CAĞALOĞLU
Ankara Caddesi
Hüdavendigar Cad.
MİNİ
ÇAPA
Adnan Menderes Bulvarı (Vatan Caddesi)
Oğuzhan Cad.
Macar Kardeşler Cad.
FINDIKZADE
AKSARAY
BEYAZIT
Kapalıçarşı 7
Nuruosmaniye Camii
SULTANAHMET
HASEKİ
Aksaray Meydanı
NİŞANCA
Yeniçeriler Caddesi
Yerebatan Sarayı 15
Alemdar Cad.
1 Ayasofya
Haseki Cad.
Cerrah Paşa Cad.
Divanyolu Cad.
Hayriye Tüccarı Cad.
CERRAHPAŞA
YENİKAPI
KUMKAPI
Piyerloti Cad.
Namık Kemal Cad.
Mustafa Kemal Cad.
11 Sultanahmet Camii
Kadırga Limanı Cad.
FAPAŞA
ÇATLADIKAPI
A
B
C
D
E
4
5
6

A
B
C
5
4
3
2
1
Ljubimec
Svilengrad
Štit
Sırpsındığı
Lalapaşa
Kayalıköy Barajı
Dereköy
Dabovec
Arda
EDİRNE
Süloğlu
Yoğuntaş
Kırklareli
Kırklareli Barajı
Üsküp
Üsküpdere
Jaz. Studen kladenec
Popsko
Dikea
Kómara
Filáki
Hasköy
İnece
Pınarhisar
Poyralı
Krumovgrad
Ivajlovgrad
Orestiáda
Karakasım
Havsa
Teke D.
Láді
Karacaoğlan
Južni Rodopi
Didimóticho
Meriç N.
Kırcasalih
Babaeski
Mikró Dério
Méga Dério
Mándra
Pehlivanköy
Lüleburgaz
Uzunköprü
Beyazköy
Soufli
Meriç
Çöpköy
Büyükkarıştıran
Sápes
Küplü
Hamidiye
Hayrabolu
Dambaşlar
Essími
Sultanköy
Susuzmüsellim
Muratlı
İbriktepe
Şahin
Banarlı
Karademir Barajı
Alexandroupoli
Féres
İpsala
Malkara
Yürük
İnecik
Tekirdağ
Keşan
Çeltik Gölü
Bahçeköy
Karahisar
Kadıköy Barajı
Ballı
Barbaros
Enez
Orhaniye
Yerlisu
Kuru Dağı
Tekir Dağı
Suluca
Mecidiye
Evreşe
Samothráki
İbrice
Mürefte
Marmara Ad.
Şarköy
Baklaburun
Marmara
Akr. Kipos
Saros Körfezi
Bolayır
Tayfur
Gelibolu
İnce Br.
Avşa Ad.
Kapıdağı Y.
Gelibolu Yarımadası M.P.
33
Gelibolu Yarımadası
Kapıdağı 782 m
Paşalimanı Ad.
Büyük Kemikli Br.
Karabiga
Erdek
Kaleköy
Bademli
Lâpseki
Çanakkale Bğ.
Balıklıçeşme
Edincik
İmroz
Kabatepe
Eceabat
Beyçayırı
Gümüşçay
Kilitbahir
Umurbey
Gündoğdu
Sinekçi
Kuşcenneti M.P.
Kömürlimanı
Alçıtepe
ÇANAKKALE
Biga
Sarıköy
Buğdaylı
Gökçeada
Abide
Bakacak
Kuş Gölü
Mehmetçik Br.
32
Kirazlı
Çan
Biga Ç.
Armutçuk Dağı
Gönen
Kiraz T. 963 m
Şevketiye
Troia (Truva)
Salihler
Etili
Gönen Ç.
Tütüncü
Darıca
Yiğitler
Bozca Ada
Geyikli
Ezine
Biga Yarımadası
Yenice
Bayramiç Barajı
Danişment
Ilıca
Alexandria Troas
Bayramiç
Hamdibey
Pazarköy
Şamlı
Evciler
Kalkım
Uluköy
Neandreia
Balya
Yeniköy
Ayvacık
Kaz Dağı
Gülpınar
BALIKESİR
Apollon Smyntheion
31
Küçükkuyu
Akçay
Edremit
Havran
Altınoluk
Behramkale
Assos
Ören
Aureliane
Thebe
İvrindi
Gökçeyazı
Edremit Krf.
Burhaniye
Çağış
Kum Br.
Baba Br.
Akra Karakas
Mithymna
Korucu
Kayapa
Akr. Ploridi
Lepetimnos 980 m
Alibey Ad.
Gömeç
Karadere
Konakpınar
Ayvalık
Sarıbeyler
Savaştepe
Sigrion
30
Madra Ç.
Madra Dağı
Sevişler Barajı
Ag. Paraskevi
Skála Eresoú
Kólpos Kallonis
Kozak
Turanlı
Ömer Dağı
Altınova
Kestel Barajı
Göçbeyli
Gölcük
Mytilini
Pergamon
26
Soma
Bergama
Bakır Ç.
Gelembe
Polichnitos
Agiásos
Dikili Krf.
Alacaklar
Kırkağaç
Lésvos
Krátigos
Dikili
Kınık
Plomári
Karahıdırlı
Palamut
Zeytindağ
Çalıbahçe
Arabazbozköy
Ege Denizi
Çandarlı
Yuntdağ
Örlemiş
Akhisar
Çandarlı Krf.
Güzelhisar Barajı
Yunt Dağı
Aliağa
Maldan
Aslan Br.
Yenifoça
Kömür Br.
Saruhanlı
Beyoba
Karaburun
Osmancalı
Akselendi
Halitpaşa
Gölmarmara
Foça
Muradiye
Mármara
192
Küçükbahçe
196
29
Spil Dağı M.P.
MANİSA
Gümüşçeli
Inousses
Akdağ 1218 m
Uzun Ad.
Menemen
Emiralem
Sidirounta
Seyrek
Sarıcaklı
Çamiçi
Hacıhaliller
Cambazlı
Çamalt İskelesi
Karaoğlanlı
Turgutlu
Ahmetli
Ayvacık
E 85
E 87
E 84
E 90
E 80
A 2

D
E
F
5
4
3
2
1
Kara Deniz
Marmara Denizi
Rezovo
Beğendik
İğneada
İğneada Br.
Limanköy
Demirköy
Sergen
Yıldız Dağları
Kıyıköy
Vize
Saray
Yalıköy
Karacaköy
Beyazköy
Çerkezköy
Duru Gölü
Karaburun
Çorlu
Sinekli
Subaşı
Yassıören
Kilyos
İstanbul Boğazı (Bosporus)
Sarıyer
Beykoz
Çatalca
Boyalık
Büyükdere
Tarabya
Şile
Yeşilvadi
Ağva
Silivri
Büyükçekmece
Küçükçekmece
İSTANBUL
Samandıra
Teke
Akçaova
Marmara Ereğlisi
Kartal
Pendik
Mollafeneri
KOCAELİ (İZMİT)
Büyükada
Gebze
Darıca
Hereke
Körfez
Derince
Yalova
Çiftlikköy
Gölcük
Kılıç
Karamürsel
Bahçe
Kapıdağı Yarımadası
İmralı Ad.
Çınarcık
Yalakdere
Kapıdağı
782 m
Kahsul Br.
Armutlu
Boz Br.
Samanlı Dağlar
Erdek
Bandırma Körfezi
Orhangazi
Gemlik
Gemlik Krf.
İznik Gölü
İznik
Edincik
Bandırma
Zeytinbağı
Mudanya
Kuşcenneti M.P.
Karadağ
Nilüfer Ç.
Avdan Dağı
Buğdaylı
Çağlayan
Demirtaş
Kuş Gölü
Karacabey
Yenişehir
Aksakal
Gürsu
Ulubat Gölü
BURSA
Kestel
Yarhisar
Tütüncü
Şevketiye
Cumalıkızık
Göksu Ç.
Söğütalan
Uludağ M.P.
Darıca
Mustafakemalpaşa
Uludağ 2543 m
İnegöl
Küplü
Susurluk
Soğukpınar
Çaltılıbük
Pazaryeri
Ilıca
Çobandede T. 1314 m
Devecikonağı
Orhaneli
Keles
Tahtaköprü
Şamlı
Ömerköy
Karaman Dağı
Orhaneli Ç.
Yeniköy
Kepsut
Durak
Emet Ç.
Büyük Orhan
Domaniç
Dodurga
Çukurca
Temnos
BALIKESİR
Umurlar Dağı
Kavacık
Harmancık
Dursunbey
Kireç
Tunçbilek
Kırık D.
Çağış
Gökçedağ
Okluk Dağı 1347 m
Tavşanlı
Seyitömer
Köprüören
Yağcılar
Bigadiç
Simav Ç.
Dağardı
Eğrigöz Dağı
Kavaboğaz Barajı
Ulus Dağı
Civanağa Dağı
Kocakırdağ Tepe 2076 m
Emet
KÜTAHYA
Dervişler
Gölcük
Düvertepe
Kiçir
Hisarcık
Örencik
Gelembe
Sındırgı
Çaygören Barajı
Aslanapa
Simav Dağları
Simav Gölü
Çavdarhisar
Kocakaçan
Demirci
Simav
Akçaalan
Şaphane
Minnetler
Gediz
Altıntaş
Gökler
Akhisar
Gördes
Yarbasan
Pazarlar
Murat Dağı
Çomaklı Dağı
Yağcı Dağı
Baskomutan Milli Parkı
Kayacık Ç.
Selendi Ç.
Gediz N.
Elma Dağı
Köprübaşı
Cortak
Dumlupınar
Gölmarmara
Demirköprü Barajı
Selendi
Belkaya
Bağbaşı
Marmara Gölü
Borlu
UŞAK
Börtlüce
Cambazlı
Adala
Güre
Ahmetli
Gökçeören
Kızılkasöğüt
193
197
194
23
11
12
13 – 22
7
1
E 80
E 90
E 96

A
B
C
Kara Deniz
5
4
3
2
1
ZONGULDAK
Ereğli
Armutcuk
Aydınlar
Alaplı
Gülüç Barajı
Ormanlı
Devreli
Akçakoca Dağları
Eğerci
Şile
23
Ağva
Kerpe
Kefken
Çamkonak
Pazarbaşı Br.
Teke
Akçaova
Kandıra
Karaağaç
Manavpınarı
Kaynarca
Akgöl
Karasu
Kadiköy
Akçakoca
Kocaali
Deredibi
Mollafeneri
KOCAELİ
(İZMİT)
Kaymaz
Ferizli
Söğütlü
Kirazlı
Ortaköy
Hasanlar Barajı
Yığılca
Yedigöller Milli Parkı
Kırık
Konuralp
Ciftlikköy
ADAPAZARI
(SAKARYA)
Cumayeri
Gümüşova
Pıpır
Hendek
Düzce
Çukurören
Gebze
Hereke
Körfez
Derince
Gölcük
Karamürsel
Bahçecik
Yalakdere
Sapanca Gölü
Sapanca
Derbent
Doğançay
Hasanbey
Çakallık
Ekinli
Karapürçek
Akyazı
Kuzuluk
Gölyaka
Karadere
Kaynaşlı
Boludağı Geçidi 950 m
Akçaalan
Elmacık Dağı
Karamurat Geçidi 725 m
Abant
Abant Gölü
Abant Dağları
BOLU
Karacasu
Samanlı Dağları
Pamukova
Alifuatpaşa
Geyve
Sakarya N.
Dokurcun
Kızgölcük Yaylası
İznik
İznik Gölü
Kazkıran Geçidi 800 m
Hacıayaz Geçidi 1080 m
Taşhyayla Geçidi
Mudurnu 1610 m
Karaçomak
Atyalası Geçidi 1270 m
Göynük
Taraklı
Osmaneli
Uludağ
Yenişehir
Meyitler Geçidi 1180 m
Susuz
Köroğlu
Seben
Kıbrıscık
Gölpazarı
Çalıcaalan
Kabaca
Karalar
Kerbanlar
Yarhisar
BİLECİK
Hasandağı T. 1284 m
Esenköy
Yenipazar
Kızıl D.
Beydili
Aktepe 985 m
Nallıhan
Beypazarı
Uluköy
Çayırhan
İnegöl
Küplü
İnhisar
Sarıcakaya
Mihalgazi
Dağküplü
Gökçekaya Barajı
Pazaryeri
Söğüt
Çaltı
Bozüyük
Demirci Hüyük
Hekimdağ
Sündiken Dağları
Sarıyar Barajı
Kartal Geçidi 1550 m
Dodurga
Çukurca
Temnos
İnönü
Oklubalı
ESKİŞEHİR
Ağapınar
Doğanoğlu
Kayı
Mihalıççık
Sevinç
Alpu
Yukarığdeağacı
Eskiyüregil
Porsuk Barajı
Karapaşehir
Güneli
Beylikova
Yunusemre
Seyitömer
Akpınar
Hamidiye
Balçıkhisar
Dümrek
Köprüören
Sabuncu
Doğançayır
Yazıdere
Sivrihisar Dağları
Kaymaz
Mahmudiye
Sivrihisar
KÜTAHYA
Alayunt
Türkmen Dağı 1826 m
Seyitgazi
Kepen
Kunduzlar Barajı
Akin
Çifteler
Yıldızören
Eryiğit
Bardakçı D.
Yazılıkaya Yaylası
Ilıcabaşı
Pessinus
Aslanapa
Kırka
Kümbet
Karaören
Gülçayır
Elmalı Dağı
Yapıldak
Şaphane Dağı 1765 m
Umraniye
Altıntaş
Gokbahçe
Göynüş Vadisi
Döğer
Midas Şehri
Gözeli
Yukarı Sakarya Ova
İhsaniye
Ayazini
Gömü
Ilyaspaşa
Ayazini (Metropolis)
Emirdağ
Çeltik
Başkomutan Milli Parkı
Hamur
Gazlıgöl
Köroğlubeli 1400 m
Bayat
Suvermez
Hisarköy
Yarıkkaya
İncehisar
Emir Dağları
Davulga
Dumlupınar
Çayırbağ
Seyitler Barajı
Kemerkaya
Dokimeion
Banaz
194
Sincanlı
Akören
AFYONKARAHİSAR
198
Yunak
Ahır Dağı
Sülümenli
Çobanlar
Bolvadin
Kurşunlu
E 90
E 96
E 80
O-4

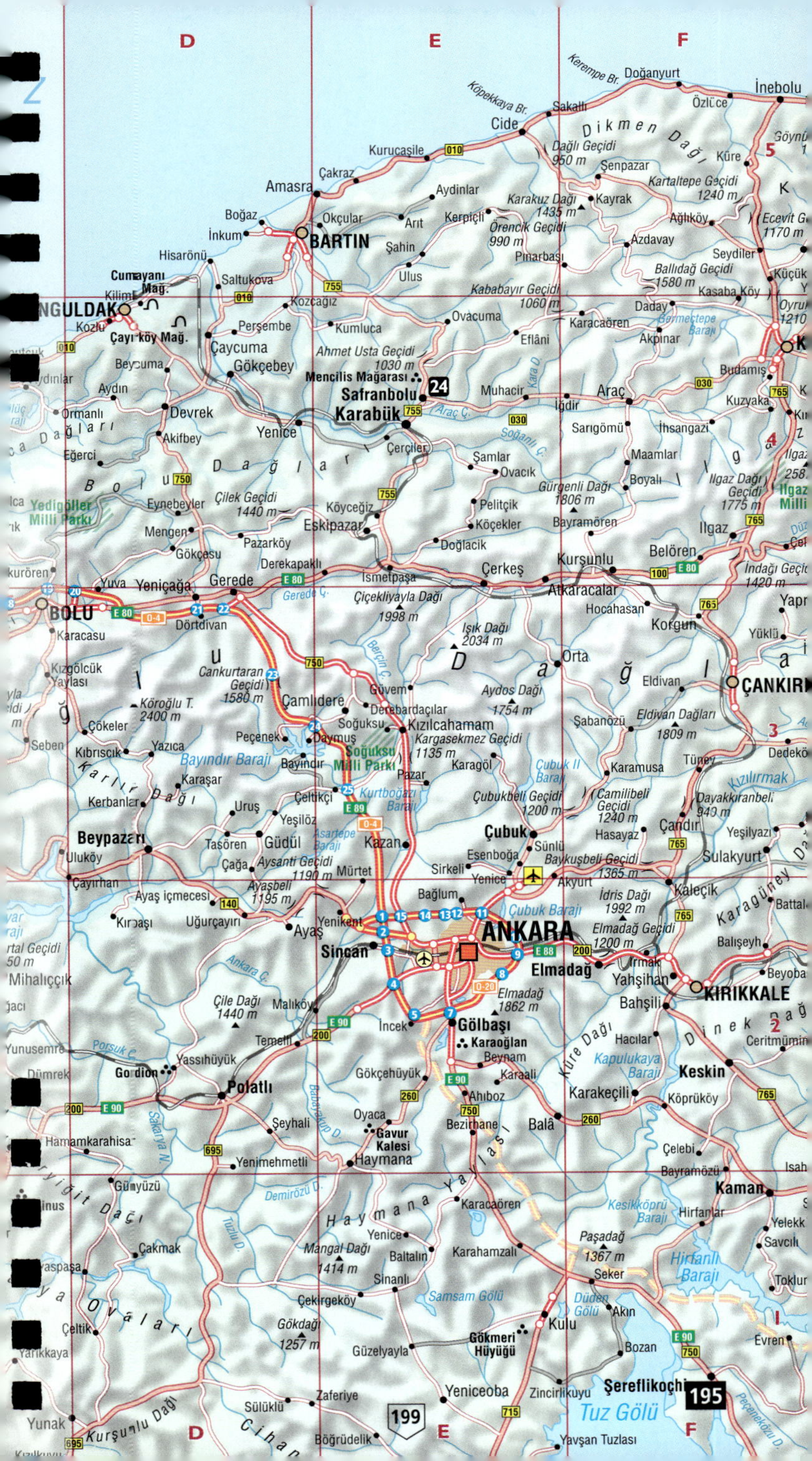
D
E
F
Kerempe Br.
Doğanyurt
İnebolu
Köpekkaya Br.
Sakallı
Özlüce
Cide
Dikmen Dağı
Dağlı Geçidi 950 m
Küre
Kurucaşile
010
Şenpazar
Kartaltepe Geçidi 1240 m
Çakraz
Amasra
Aydinlar
Karakuz Dağı 1435 m
Kayrak
Boğaz
Okçular
Arıt
Kerpiçli
Örencik Geçidi 990 m
Ağlıköy
Ecevit Geçidi 1170 m
İnkum
BARTIN
Şahin
Pınarbaşı
Azdavay
Hisarönü
Seydiler
Ballıdağ Geçidi 1580 m
Cumayanı Mağ.
Saltukova
Ulus
Kababayır Geçidi 1060 m
Kasaba Köy
Kilimli
010
755
Daday
ZONGULDAK
Kozcağız
Ovacuma
Karacaören
Germeçtepe Barajı
Kozlu
Perşembe
Kumluca
Eflâni
Akpınar
Çayı köy Mağ.
Çaycuma
Ahmet Usta Geçidi 1030 m
Budamış
Beycuma
Gökçebey
Mencilis Mağarası
Kara D.
Aydın
Safranbolu
24
Muhacir
Araç
030
Ormanlı
Devrek
755
İğdir
Kuzyaka
765
Karabük
Araç Ç.
030
Yenice
Soğanlı Ç.
Sarıgömü
İhsangazi
Akifbey
Çerçiler
Eğerci
Şamlar
Maamlar
Ilgaz Dağı Geçidi 1775 m
Ovacık
750
Bolu Dağları
Boyalı
Yedigöller Milli Parkı
755
Gürgenli Dağı 1806 m
Eynebeyler
Çilek Geçidi 1440 m
Pelitçik
Köyceğiz
Mengen
Eskipazar
Köçekler
Bayramören
Ilgaz
765
Pazarköy
Gökçesu
Doğlacik
Derekapaklı
Kurşunlu
Belören
İsmetpaşa
Çerkeş
100
E 80
İndağı Geçidi 1420 m
E 80
Gerede
Yuva
Yeniçağa
Atkaracalar
Gerede Ç.
Çiçekliyayla Dağı 1998 m
Hocahasan
BOLU
E 80
O-4
Dörtdivan
765
Korgun
Yüklü
Karacasu
Işık Dağı 2034 m
Berçin Ç.
Orta
Kızgölcük Yaylası
Cankurtaran Geçidi 1580 m
750
Dağları
Eldivan
ÇANKIRI
Güvem
Aydos Dağı 1754 m
Köroğlu T. 2400 m
Çamlıdere
Derebardaçılar
Eldivan Dağları 1809 m
Şabanözü
Çökeler
Soğuksu
Kızılcahamam
Peçenek
Daymuş
Kargasekmez Geçidi 1135 m
Seben
Kıbrıscık
Yazıca
Bayındır Barajı
Soğuksu Milli Parkı
Bayındır
Karagöl
Çubuk II Barajı
Karamusa
Tüney
Dedeköy
Karlık Dağı
Karaşar
Kurtboğazı Barajı
Pazar
Kızılırmak
Kerbanlar
Çeltikçi
E 89
Çubukbeli Geçidi 1200 m
Camilibeli Geçidi 1240 m
Dayakkıranbeli 940 m
Uruş
Yeşilöz
O-4
Beypazarı
Asartepe Barajı
Çubuk
Hasayaz
Çandır
Yeşilyazı
Tasören
Güdül
Kazan
765
Uluköy
Çağa
Aysanti Geçidi 1190 m
Sünlü
Esenboğa
Baykuşbeli Geçidi 1365 m
Sulakyurt
Çayırhan
Mürtet
Sirkeli
Yenice
Akyurt
Ayaşbeli 1195 m
Bağlum
İdris Dağı 1992 m
Kaleçik
Ayaş içmecesi
140
Çubuk Barajı
765
Karagüney Dağları
Battalı
Kırbaşı
Uğurçayırı
Yenikent
ANKARA
Elmadağ Geçidi 1200 m
Balışeyh
Ayaş
Sincan
E 88
200
Irmak
Mihalıççık
Ankara Ç.
Elmadağ
Yahşihan
Beyoba
O-20
KIRIKKALE
Elmadağ 1862 m
Bahşili
Çile Dağı 1440 m
Malıköy
Gölbaşı
Dinek Dağı
E 90
İncek
Hacılar
Ceritmümin
Yunusemre
Porsuk Ç.
Temelli
200
Karaoğlan
Küre Dağı
Beynam
Kapulukaya Barajı
Gordion
Yassıhüyük
Gökçehüyük
Karaali
Keskin
Dümrek
E 90
Polatlı
260
Ahıboz
Karakeçili
Köprüköy
765
200
E 90
Sakarya N.
Babayakup D.
750
Balâ
260
Oyaca
Bezirhane
Şeyhali
Gavur Kalesi
Haymana Yaylası
Çelebi
Hamamkarahisar
695
Haymana
Bayramözü
Yenimehmetli
Kaman
Günyüzü
Demirözü D.
Karacaören
Kesikköprü Barajı
Hirfanlar
Yelekli
Sivrihisar
Çakmak
Haymana
Yenice
Paşadağ 1367 m
Savcılı
Mangal Dağı 1414 m
Baltalın
Karahamzalı
Hirfanlı Barajı
Tuzlu D.
Şeker
Toklumen
Sinanlı
Samsam Gölü
Düden Gölü
Akın
Çekirgeköy
Çeltik
Gökdağı 1257 m
Kulu
E 90
Evren
Gökmeri Hüyüğü
750
Yarıkkaya
Güzelyayla
Bozan
Şereflikoçhisar
Zaferiye
Yeniceoba
Zincirlikuyu
Tuz Gölü
Sülüklü
715
Peçenek D.
Yunak
Kurşunlu Dağı
Cihanbeyli
Böğrüdelik
Yavşan Tuzlası
695
D
E
F
1
2
3
4
5
199

Lésvos
Mytilíni
Polichnítos
Agiásos
Plomári
Krátigos
192
Pergamon
Bergama
26
Soma
Gelembe
Kırkağaç
Alacaklar
Dikili
Dikili Kr.
Bakır Ç.
Kınık
240
Karahıdırlı
Çalıbahçe
Zeytindağ
Palamut
Çandarlı
Yuntdağ
Arabazbozıköy
Örlemiş
Çandarlı Krf.
Akhisar
Ege Denizi
Güzelhisar Barajı
550
Aliağa
Maldan
Yunt Dağı
Aslan Br.
Yenifoça
Kömür Br.
Osmancalı
Saruhanlı
565
Beyoba
555
Akselendi
Karaburun
Foça
250
E 87
Halitpaşa
Gölmarma
Mármaro
Inoússes
Küçükbahçe
29
Muradiye
Inoússes
Akdağ 1218 m
Gediz N.
Spil Dağı M.P.
MANİSA
Sidiroúnta
Uzun Ad.
Seyrek
Menemen
Emiralem
Gümülceli
Çamaltı İskelesi
Sarıçaklı
Çamiçi
Hacıhaliller
Cambazlı
Balıklıova
Ayvacık
Karaoğlanlı
Chios
Çeşmealtı
Yakaköy
Turgutlu
Ahmetli
Véssa
Top Br.
İzmir Körfezi
28
300
E 96
Sartmustafa
Çeşme
27
Urla
İZMİR
Kemalpaşa
25
Alaçatı
Kaynaklar
Dağkızılca
Nénita
Kıran Dağı 662 m
Menderes
Boz Dağı
Chíos
Sığacık
Deliömer
Seferihisar
Çakallar
Bayındır
Ödemiş
Dolaylar
Pınarlı
Birgi
Gerçe
Sığacık Krf.
Torbalı
Derebaşı
Kaymakçı
Teke Br.
Ürkmez
E 87
310
Gölmüdür
Gökçen
Tire
Doğanbey Br.
Özdere
Boğaziçi
Bademli
Kuşadası Krf.
34
Aydın
Pamucak
Selçuk
Ephesus (Efes) (Ephesos)
Ortaklar
AYDIN
Kuşadası
Gümüş
Sultanhisar
Leka
Karlovássi
Yamaç
525
Drakei
36
İncirliova
Köşk
Ikária
Paleochóri
Órmos
Mesogí
Vathí
Söke
Dalama
Thérma
Pírgos
Posidoni
Davutlar
38 Priene
Bağarası
Koçarlı
Kuloğlu
Plagiá
Ágios Kírikos
Pithagório
Cincin
Sámos
Foúrni
37
Karine
Dilek Yarımadası Milli Parkı
Nalbantlar
550
Bozdoğan
Büyük Menderes N.
Çine
39 Milet
Agathonisí
Altıntaş
Camiçi Gölü
Karpuzlu
Arkí
Akköy
Hatipkışla
Akçaova
Didyma (Didim)
Skála
Geyik Barajı
Yenihisar
Selimiye
Euromos
41
Turgut
Pátmos
Lipsí
40
Altınkum
Kozağaç
Farmakonísi
525
Milas
330
Yatağan
Güllük
Parthéni
Agía Marína
Léros
Xirókambos
Güllük Krf.
Dodekanes
Yeşilyurt
Yalıkavak
Karaova
Kínaros
Levítha
Ortakent
330
Emboriós
Bodrum
Yaran Dağı 879 m
Ören
Kalemköy
Yerkesik
Vathis
Kálymnos
Turgutreis
Halikarnassos
Kıranköy
Kálymnos
Kara Ad.
Gökova Körfezi
Pserimos
Kós
Karaca
Mastihári
Asklepeion
Marmaris
Kós
44
Kardamaina
Kéfalos
Körmen
Astipálea
Vathí
Gialí
İskandil Br.
Reşadiye Yarımadası
Knidos
400
Datça
Mesudiye
Hisarönü Krf.
Bozburun
Mandráki
Astipálea
Emboriós
Bozburun Yarımadası
Nikiá
Níssiros
Sími
Taşlıca
Panormítis
Sími
Kara Br.
Megálo Chorío
Sírna
Livádia
Tílos
Ródos
Sírna
Ialyssós
Tría Nissiá
Alimiá
Faliráki
Chálki
Archípoli
Chálki
Zafora
Émbona
Akr. Armenistís
Archángelos
Monólithos
Líndos
Ródos
Akdeniz
Gennádi
Sária
Kattavía
Sária
Akr. Prasonísi
Diafáni
A
B
C
1
2
3
4
5

D
E
F
193
Gelembe
Sındırgı
Caygören Barajı
Düvertepe
240
Kiçir
Hisarcık
Örencik
Aslanapa
Kepez Dağı
Simav Dağları
Simav Gölü
Kocakaçan
Demirci
Simav
Çavdarhisar
Akhisar
Gördes
Çomaklı Dağı
Minnetler
Yarbasan
Akçaalan
Şaphane
Gediz
Altıntaş
Gökler
Murat Dağı
Pazarlar
Yağcı Dağı
Baskomutam Milli Parkı
Kayalıoğlu Ç.
Köprübaşı
Cortak
Selendi
Selendi Ç.
Gediz N.
Elma Dağı
Dumlupınar
Gölmarmara
Demirköprü Barajı
Borlu
Belkaya
Bağbaşi
Banaz
Marmara Gölü
Börtlüce
UŞAK
Cambazlı
Adala
Gediz N.
Güre
E 96
300
Ahmetli
Gökçeören
Kızılkasöğüt
Susuz
Ahır
Uysal Dağı
Kula
Salihli
Hocalar
Karasa
595
Caberkakıllı
Takmak
Kolankaya
Sivaslı
Sandıklı
Dağlar
Alaşehir
Eşme
Ulubey
Banaz Ç.
Dolaylar
Yeşilyurt
Birgi
Afşar Barajı
Külköy
Gerçekli
Kiraz
Karahallı
Işıklı
Kaymakçı
Adıgüzel Barajı
Çivril
Emirhisar
Menteş
Sarıgöl
Buldan Barajı
Bekilli
Gümüşsu
Güney
Karayahşılar
Çivril Ovası
Işıklı Gölü
Beydağ
Irğıllı
Bademli
Karlıkdede T. 1724 m
Çal
B. Menderes N.
Çökelez Dağı
Dağları
Buldan
Dinar
Daylar
Evciler
Karahacılı
Bayındır
Pamucak
Buharkent
Hierapolis
Nazilli
Kuyucak
Horsunlu
E 87
Baklan
Hasandede
Sultanhisar
Pamukkale
Denizler
Körkuyu
Atça
Bucak
Sarayköy
Boğaziçi
Dazkırı
Köşk
Yenipazar
Yenice
Babadağ
Aksu Ç.
Dutluca
Dalama
Kuloğulla
Beyerli
Acı Gölü
Başmakçı
DENİZLİ
Sapaca
Bozkurt
Çardak
Karacasu
Yeşilköy
Honaz
Akbaş
Kuru Gölü
Söğüt Dağı
Burdur Gölü
198
Bozdoğan
Aphrodisias
35
Yukarıkaraçay
İnceler
Beylerli
Akgöl
Çine
Aseki
Kızılcabölük
Altıntaşköyü
Yazıköy
Akçay
Kemer Barajı
Serinhisar
Salda Gölü
Akkaya
Tavas
Yeşilyuva
Yarışlı Gölü
Doğumentepe Dağları
Aydoğmuş
Karahüyükafşar
Kavaklıdere
Göktepe
Kale
Niyazcar
Yeşilova
Çallıca
Turgut
Konak
Acıpayam
Yeniköy
Eren Ç.
Kozağaç
Yatağan
Karamanlı
Kemer
Tefenni
Yeşilyurt
MUĞLA
Kelekçi
Beyköy
Karamanlı Barajı
Beyağaç
Gölgeli Dağları
Yeşilköy
Katrancık
Kalemköy
Yerkesik
Gölhisar
Çavdır
Ula
Kıranköy
Gökova
Karaböğürtlen
Çameli
Gölhisar Gölü
Kozağaç
Korkuteli Barajı
Körfezi
Köyceğiz
Altınyayla
Kızılcadağ
Yaylacık Dağı 2114 m
Karaca
Köyceğiz Gölü
Karahantaşı
Çobanisa
Marmaris
Balaban Dağı 999 m
Büyükkaraağaç
Ortaca
Karadağ 2418 m
Ballık
44
Dalyan
Yukarıdereköy
Çünlüce
Kaunos
8
Turunç
Dalaman
Ören
Seki
Gölova
Kadırga Br.
Üzümlü
Telmessos
Karaçulha
Girdev Gölü
Elmalı
Taşlıca
Yarımadası
Fethiye
45
Kurbağalık
Kemer
Akçay
Kayaköy
46
Kurtoğlu Br.
Beydağları
Ölüdeniz
Baba Dağı 1969 m
Kızılarsivrisi 3086 m
Ródos
Minare
48
Saklıkent Kanyonu
Avlan Gölü
47
6
Eşen
Ialyssós
Dumanlı Dağı 2418 m
Yedi Br.
Faliráki
Xanthos
Kumluca
50
49
Kasaba
Göcük
Patara
Demre Ç.
Arhángelos
Kalkan
Gelemiş
Finike
Myra
Ródos
Yalı Br.
Kaş
43
Kale
Kadirler
51
Kekova Adası
Ro
42
Megísti
Ulu Br.
D
E
F

A
B
C
Kırka
Ilıcabaşı
Kepen
Pessinus
194
Aslanapa
Kümbet
Karaören
Yapıldak
Şaphane Dağı 1765 m
Gülçayır
Elmalı Dağı
Yukarı Sakarya
Umraniye
Gözeli
Ilyaspaşa
Altıntaş
Gokbahçe
Göynüş Vadisi
Midas Şehri
Döger
İnsaniye
Ayazini
Ayazini (Metropolis)
Gömü
Emirdağ
Suvermez
Hisarköy
Çeltik
Gökler
Baskomutam Milli Parkı
Hamur
Gazlıgöl
Köroğlubeli 1400 m
Bayat
Yarıkkaya
Incehisar
Emir Dağları
Davulga
Dumlupınar
Çayırbağ
Seyitler Barajı
Banaz
Dokimeion
Kemerkaya
Sincanlı
Akören
AFYONKARAHISAR
Yunak
Bolvadin
Ahır Dağı
Sülümenli
Çobanlar
Susuz
Derekarabağ
Kızılkuyu
Salar
Eber Gölü
Hocalar
Karadirek
Karasandıklı
Çiğiltepe
Şuhut Ovası
Çay
Sivaslı
Kızıl
Şuhut
Karamıkkaracaören
Sultandağı
Akşehir Gölü
Pazarkaya
Sandıklı Ovası
Karacaören
Atlıhisar
Tuzlukçu
Sandıklı
Selevir Barajı
Karabulut
Işıklı
Kumalar Dağı
Uzunpınar
Çayıryazı
Karakuş Dağı
Sultan Dağları
Çivril
Emirhisar
Menteş
Soğucak
Karadilli
Kumdanlı
Akşehir
Karahüyük
Çavuşçuöl
Gümüşsu
Kızılören
Ballık
Karataş
Haydarlı
Alparslan
Yalvaç
Engilli
Işıklı Gölü
Bozdurmuşbeli 1420 m
Reis
Koçaş
Dombayova
Kötürnik
Bağkonak
Irğıllı
Doğanhisar
Evciler
Karahacılı
Dinar
Senirkent
Akkeçili
Gelendost
Şarkikaraağaç
Destiğin
Gelincik Dağı 2799 m
Yakaköy
Uluborlu
Barla
Kaya Beli 1630 m
Dazkırı
Körkuyu
Gençali
Keçiborlu
Gonen
Atabey
Eğirdir Gölü
Mamatlar
Dedegöl Dağları
Hüyük
Acı Gölü
Başmakçı
Kuleönü
Eğirdir
Kıreli
İmrenler
Çardak
Ardıçlı
Burdur Gölü
Yılanlı
Aksu
Gedikli
Yenidoğan
Söğüt Dağı
Yakaören
BURDUR
ISPARTA
Bağıllı
Milli Parkı
Sarıköy
197
Yaziköy
Ağlasun
Kovada Gölü
Kovada M.P.
Yenişarbademli
Beyşehir Gölü
Beyşehir
Salda Gölü
Karışlı Gölü
Çamlıdere
Çeltikçi Beli 1225 m
Çeltikçi
Akbelenli
Aşağıyaylabeli
Şamlar
Yeşilova
Çallıca
Kozluca
Bağsaray
Bucak
Sütçüler
Kasımlar
Üzümlü
Büyükgözet Dağı
Taraşçı
Eren Ç.
Karlık Dağı 1710 m
Toros
Gencek
Kemer
Katrancık Dağı
Karacaören Barajı
Derebucak
Karamanlı Barajı
Kızılkaya
Kocaaliler
Çomaklı
Yeşilyayla
Dağ
Çubuk Boğazı 875 m
Karaveliler
Köprü Ir.
Köprülü Kanyon M.P.
Yeşilköy
Yelten
Bozova
Killik
Gebiz
Ovacık Dağı 2004 m
Beşkonak
İbradı
Cevizli
Küçükköy
Kovanlık
Korkuteli Barajı
Korkuteli
Akdağ 1984 m
Ardıçpınar
Akseki
Kızılcadağ
Çiptalir
Varsak
Aksu Ç.
Döşemealtı
Termessos
Perge
Deniztepesi
Düdensuyu Mağ.
Güllük Dağı M.P.
Altınova
Aksu
Belkis
Aspendos
Dymapınar Barajı
Manavgat Ç.
Geriş
Çakırlar
Taşağıl
Seki
Cağlarca
Serik
Boğazak
Şişeler
Gölova
Saklıkent
ANTALYA
Belek
Ilıca
Parakende
Side
Manavgat
Güneycik
Elmalı
Bey Dağları
Uluğüney
Alara Han
Titreyengöl
Beldibi
Kızlarsivrisi T. 3086 m
Kemer
Akdam
Okurcalar
Antalya Körfezi
Avlan Gölü
Tahtalıdağı 2375 m
Phaselis
Altınyaka
Egelköyü
Olimpos Beydağları M.P.
Kumluca
Göcük
Demre Ç.
Çavuş
Finike
Kavikent
Çavuş Br.
Myra
Kale
Kekova Adası
Yardımcı Br.
Akdeniz
E 96
E 87
240
260
675
615
650
300
29
695
625
320
330
685
340
635
585
350
400
5
4
3
2
9
10
13
42
52
53
54
55
56
57
58

D
E
F
195
200
199
58
59
55
Pessinus
Yiğit Dağ
Günyüzü
Çakmak
Ilyaspaşa
Ovaları
Çeltik
Demirözü D.
Haymana Yay
Karacaören
Yenice
Baltalın
Karahamzalı
Mangal Dağı 1414 m
Sinanlı
Çekirgeköy
Samsam Gölü
Gökdağı 1257 m
Güzelyayla
Gökmeri Hüyüğü
Kulu
Düden Gölü
Akın
Bozan
Bayramozu
Kaman
Kesikköprü Barajı
Hirfanlar
Hirfanlı Barajı
Paşadağ 1367 m
Şeker
Yelekkö
Savcılı
Toklum
Evren
E 90
750
Şereflikoçhisar
Zincirlikuyu
Yeniceoba
715
Sülüklü
Zaferiye
Böğrüdelik
Kurşunlu Dağı
695
Cihanbeyli Yaylası
Yavşan Tuzlası
Tuz Gölü
Pınarbaşı
İnsuyu
Cihanbeyli
Tersakan Gölü
Kuzören
Turgut
Gölcük Dağı
Tuzlukçu
Ilıca Yaylası
Gölyazı
Yapalı
Kırkışla
Bulak Gölü
Aksaray Ovası
Eskil
Ulukışla
Yeşiltepe
Yeşilova
Konarı
Çavuşçu Gölü
Çavuşçuöl
Atlantı
Kurthasanlı
Dedeler
Altınekin
Argıthanı
Orhaniye
Kervansaray
Ilgın
Kadınhanı
300
Sarayönü
Bezirci Gölü
Eşmekaya
Obruk Hanı
Obruk
Sultanhanı
Doğanhisar
Halıcı
Bozdağ 2126 m
Fakra Dağı 1446 m
Yazıbelen 1130 m
İpekler
Başgötüren
Güneşli
Kızören
Obruk Yaylası
Destiğin
Aşağıçiğil
Derbent
Dokuz
Aşağı Pınarbaşı
Horozlu Han
Sadeddin Hanı
1130 m
Hüyük
Çiftliközü
Altınapa Barajı
Sille Barajı
Sille
Ortakonak
Hodulbaba Dağı 1746 m
İmrenler
Yunuslar
330
Yenidoğan
Kızılören
Kervansarayı
KONYA
Konya Ovası
Yarma
Emirgazi
Kayalı
Sarıköy
Doğanbey
Taşrakaraaslan
Salur
Selimiye Külliyesi
Karapınar
Acı Gölü
Beyşehir
696
Erenkaya
Hatip
Meke Gölü
Çavuş
Bayat
Erenler Dağı
Ere
Irmaklı
Hatunsaray
Kayak
May Barajı
Çumra
Hotamış
Osmancık Dağı 1281 m
Şamlar
616
Taraşçı
Seydişehir
Binbirkilise
Süleymanhacı
Madenşehir
Kuran
Akören
Belkuyu
705
Arıkören
Karadağ 2288 m
Dinek
Büyükgözel Dağı
Suğla Gölü
340
Apa Barajı
Dinek
Kılbasan
350
Ayrancı
Ayrancı Barajı
Yalıhüyük
Güneysınır
Cevizli
Kuruçay
Ahırlı
Esenler Dağı
Belören
Kâzımkarabekir
Kızılyaka
KARAMAN
Yeşildere
Bozkır
Üçpınar
Akseki
Aladağ
Yeşil D.
Gödet Barajı
Geriş
Karadağ 2509 m
Hadım
Yerköprü Mağ.
Bucakkışla
Sertavur Geçidi 1630 m
Güzelsu
Taşkent
Küçük Ç.
Pirinç Suyu
Ballı
Susama D.
Gündoğmuş
Alara Ç.
Alara Han
Köprülü
Başyayla
Büyükeyre Dağı 2055
Güzelbağ
Kargı Ç.
Turanşah Dağı 2045 m
Teke Dağı 2012 m
Avsallar
Fayalar
Paşaköy
Sarıveliler
Ermenek Ç.
Ermenek
Göksu N.
Mut
Sarıkavak
Konaklı
Kızılcaşehir
Öteköy
Göktepe
Kurtsuyu D.
Pusat D. 1667
Alanya
Kestel
Cebireis Dağı 1649 m
Şeyhler
Yunt Dağı 2227 m
Kazancı
Dildarde Br.
Demirtaş
Ilıca
Taşeli Platosu
Akçalı Dağları
Elmakuz Dağı 1638 m
Gülnar
Gazipaşa
Gürçam D.
Güneyköy
Ovabaşı
Anamur
Bozyazı
Mamure Kalesi
Aydıncık
Ovacık
Akkuyu
Anemourion

A
B
C
Kaman
Kırşehir
Kervansaray Dağı
Mucur
Hacıbektaş
Kızılırmak
Hirfanlı Barajı
Seyfe Gölü
Kozaklı
Boğazlıyan
Kurşunlu Dağı
1786 m
Şereflikoçhisar
Tuz Gölü
Ortaköy
Ekecek Dağı
2137 m
Gülşehir
Göreme Milli Parkı
Göreme
Avanos
Ürgüp
Nevşehir
Kayseri
Susuz Dağı
Erciyes Dağı
3917 m
Aksaray
Acıgöl
Erdaş Dağı
1982 m
Derinkuyu
Soğanlı
Mamasun Barajı
Peristrema
Güzelyurt
Ihlara
Selime
Sultanhanı
Hasan Dağı
3268 m
Melendiz Dağı
2963 m
Kapadokya
Develi
Yeşilhisar
Sultansazlığı Milli Parkı
Yahyalı
Niğde
Bor
Eski Gümüş
Çamardı
Aladağlar Tasarı Milli Parkı
Demirkazık T.
3756 m
Kaldı Dağı
3736 m
Aladağlar
Karapınar
Ereğli Ovası
Ereğli
Ulukışla
Kolsuz Geçidi
1490 m
Gaykayak Geçidi
1584 m
Karanfil Dağı
3059 m
Aladağ
Halkapınar
Darboğaz
Medetsiz
3452 m
İvriz
Pozantı
Bolkar Dağları
Aydos Dağı
3430 m
Orta Toroslar
Karaisalı
Seyhan Barajı
Karaman
Çamlıyayla
Gülek
Yüğlük Dağı
2474 m
Karagüney Dağı
2219 m
Berdan Barajı
Tarsus
Adana
Mersin
Seyhan N.
Elvanlı
Erdemli
Akyatan Gölü Kuş Cenneti
Kızkalesi
Kalıdivane
Cennet ve Cehennem
Mut
Silifke
Taşucu
Gülnar
Aydıncık
Akdeniz

Notizen

Abbildungsnachweis

AA/Clive Sawyer: 56 (oben)

AA/Dario Mitideri: 18 (Mitte), 19

AA/Jean François Pin: 30, 78, 130

AA/Paul Kenward: 62, 69, 185 (oben)

AA/Pete Bennett: 11, 13, 18 (rechts), 20 (links), 42, 45, 52, 57, 59, 60, 70 (oben u. unten), 71, 72, 73, 76, 88, 97, 103, 105 (oben u. unten), 106, 109, 118, 123, 128, 152, 154/155, 157, 160, 162, 171, 172 (oben u. unten), 179 (oben), 180, 185 (Mitte u. unten rechts)

AKG: 98 (unten)

Bildagentur Huber: Johanna Huber 101, R. Schmid 108, 134

Corbis: adoc-photos 18 (links), Sergio Perez/Reuters 27, Spfc/Seskimphoto/4289-5/Colorsport 26 (links), Egmont Strigl/Westend61 176 (unten), George Tiedemann 26 (rechts), Paul Williams - Funkystock/imagebroker 121

Dumont Bildarchiv: Frank Heuer 6/7, 12, 15, 24, 25, 44, 46, 48, 50, 51, 54/55, 56 (Mitte), 58 (oben u. unten), 61, 170, Ernst Wrba 10/11, 68, 87, 92, 110, 120, 132, 140, 153, 177, 179 (unten)

Getty Images: Jon Arnold 107, Danita Delimont 90/91, John Elk III 156, Neil Farrin 95 (unten), Michael Marquand 102, Simon Richmond 149 (oben rechts), Laszlo Szirtesi 141

laif: Patrick Frilet/hemis.fr 124, Monica Gumm 100, Malte Jaeger 144, Mehmet Kacmaz/NarPhotos 16, Achim Liebsch 86, 147, Guillem Lopez/Aurora 22, Rene Mattes/hemis.fr 161, Bruno Morandi 142, Jens Schwarz 159, Murat Tueremis 122/123

LOOK-foto: age fotostock 119, Rainer Martini 4, Ingolf Pompe 131, The travel library 96, Konrad Wothe 29

mauritius images: age 95 (oben), Alamy 17, 21 (links u. rechts), 28, 148, 149 (oben links), 174, Cubolimges 133, imagebroker/Kohls 20 (rechts), imagebroker/Andrey Nekrasov 176 (oben), imagebroker/Martin Siepmann 8, 150, imagebroker/Jochen Tack 23, imagebroker/Michael Zegers 126, Photononstop 129, Pixtal 74, Harald Schön 146

picture-alliance: Lessing 49, Wimmer 98 (oben)

Titelbild: Getty Images/Martin Siepmann

1. Aufl. 2015

Text: Lindsay Bennett, Kevin Gould, Florian Merkel
Übersetzung: Christiane Radünz
Redaktion: Bintang Buchservice GmbH (Jessika Zollickhofer), www.bintang-berlin.de
Programmleitung: Birgit Borowski
Chefredaktion: Rainer Eisenschmid

Kartografie: ©MAIRDUMONT GmbH & Co. KG, Ostfildern
3D-Illustrationen: jangled nerves, Stuttgart

Anzeigenvermarktung:
MAIRDUMONT MEDIA
Tel. 0711/4502 333
media@mairdumont.com
media.mairdumont.com

Printed in China

Trotz aller Sorgfalt von Autoren und Redaktion sind Fehler und Änderungen nach Drucklegung leider nicht auszuschließen. Dafür kann der Verlag keine Haftung übernehmen. Berichtigungen, Kritik und Verbesserungsvorschläge sind uns jederzeit willkommen, bitte informieren Sie uns unter:

Verlag Karl Baedeker / Redaktion
Postfach 3162
D-73751 Ostfildern
Tel. 0711 4502 262
smart@baedeker.com
www.baedeker.com

FSC
www.fsc.org
MIX
Papier aus verantwortungsvollen Quellen
FSC® C020056

10 GRÜNDE WIEDERZUKOMMEN

1. Aus Bekannten werden **Freunde** – schon beim zweiten Besuch.
2. Die Mischung aus **Orient und Okzident** ist magisch und einzigartig.
3. Egal wie lange man bleibt: Es warten immer noch **neue Entdeckungen**.
4. Eine **»Blaue Reise«** rund um die Ägäis ist zu schön, um nicht wiederholt zu werden.
5. Im Meer über versunkenen Ruinen zu **schnorcheln**, weckt Sehnsucht nach mehr.
6. Kultur, Sonne, Sand und Meer – wo sonst kann man so gut mit der **Familie** urlauben?
7. Die **Clubs** von Istanbul oder Bodrum garantieren lange, aufregende Nächte.
8. **Sonnenuntergänge** über einer malerischen Bucht – davon kriegt man nie genug!
9. Nach dem großen **Teppich** fürs Wohnzimmer braucht man noch einen Läufer für die Diele.
10. Saftiges Obst, knackiges Gemüse, frischer Fisch: Die **türkische Küche** wird einem fehlen.